Horst Gröger

Sofie
Schicksalsjahre im Schatten zweier Weltkriege

Eine Familiengeschichte nach
wahren dramatischen Begebenheiten
mit zeitgenössischen Ereignissen des
20. Jahrhunderts

novum pro

www.novumverlag.com

© 2016 novum Verlag

ISBN 978-3-95840-222-5
Lektorat: Christine Schranz
Umschlagfotos: Horst Gröger,
Riderofthestorm | Dreamstime.com
Umschlaggestaltung, Layout & Satz:
novum Verlag
Innenabbildungen: Horst Gröger,
Fränkischer Tag Bamberg, Volksbund
Deutsche Kriegsgräberfürsorge e.V.
Kassel, Sudetendeutsche
Landsmannschaft München

Gedruckt in der Europäischen Union
auf umweltfreundlichem, chlor- und
säurefrei gebleichtem Papier.

www.novumverlag.com

Bibliografische Information
der Deutschen Nationalbibliothek:

Die Deutsche Nationalbibliothek
verzeichnet diese Publikation in
der Deutschen Nationalbibliografie.
Detaillierte bibliografische Daten
sind im Internet über
http://www.d-nb.de abrufbar.

WIDMUNG

Dieses Buch widme ich meinen Eltern und
lieb gewonnen Menschen.

Mein Vater und meine Mutter sind im Krieg geboren, im Krieg
aufgewachsen, haben im Krieg zueinander gefunden, sich in
dieser Zeit die Treue geschworen und sich durch die Kriegsgeschehnisse auch wieder für immer aus den Augen verloren.

Meiner Mutter Sofie danke ich für ihre Mutterliebe, mit der
sie mir zur Seite stand, in guten und in schlechten Zeiten, in
meinem ganzen Leben bis zu ihrem Tode.

Ich danke auch meinem Vater Josef für die Liebe und Treue,
die er mir und meiner Mutter geschenkt hat, bis er in Stalingrad sein Leben diesem seinem und unserem Vaterland geopfert hat.

Ein Dank gilt auch all den Menschen, die ich in diesem Buch
erwähnt habe. Einige sind leider schon verstorben. Sie alle, die
noch Lebenden und Toten, haben meiner Mutter und mir in
teilweise ausweglosen Situationen unseres Lebens so manches
Gute getan, sind uns oft in unserer Not zur Seite gestanden
und sind uns sogar gute Freunde geworden. Auch ihnen allen
soll dieses Buch gewidmet sein.

INHALTSVERZEICHNIS

VORWORT

Mit unserem Leben sollte es sein wie beim Mond.
Ganz gleich ob er für uns heller oder dunkler scheint,
er verliert nie seine Bahn.

Horst Gröger

Das ist bei den vielen Schicksalsschlägen, die wir Menschen
in unserem Leben erfahren müssen, oft leichter gesagt als
getan.

Für Sofie, meine Mutter, und auch für meinen Vater Josef war
es in ihrem Leben auch so. Die Wege, die meine Eltern durch
ihre Zeit führten, begannen im Sudetenland mit ihrer Geburt und führten später zu einem gemeinsamen Zuhause in
Schlesien. Schließlich endeten ihre voneinander getrennten
Wege mit ihrem Tod. Über beides, den Beginn ihres Lebens
und dessen Ende, konnten sie nicht selbst entscheiden.

Manche werden sagen: „Jeder hat sein Leben selbst in der
Hand" oder, wie ein Sprichwort sagt: „Jeder ist seines Glückes
Schmied." Wie die Wege durch unsere Zeit dann tatsächlich
verlaufen, das wissen wir aber nicht. Sie liegen in Gottes Hand.
Viele glauben an den Schöpfer, denn letztendlich verlaufen die
Wege durch unsere Zeit so, wie es sein Wille ist.

Im Gebet des Herren, dem Vaterunser, wird darum von Gläubigen in den christlichen Kirchen auch gebetet:

„Dein Wille geschehe, wie im Himmel so auf Erden."

Auch deutsche Sprichwörter besagen dies, wie beispielsweise:

„An Gottes Segen ist alles gelegen."
„Gottes Wege sind unergründlich."
„Tu du das Deine, Gott tut das Seine."
„Der Mensch denkt und Gott lenkt."

Alle unsere Wege müssen wir annehmen und weiter gehen oder von Neuem beginnen. Es heißt ja auch: „Man muss das Leben nehmen, wie es kommt" oder „Man muss sich unvorhersehbaren Überraschungen stellen". Es sind immer unsere Wege durch unsere Zeit. Diese Wege können sehr unterschiedlich beschaffen sein, bequem, beschwerlich oder unüberwindbar und tragisch, wie bei meinem Vater als Soldat im Kampfeinsatz in Stalingrad.

Die Wege meiner Eltern waren nicht immer problemlos und einfach. Auf ihren Wegen ging es bergab, aber auch bergauf. Sie hatten Höhen und Tiefen. Auf ihren Wegen ist ihnen nicht nur Gutes widerfahren. Es waren auch Wege voller Leid, Trauer, Enttäuschung und Schmerz. Aber auch voller Hoffnung und Sehnsucht.

Im Nachhinein spricht man gern nur von der „guten alten Zeit". Als Zeitzeuge möchte ich mit diesem Buch einen Teil Familiengeschichte und deren Wurzeln, verknüpft mit geschichtlichen Geschehnissen aus dieser Zeit sowie Fotos, die uns als Schätze durch unser ganzes Leben begleiten, für meine Nachkommen und für alle, die dieses Buch lesen sollten, lebendig halten. Dies war auch immer ein inniger Wunsch meiner Mutter SOFIE.

Leider ist ihr Tagebuch im Jahr 1952 abhanden gekommen. Damit sich ein altes afrikanisches Sprichwort nicht bewahrheitet, das besagt: „Wenn ein alter Mensch stirbt, verbrennt seine Bibliothek", habe ich vieles, was meine Mutter später, nach 1952, aus ihrer Erinnerung heraus in beeindruckender Weise und mit der jener Zeit entsprechenden Genauigkeit wieder aufgeschrieben hat, und das, was sie mir mündlich überlieferte und weitergab, hier niedergeschrieben, in

Schicksalsjahre
im Schatten zweier Weltkriege

KAPITEL 1

So war ihr Leben
Meine Eltern und ihre Vorfahren

Ihre jungen Jahre

Meine Eltern 1914 bis 1939

Im Geburtsjahr meiner Eltern waren militärische Operationen in vollem Gange. Es war 1914, das Jahr, in dem der Erste Weltkrieg begonnen hatte. Meine Eltern wurden damit in eine aussichtslose Zeit hineingeboren.

Mein Vater, Joseph Gröger, am 1. September in Buchelsdorf, und meine Mutter, Sofie Gröger, geborene Friede, am 2. November in Sandhübel. Beide Geburtsorte gehörten zum Kreis Freiwaldau im Sudetenland.

Vorausgegangen waren die deutschen Kriegserklärungen am 1. 8. 1914 an Russland und am 3. 8. 1914 an Frankreich.

Die Kriegsereignisse hatten auch in den ersten Lebensjahren meiner Eltern nach 1914 bittere Folgen. Es kam unter anderem zur Schlacht bei Verdun vom 21. 2. 1916 bis Juli 1916. Der deutsche Angriff forderte auf beiden Seiten viele Tote. Er verlief trotz Einsatz größter Truppenmassen (50 Divisionen) primär im Stellungskrieg mit Geschützen und riesigen Materialmengen ohne Erfolg.

Čechoslovakische Republik.

Zahl: 70

Land: *Mähren-Schlesien*

Polit. Bezirk: *Freiwaldau*

Erz-Diözese: *Breslau č. Anteil*

Dekanat: *Freiwaldau*

Pfarre: *Sandhübel*

Geburts- und Taufschein.
(Zeugnis.)

hiesigen Geburts- und Tauf-Buche Bd. *IV* Bl. *91* wird hiemit amtlich bezeugt,

daß in (Ort, Straße, Nr) *Sandhübel 136*

am (in Buchstaben) *zweiten November (2. XI.)* Eintausend

neun hundert *vierzehn* (in Ziffern) *1914*

geboren und am (Datum und Jahr) *8. November 1914* vom hochw. Herrn

Pfarrer Johann Lorenz in der Pfarrkirche *zum Hl. Johann d Täufer*

nach römisch-katholischem Ritus getauft wurde:

(Zu- und Vorname:) *Sofie Anna Friede*

eheliche(r) Sohn — Tochter des

Vaters*)

Mutter*) *Friede Sofie, röm. kath. (geb. d 30/5 1897 in Böhmisch-dorf) ledige Tochter des Fabriksarbeiters Eduard Friede in Sandhübel u. d. Maria geb. Spielvogel von Böhmischdorf.*

Paten: *Josef Kiesewetter, lediger Weltarbeiter in Holunder № 7. Anna Geier, Ehg. d. Josef Geier, Fabriksschmied in Sandhübel 136.*

Hebamme: *Theresia Schneidler in Sandhübel.*

Anmerkung: *./.*

Urkund dessen die eigenhändige Unterschrift des Gefertigten und das beigedruckte Amtssiegel.

Röm.-kath. Pfarramt in *Sandhübel*, am *28. Februar* 19*38*.

L. S.

Jos. Sentner, Pfr.

*) Vor- und Zuname, Religion, Abstammung etc. wie in der Matrik

A. Scholz, Freiwaldau

Geburts- und Taufschein meiner Mutter

č. 184/2 –VII

Potvrzuje se pravost podpisu a úřední pečeti,
jakož i oprávnění podpisujícího ku vystavení této
listiny.

Frývaldov, dne ___ 21/4. ___ 1938

Die Echtheit der vorstehenden Unterschrift und
des Amtssiegels, sowie die Berechtigung des Unter-
fertigers zur Ausstellung dieser Urkunde wird bestätigt.

Freiwaldau, am ___ 21/4. 1938

Okresní hejtman:
Der Bezirkshauptmann

Der Erste Weltkrieg wurde in Europa, dem Nahen Osten, in Afrika, Ostasien und auf den Weltmeeren geführt. 70 Millionen Menschen standen unter Waffen und etwa 40 Staaten waren direkt oder indirekt beteiligt. Am 6. 4. 1917 folgte die Kriegserklärung der USA an das Deutsche Reich. Das Eingreifen amerikanischer Truppen führte am 15. 12. 1917 zum Waffenstillstand zwischen Russland und dem Deutschen Reich.

Zu dieser Zeit, meine Eltern waren gerade drei Jahre alt geworden, befanden sich noch 34 Staaten und deren Kolonien, in denen 1,35 Milliarden Menschen lebten, im Kriegszustand. Doch ein Jahr später, nach den vierten Geburtstagen meiner Eltern, schwiegen die Waffen. Das war am 11. November 1918. Der blutige Krieg endete an diesem Tag nach der Unterzeichnung des Waffenstillstandes. Er hatte über 10 Millionen Menschenleben gefordert.

Mein Vater

Josef Gröger, mein Vater, lebte ab dem vierten Lebensjahr bei seinem Onkel Johann Franke, dem Bruder meiner Großmutter väterlicherseits, in Oberlindewiese, Kreis Freiwaldau, im Sudetenland.

Josef war Halbwaise. Seine Mutter verstarb 1918 infolge der Kriegsereignisse. Daraufhin siedelte sein Vater nach Kriegsende mit seinem älteren Sohn Alfred nach Schlesien um. Die Schwester meines Vaters, Maria, blieb im Sudetenland in Mährisch-Ostrau.

Josef war der jüngere Sohn. Er verstand sich besonders gut mit seinem Onkel Johann Franke. Josef war gerade in den letzten Jahren des Krieges, als sein Vater als Soldat beim Militär war, oft bei ihm. Deshalb besprachen sie, dass er nach dem Umzug seines Vaters nach Schlesien bei seinem Onkel Johann Franke in Oberlindewiese, Kreis Freiwaldau, im Sudetenland, bleiben solle.

Hier verbrachte mein Vater eine sehr geordnete und behütete Kindheit. Er wuchs bei seinem Onkel auf und fühlte sich bei ihm auch zu Hause. Er ging acht Jahre in die Volksschule. Sein Onkel ließ ihn danach von 1928 bis 1931 das Schreinerhandwerk erlernen. Damals musste man noch Ausbildungsgeld an den Betrieb bezahlen. Er war auch sein Taufpate. Von Beruf war Onkel Franke Maurer.

Wichtig war für Onkel Franke auch, dass die Geschwister, Josef und Maria, trotz der Trennung guten Kontakt zueinander hielten. Sie wohnten zwar nicht am gleichen Ort, aber beide im Sudetenland, sodass es immer mal eine Möglichkeit gab, zusammenzukommen.

Nachfolgendes Foto zeigt den Pflegesohn Josef, meinen Vater, mit seiner Schwester Maria.

Mein Vater mit seiner Schwester Maria im August 1930

Nach der Ausbildung fand mein Vater in seinem Beruf keine Arbeit. Er hatte trotzdem Glück, denn er bekam im Prießnitz-Sanatorium am Gräfenberg als Silberputzer eine Anstellung.

Im Sudetenland blieb mein Vater, bis er am 13. 09. 1936 zum Militär nach Liegnitz in Schlesien eingezogen wurde. Er war ja durch die Neutralisierung, die sein Vater in Schlesien veranlasst hatte, auch mit Wohnsitz im Sudetenland Reichsdeutscher und wurde deshalb zur Wehrmacht eingezogen. Seinen Dienst musste er nicht in Liegnitz in Schlesien antreten, sondern in der Infanterie-Kaserne in Erlangen, Bayern.

Nach einem Jahr Ausbildung in Erlangen meldete sich mein Vater 1938 freiwillig für drei Jahre als Berufssoldat.

Mein Vater in Uniform

Er sah darin in der Zeit der Massenarbeitslosigkeit, so wie viele andere Männer, eine berufliche Perspektive. Als Soldat war ihm bewusst, dass er, wenn es sein muss, auch in den Krieg ziehen und vielleicht sein Leben opfern würde müssen. Aber das wurde zunächst sicher auch etwas verdrängt. Für ihn war es vielmehr besonders wichtig, dass er sich, wenn er sich verpflichtete, von Erlangen nach Liegnitz zurückversetzen lassen konnte. Denn hier lebte und arbeitete meine Mutter, mit der er befreundet war. Diese Rechnung ging jedoch nicht auf. In Liegnitz gab es keine Infanterie, der er bisher angehört hatte, sondern nur die Panzerabwehr.

Aus dem Vorhaben, in der Nähe meiner Mutter stationiert zu werden, wurde zunächst noch nichts. Mein Vater musste vorher ein Jahr zur Panzer-Ausbildung zum Truppenübungsplatz nach

Grafenwöhr in Bayern. Aus dem Wunsch, danach nach Liegnitz zu kommen, zur dortigen Panzerkompanie und zu meiner Mutter, die er doch heiraten wollte, wurde abermals nichts.

Sofort nach seiner Ausbildung begann der Zweite Weltkrieg. Am 1. 8. 1939 erfolgte die deutsche Mobilmachung und, wie bereits geschildert, die Kriegserklärungen an Russland und Frankreich.

Mein Vater bekam den Befehl an die Front zum Polenfeldzug. Dieser begann ohne Vorankündigung am 1. September 1939 mit dem Einmarsch in Polen und der Freien Stadt Danzig und endete am 6. Oktober 1939.

Meine Mutter

Sofie Gröger, meine Mutter, besuchte die Volksschule in Breitenfurt im Sudetenland. Sie musste als ältestes Kind bereits während der Schulzeit mit für die Familie sorgen, als sich ihre Mutter von ihrem ersten Mann, Karl Spenger, Mitte 1928 trennte. Meine Mutter war da erst 13 Jahre jung.

Sie wohnte während dieser Zeit bei einem Bauern. Meine Mutter schlief mit zwei Mägden in einem Doppelbett in einem Raum. Vor und nach der Schule musste sie schon bei der Hausarbeit mithelfen. Anfang der 8. Klasse heiratete ihre Mutter Alois Schlosser. Meine Mutter bekam ihren zweiten Stiefvater. Erneut wurde umgezogen.

Der neue Wohnort war Sörgsdorf. Auch hier bestand die Wohnung aus nur zwei Zimmern im Auszugshaus eines Bauernhofes. Wegen dieser Umstände musste meine Mutter bei der Bauernfamilie in Breitenfurt wohnen bleiben und außerhalb der Schulzeit dort mitarbeiten.

Nach drei Monaten wechselte meine Mutter die Schule. Sie besuchte nun die Volksschule in Schwarzwasser und beendete hier ihre Schulzeit. Sie wohnte und arbeitete außerhalb der Schulstunden für Verpflegung und Unterkunft in einer Gaststätte bei einer Frau, die geschieden war und mit ihrem Sohn die Wirtschaft führte. Für meine Mutter war das eine Zeit, die ihr in bester Erinnerung geblieben ist. Sie wurde gut behandelt, hatte zu essen und ein Dach über dem Kopf. Die Wirtin wollte sie sogar als eigenes Kind annehmen, aber ihre Mutter, meine Großmutter, war dagegen. Sie mochte ihr erstes Kind doch allzu sehr und hatte ihre Tochter nur aus der Not heraus vorübergehend wo anders wohnen lassen.

Einige Zeit nach dem Schulaustritt holte meine Großmutter sie wieder nach Hause. Meine Mutter hätte seinerzeit gerne einen Beruf erlernt, aber sie musste arbeiten, um Geld zu verdienen und die Familie finanziell zu unterstützen.

Sie arbeitete zunächst in einer kleinen Firma, in der Batterien hergestellt wurden. Es war eine leichte, aber sehr schmutzige Arbeit, die schnell von der Hand gehen musste. Wegen eines Unfalls, meine Mutter hatte sich mit einer Schneidemaschine die Spitze des linken Ringfingers abgeschnitten, musste sie diese Arbeit aufgeben.

Ihre Mutter und ihr Stiefvater arbeiteten zu der Zeit in einem Sägewerk in Heinersdorf. So kam ihnen die Arbeitslosigkeit meiner Mutter gar nicht ungelegen. Sie nahmen das Kleinkind eines ledigen Mädchens in Pflege. Meine Mutter hatte nun den Haushalt zu erledigen und auf ihre Schwestern Mariechen, fünf

Jahre, Emmi, drei Jahre sowie ein Pflegekind aufzupassen. Für eine 16-Jährige war das viel Arbeit und Verantwortung.

Der Stiefvater meiner Mutter brauchte wieder mal eine neue Arbeit und so wurde erneut umgezogen. Meine Mutter ging diesmal nicht mit. Sie nahm bei einer Bauernfamilie in Jungferndorf als Haus- und Kindermädchen eine Stelle an. Hier bekam sie neben der Unterkunft auch ihre Verpflegung und 100 Tschechische Kronen Lohn im Monat (100 Gramm Wurst kosteten seinerzeit etwa 1 Tschechische Krone). Mit diesem Geld half sie fast ausschließlich ihrer Mutter. Ihr selbst blieb am Monatsende oft nicht mehr als 1 Krone.

Später fand sie Arbeit in einem Privathaushalt bei einer älteren Dame in Freiwaldau. Diese nahm alles recht genau, war sehr sorgfältig, nahezu pingelig und pedantisch. Sie war keine einfache Person. Besonderen Wert legte sie beispielsweise auf die Wäsche im Schrank. So mussten Unterhemden 18 cm breit zusammengelegt sein. Meine Mutter war aber trotzdem froh, Arbeit und geordnete Verhältnisse zu haben, und ließ deshalb so manches über sich ergehen, obwohl der Verdienst hier nicht allzu gut war.

Als meine Mutter achtzehn Jahre alt war, wollte meine Großmutter, dass sie wieder nach Hause zu ihr nach Gräfenberg käme. Meine Mutter entschloss sich auch dazu. Arbeit fand sie dort aber nur auf dem Bau. So arbeitete sie bis zu den Wintermonaten bei einer Firma in Freiwaldau. Hier musste sie Steine tragen, Mörtel anmachen und alle Hilfsarbeiten erledigen, die üblicherweise Männer verrichteten. Maschineneinsatz gab es seinerzeit so gut wie noch keinen.

Neben der körperlich schweren Arbeit kam auch noch der Weg zu Fuß von Gräfenberg nach Freiwaldau, mindestens zwanzig Minuten, und das dann wieder heimwärts, bergauf nach einem anstrengenden Tag. Nach der Saison am Bau ging meine Mutter wieder in ein Gasthaus in Freiwaldau arbeiten. Hier war der Verdienst geringer, dafür gab es etwas zu essen und meine Mutter war nicht arbeitslos.

Große Ansprüche wurden zu dieser Zeit nicht gestellt. Das Leben war einfach und das Geld, das verdient wurde, reichte gerade für das Nötigste. Auch ihre Mutter, meine Großmutter, ging seinerzeit noch arbeiten. Abends kam sie müde und abgespannt nach Hause. Sie musste dann noch für Essen sorgen, Wäsche waschen und den ganzen Haushalt erledigen. Oft war das alles nicht genug. Ihr Mann brach Streit vom Zaun und schlug sie öfters grundlos.

Meine Mutter verkroch sich deshalb aus Angst vor ihrem Stiefvater über Nacht in der Waschküche außerhalb der Wohnung. Hier versteckte sie sich, mit Säcken zugedeckt, in der Waschwanne.

Das folgende Foto stammt aus dieser Zeit. Es zeigt meine Mutter mit ihren beiden Halbschwestern Mariechen und Emmi. Meine Mutter war ein hübsches junges Mädchen. Ihre Sorgen und die körperlich sehr harte Arbeit, mit der sie Geld für sich, ihre Mutter und Geschwister verdienen musste, sah man ihr nicht an.

Meiner Mutter mit ihren Halbschwestern Emmi und Mariechen

1933 wurde meine Mutter vom Arbeitsamt zu einer Familie vermittelt, die sehr wohlhabend war und in einer Villa außerhalb von Troppau wohnte. Sie hatte hier die ganze Haus- und Hofarbeit zu verrichten.

Von der Hausherrin wurde sie wie eine Gefangene gehalten. Meine Mutter musste Fenster putzen, täglich alle Böden und Treppen wischen, für saubere und gebügelte Wäsche sorgen usw. Wenn die Wäsche gewaschen wurde, stand ihre Chefin dabei und schaffte an. Gewaschen wurde in Holztrögen mit Waschbrett in Laugenwasser. Die Bettwäsche musste auf jeder Seite mit der Bürste zusätzlich gereinigt werden.

Sie war eine Frau, die nur tadelte. Wenn was nicht passte oder andere einen Fehler machten, sah sie immer in meiner Mutter die Schuldige.

Der Hausherr war ein ruhiger Mann, hatte eine angenehme Art. Aber das Sagen hatte seine Frau. Wenn meine Mutter wegen der Boshaftigkeit seiner Frau Tränen in den Augen hatte, versuchte er, sie zu trösten, ohne dass seine Frau es merkte. Meiner Mutter wurden die Schikanen zu viel. Sie hielt es nicht mehr aus und schrieb einen Hilferuf an ihre Mutter. Unter diesen Umständen sollte meine Mutter dort nicht mehr arbeiten. Meine Großmutter wollte, dass sie nach Hause käme. Dies hatte nun auch die Hausherrin mitbekommen. Sie kontrollierte ja auch die persönliche Post meiner Mutter.

So kam es, dass sie von meiner Mutter einen gebrauchten Mantel, den sie ihr vor geraumer Zeit als Belohnung für die viele und harte Arbeit geschenkt hatte, zurückverlangte.

Obwohl der Mantel bereits getragen war, als meine Mutter ihn bekommen hatte, war er das beste Kleidungsstück, das meine Mutter besaß. Sie hatte den Mantel sehr gern getragen. Trotz der Tränen in den Augen meiner Mutter nahm ihre Chefin den Mantel an sich. Ein Trost für meine Mutter war, wieder nach Hause gehen zu können.

Am 10. 09. 1936 entschloss sie sich, ihre Heimat, das Sudetenland, zu verlassen und nach Liegnitz in Schlesien zu übersiedeln. Mein Vater, der bis dahin auch im Sudetenland gewohnt hatte, war ja, wie bereits ausgeführt, zum 13. 09. 1936 nach Liegnitz zur deutschen Wehrmacht eingezogen worden. Meine Mutter wollte in der Nähe meines Vaters sein. Sie wollte nicht, dass die politische Grenze zwischen dem Sudetenland (Gebiet mit Deutschen in der Tschechoslowakischen Republik) und Schlesien (Regierungsbezirk Oppeln: Oberschlesien, polnischer Teil; Regierungsbezirk Breslau und Liegnitz: Niederschlesien, deutscher Teil) sie und meinen Vater trennte.

Alfred, der Bruder meines Vaters, war bereits 1919 mit seinem Vater nach Niederschlesien übersiedelt. Er hatte inzwischen geheiratet. Seine Frau hieß Martha.

Hochzeitsfoto von Alfred und Martha

Sie hatten auch schon eine dreijährige Tochter Namens Christa. Alfred wohnte mit seiner Familie in Liegnitz. Obwohl die Wohnverhältnisse sehr beengt waren, nahmen sie meine Mutter und meinen Vater, er war ja nach Liegnitz eingezogen worden, bei sich auf. Sie bemühten sich sofort um Arbeit und Wohnung für meine Mutter. Die Situation war zunächst hoffnungslos. Nach zwei Wochen hatte meine Mutter aber Glück.

Sie bekam im Haushalt einer Metzgerei mit zehn Personen Arbeit. Hier hieß es Zupacken. Es gab viel zu tun (Putz- und Reinigungsarbeiten, Wäsche waschen und bügeln, beim Kochen helfen usw.). Meine Mutter wurde hier sehr freundlich aufgenommen und lebte sich schnell gut ein.

Auf Veranlassung des Arbeitsamtes musste meine Mutter nach einem halben Jahr die Arbeitsstelle wechseln. Die Metzgerei hatte sich für den Verbleib meiner Mutter eingesetzt; leider ohne Erfolg. Meine Mutter hatte einen tschechischen Reisepass, mit dem sie nach Schlesien einreisen durfte, wo sie als Sudetendeutsche aufenthaltsrechtlich aber den Status einer Ausländerin besaß. Sie durfte nur dort arbeiten, wo keine Einheimischen hinwollten, und brauchte dafür eine Arbeitsgenehmigung.

Meine Mutter wurde aufs Land nach Prinkendorf geschickt, zu einem großen Gasthof mit zwei Gaststuben, zwei Nebenräumen, einem großen Saal sowie einem riesigen Biergarten mit Tanzfläche. Hier sollte sie als Hof-, Haus- und Küchenhilfe arbeiten. Beim Vorstellungsgespräch bestand große Skepsis seitens der künftigen Arbeitgeber. Die Familie Kuhn, so hießen die Besitzer, hatte Bedenken, dass sie auch bei ihnen nach sechs Monaten keine Arbeitserlaubnis mehr bekäme, und so wurde sie weggeschickt.

Meine Mutter war bereits wieder unterwegs zur Bushaltestelle, als ein Dienstmädchen sie zurückholte: Sie wurde doch eingestellt. Am nächsten Tag konnte sie schon anfangen.

Die neue Umgebung war für sie eine große Umstellung. Ein riesiges Haus mit sehr viel Personal. Hier waren beispielsweise sieben Bedienungen ständig ausgelastet. Montags war Waschtag. Der Dienst begann da bereits um 4.30 Uhr.

Die meiste Zeit arbeitete meine Mutter in der Küche. Oft wurde es nach Mitternacht, bis sie Feierabend hatte. Ihr Zimmer war sehr klein und bescheiden. Es war ja auch nur zum Ausruhen und zum Schlafen gedacht. Mutters Lohn waren fünfundzwanzig Reichsmark (RM) im Monat.

Meiner Großmutter ging es zu dieser Zeit finanziell noch sehr schlecht. Meine Mutter schickte ihr deshalb von ihrem geringen Verdienst immer wieder einige RM ins Sudetenland. Dort bekam meine Großmutter dafür das Zehnfache an Tschechischen Kronen (TschK). 10 RM waren somit 100 TschK. Dies entsprach im Sudetenland dem Wochenlohn eines Arbeiters.

Das, was sie überwiesen hat, wurde in ihrem Reisepass behördlich festgehalten. Auf Seite 16 ist zu lesen: 10 RM am 22. 9. 37, 10 RM am 3. 12. 37, 2,50 RM am 26. 1. 38, 2,50 RM am 25. 2. 38, 10 RM am 7. 4. 38, 10 RM am 12. 7. 38.

Nachfolgend Fotos des tschechischen Passes meiner Mutter mit Aufenthaltsgenehmigung der deutschen Polizeiverwaltung in Schlesien und mit dem Eintrag der vorgenannten Überweisungen.

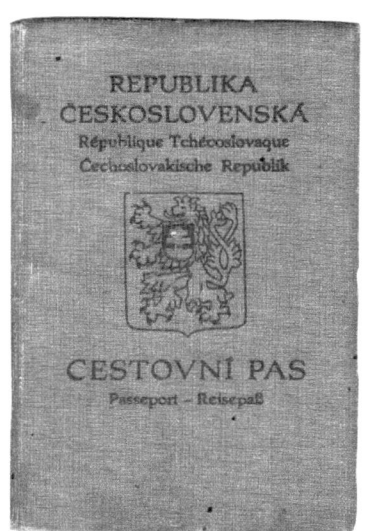

Auszüge aus Mutters tschechischem Reisepass

Sudetendeutsche

Die Vorfahren

Die Vorfahren meiner Eltern waren, zumindest in den letzten drei Generationen, Sudetendeutsche: Deutsche, die in den Randgebieten von Böhmen und Mähren und Sudetenschlesien lebten. Dieses Gebiet, das spätere Sudetenland, war umgeben von Baiern (heute Bayern) im Westen und Süden, von Ober- und Niederösterreich auch im Süden, Sachsen im Norden und Schlesien im Nordosten.

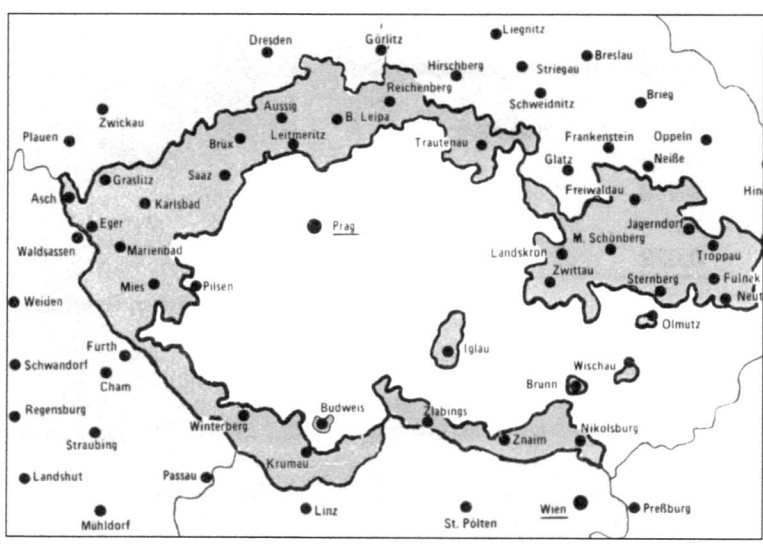

Landkarte mit den von Sudetendeutschen besiedelten Gebieten

Die Ansiedlung geht in das 13. Jahrhundert zurück. Das war die Zeit der Ansiedlung deutschsprachiger Siedler in die östlichen Randgebiete des „Heiligen Römischen Reiches". Diese Gebiete östlich der Elbe-Saale und des Böhmerwaldes bis zum Finnischen Meerbusen und bis zum Schwarzen Meer sollten durch Besiedlung wirtschaftlich und kulturell erschlossen werden. Böhmische Herrscher hatten dazu deutsche Siedler und Siedlerinnen in ihr Land eingeladen, damit sie die wenig bewohnten bewaldeten Grenzregionen, die äußeren Hänge der Sudeten, besiedelten. Dies ist ein 310 Kilometer langer Gebirgszug vom Lausitzer Gebirge bis zur Mährischen Pforte. Er besteht aus einzelnen verschieden hochgeschobenen Schollen mit breiten Kämmen. Zu ihnen gehören u. a. das Riesengebirge mit der Schneekoppe (1602 m), das Waldenburger Bergland und das Altvatergebirge.

Die Deutschen gründeten auch Dörfer und Städte und hatten maßgeblichen Anteil bei der Entfaltung von Handwerk und Handel. Überwiegend gab es Reihendörfer. Diese waren meist deutsch. Runddörfer dagegen tschechisch. Das deutsche Stadtbild war in allen Teilen des Sudetengebietes mit einem viereckigen Marktplatz zu finden.

Das überwiegend von Sudetendeutschen besiedelte Gebiet hatte eine Fläche von 27 000 Quadratkilometern. Das entsprach nicht ganz der Fläche von Belgien und den Niederlanden (32 000 qkm).

Zu den deutschen Stämmen, die sich ansiedelten, gehörten auch meine Vorfahren väterlicher- und mütterlicherseits. Sie waren zuletzt Ostsudeten und wohnten in der Nähe des Altvatergebirges.

Der Begriff „Sudetendeutsche" für die Deutschen in Böhmen und Mähren wurde erstmals zu Beginn des 20. Jahrhunderts verwendet. Böhmen und Mähren waren im Friedensvertrag von Versailles, mit dem auch der Erste Weltkrieg 1918 endete, der Tschechoslowakei zugesprochen worden.

Der Name „Sudetendeutsche" bürgerte sich allgemein ein, als er später in den Staatsverbund der Tschechoslowakei übernommen wurde. Zuvor waren sie jahrhundertelang Österreich zugehörig.

Vor dem Zweiten Weltkrieg lebten in diesen Gebieten 3,3 Millionen Sudetendeutsche. Weitere 200 000 Sudetendeutsche lebten in anderen Gebieten der Tschechoslowakei. Vergleichsweise entsprach die Zahl der Sudetendeutschen etwa der Einwohnerzahl von Dänemark und Norwegen vor dem Zweiten Weltkrieg.

Die Heimat der Sudetendeutschen gehörte zu den höchsten industrialisierten Gebieten Mitteleuropas. Vor dem Zweiten Weltkrieg war ein sehr hoher Teil der Industrie in der Tschechoslowakei im Besitz der Sudetendeutschen und lag in den sudetendeutschen Gebieten. Dies waren beispielsweise: 90 % der Textil- und Porzellanindustrie sowie der Musikinstrumentenerzeugung, 85 % der Glasindustrie, 80 % des Braunkohlebergbaues und 75 % der chemischen Industrie.

Unter dem Druck Hitlers wurden durch das Münchner Abkommen 1938 diese Randgebiete, das Sudetenland, wieder von der Tschechoslowakei abgetrennt und als deutscher Reichsgau mit 22 586 qkm und 2,94 Millionen Einwohnern dem Deutschen Reich angegliedert.

Nach dem Zweiten Weltkrieg kam es 1945 zur erneuten Angliederung des Sudetenlandes an die Tschechoslowakei und zur Vertreibung nahezu der gesamten deutschen Bevölkerung.

Das war ihr Leben

Meine Urgroßeltern um 1800

Meine Urgroßeltern väterlicherseits

lebten bereits ihr Leben lang im Sudetenland. Persönliches wie ihre Namen, das Geburtsdatum und wo sie genau wohnten konnte ich nicht in Erfahrung bringen.

Was aber überliefert wurde: Meine Urgroßeltern väterlicherseits kamen aus Handwerkerfamilien. Diese arbeiteten meist als selbstständige Handwerker. Sie waren familienbewusste und häusliche sowie glückliche und zufriedene Menschen. Sie lebten im Familienverbund generationsübergreifend in einfachen Verhältnissen, waren sehr bodenständig und heimatverbunden. Die Pflege ihres Kulturgutes war ihnen dabei sehr wichtig. Deshalb hatten Festtagstrachten bei den Sudetendeutschen ihre Blütezeit bereits um 1800.

Meine Urgroßeltern mütterlicherseits

Mein Urgroßvater

war Eduard Friede, geboren am 20. 3. 1863 in Freiwaldau, katholisch. Einen Beruf hatte er nicht erlernt. Als Fabrikarbeiter kümmerte er sich fürsorglich um seine Familie. Er war gutmütig, froh gesinnt, lustig, konnte aber zeitweise auch streng und äußerst konservativ sein. Mein Urgroßvater bestimmte zu Hause uneingeschränkt. Wenn es um seine Ehre ging, war er erbarmungs- und hemmungslos. Das zeigte sich besonders im Umgang mit seiner Tochter Sophie (meine Großmutter), die das ledige Kind Sofie (meine Mutter) hatte. Obwohl er einerseits sozial und familienbewusst war, wollte er die beiden nicht mehr in seinem Haus sehen. Von ihnen wollte er auch nichts mehr wissen und hören.

In diesem Punkt war er charakterlich sehr stark von dem damaligen gesellschaftlichen Zeitgeist im Umgang mit unehelichen Müttern und ihren Kindern geprägt. Sie wurden allseits verachtet und diskriminiert. Es war seinerzeit eine Schande, eine nicht eheliche Tochter mit einem Kind in der Familie zu haben.

Das empfand er so aus tiefster Überzeugung. Darüber gab es für ihn auch nichts zu diskutieren.

Dabei war für ihn unerheblich, dass es sich um seine Tochter handelte. Dieses uneinsichtige gesellschaftsorientierte Verhalten widersprach seinen sonstigen menschlich guten Grundhaltungen.

Er wurde später noch Vater eines Sohnes. In Folge der Geburt verstarb seine Frau. Danach heiratete er nochmals. Dies änderte aber nichts an seiner abweisenden Haltung seiner Tochter Sophie gegenüber.

Das Schicksal meines Urgroßvaters Eduard verlief sehr tragisch. Er verunglückte kurz vor seinem 64. Geburtstag mit einem Pferdefuhrwerk in Sandhübel und verstarb am 22. 2. 1927.

Meine Urgroßmutter

Maria Friede, katholisch, geboren in Böhmischdorf, war eine liebenswerte und gutmütige Frau. Wenn es nach ihr als Mutter und Katholikin gegangen wäre, hätte sie ihrer alleinerziehenden Tochter Sofie in ihrer Not geholfen, ganz gleich, wie die Allgemeinheit darüber auch dachte. In dieser Angelegenheit konnte sie sich ihrem Mann gegenüber jedoch nicht durchsetzen. Sie musste ihm diesbezüglich des lieben Friedens wegen gehorchen. Letztendlich war sie materiell von ihm abhängig.

Einmal gab es großen Ärger. Ihr Mann hatte mitbekommen, dass sie ihrer Tochter hatte ein Brot zukommen lassen. Meine Urgroßmutter litt sehr unter den Umständen, ihre Tochter mit ihrem Kind nicht bei sich haben zu dürfen und ihr auch nicht helfen zu können. Die letzten Jahre vor ihrem Tod waren sehr sorgenreich. Sie verstarb in den Wechseljahren im Alter von 45 Jahren bei der Geburt des Bruders meiner Großmutter.

Unterwegs ein Leben lang

Meine Großeltern im 19./20. Jahrhundert

Die Turbulenzen der damaligen Zeit, hervorgerufen durch Arbeitslosigkeit und Armut, beeinflussten oft nachteilig das persönliche Schicksal meiner Vorfahren im 19./20. Jahrhundert. Ihr Zuhause mussten sie oft wegen Verlust der Arbeitsstelle, Arbeitssuche oder neuer Arbeitsstelle wechseln. Da gab es keine öffentlichen Verkehrsmittel, um zur Arbeit zu kommen. Erst recht kein eigenes Fahrzeug, nicht einmal ein Fahrrad.

Die Menschen wohnten grundsätzlich immer dort, wo der Ehemann Arbeit bekam. Er war seinerzeit gesellschaftlich gesehen der Ernährer der Familie. Nach ihm musste sich die ganze Familie richten. Deshalb wechselten meine Großeltern immer wieder die Wohnorte. Diese waren u. a. Hohnuder, Böhmischdorf, Buchelsdorf, Sandhübel, Lindewiese, Sörgsdorf, Barthsdorf, Hauksdorf, Jungferndorf, Oberlindewiese, Gräfenberg, Breitenfurt und Freiwaldau. Hinzu kamen die dramatischen Auswirkungen des Ersten Weltkrieges in den Jahren 1914 bis 1918 und dessen katastrophale Folgen. Es begann am 28. Juli 1914 mit der Kriegserklärung von Österreich-Ungarn an Serbien, ausgelöst einen Monat vorher wegen der Ermordung des österreichischen Thronfolgers, Erzherzog Franz Ferdinand, und seiner Gemahlin durch einen serbischen Nationalisten in Sarajevo.

Meine Großeltern väterlicherseits

Mein Großvater

Josef Gröger war Handschuhmachermeister und lebte in Lindewiese im Sudetenland. Er führte seit 1900 mit seiner Frau eine harmonische Ehe und pflegte guten Kontakt zu seinem Elternhaus und zu den Eltern seiner Ehefrau. Er arbeitete in abhängiger Beschäftigung, war sehr fleißig und pflichtbewusst.

Nach der russischen Generalmobilmachung am 31. Juli 1914, der deutschen Mobilmachung und Kriegserklärung am 1. 8. 1914 an Russland und der deutschen Kriegserklärung am 3. 8. 1914 an Frankreich wurde mein Großvater zum Militär eingezogen.

Es folgten für meinen Großvater die Schlacht bei Tannenberg mit der Vernichtung der Zweiten russischen Armee (26.–30. 8. 1914) durch General v. Hindenburg und die Kämpfe der 3. Armee um Lemberg gegen russische Soldaten.

Vom 5. bis 11. 9. 1914 kam es mit dem Ziel, das verlorene Lemberg zurückzuerobern, zu erfolglosen österreichischen Gegenangriffen und zu einer erheblichen Niederlage. 130 000 österreichische Soldaten wurden von den Russen gefangen genommen, 190 000 Mann wurden getötet oder schwer verletzt, 450 Geschütze und gewaltige Materialmengen gingen verloren. Mein Großvater väterlicherseits überlebte als Soldat den Ersten Weltkrieg und kümmerte sich auch danach fürsorglich um seine Familie.

Mein Großvater,
der Vater meines Vaters

1919, nach dem Tod seiner Frau im vorhergehenden Jahr, über-
siedelte mein Großvater mit seinem ältesten Sohn Alfred vom
Sudetenland nach Schlesien. Seine Tochter Maria, die Schwester
meines Vaters, blieb im Sudetenland in Mährisch-Ostrau.

Josef, mein Vater, war der jüngere Sohn meines Großvaters.
Er blieb bei seinem Onkel Johann Franke in Oberlindewiese,
Kreis Freiwaldau, im Sudetenland. Onkel Franke lebte nach dem
Zweiten Weltkrieg mit seiner Familie in Baden-Württemberg,
in der Nähe vom Bodensee.

Mein Großvater blieb in Schlesien. Er hat seine Kinder Alfred, Maria und Josef, die im Sudetenland wohnten, dort „neu-
tralisieren" lassen. Sie waren dadurch nicht mehr Sudetendeutsche, sondern reichsdeutsche Bürger geworden.

Meine Großmutter

Die Mutter meines Vaters, Maria Gröger, geborene Franke, wurde im Sudetenland geboren. Sie hatte einen Bruder, Johann Franke, der Onkel meines Vaters. Auch er lebte im Sudetenland. 1918 gegen Ende des Ersten Weltkrieges verstarb meine Großmutter nach 18 glücklichen Ehejahren unvorhergesehen an den Folgen von Kriegsgeschehnissen. Sie hatte drei Kinder zur Welt gebracht. Das waren die Tochter Maria (meine Tante) und die Söhne Alfred (mein Onkel) und Josef (mein Vater). Er war, als seine Mutter verstarb, erst gut drei Jahre alt.

Meine Großeltern mütterlicherseits

Mein Großvater

war Johann Kiesewetter, geboren im Jahr 1896 in Hohnuder, Kreis Freiwaldau. Sein Beruf war Schreiner. Er spielte leidenschaftlich gern Trompete und liebte die Musik. Anfang August 1914, etwa drei Monate, bevor meine Mutter geboren wurde, wurde er mit 18 Jahren unerwartet und über Nacht als Soldat zur Wehrmacht eingezogen.

Was er immer schon wollte, war, meine Großmutter zu heiraten. Und das nicht nur, weil sie ein Kind von ihm erwartete, sondern weil er sie liebte. Jetzt, nachdem er Soldat werden und in den Krieg ziehen sollte, war ihm das ein umso größeres Bedürfnis.

Es gab jedoch ein großes Hindernis. Seine Eltern wollten diese Ehe nicht. Sie wollten nicht, dass er dieses Mädchen, meine

Großmutter, sie war damals gerade 17 Jahre alt, heiratete. Seinerzeit war man erst mit einundzwanzig volljährig. Wer vorher heiraten wollte, brauchte die Zustimmung seiner Eltern. Nachdem er diese nicht bekam, gab es auch keine Heirat.

Mein Großvater war ein gesunder junger Mann. Er war schlank, kräftig und gut aussehend. Mit etwa 1,70 Meter war er einen knappen Kopf größer als meine Großmutter. Er war gutmütig, sehr ordentlich und arbeitsam und hatte meine Großmutter besonders gern.

Man konnte gut verstehen, dass meine Großmutter sich in ihn verliebt hatte. Und jetzt kam plötzlich und unerwartet der Tag, Abschied nehmen zu müssen, mit der Ungewissheit, ob man sich je wiedersehen würde.

Die beiden wollten sich jedoch als glückliches Paar in Erinnerung behalten. Deshalb beschlossen sie, sich als Braut und Bräutigam anzuziehen und sich so fotografieren zu lassen.

Mein Großvater machte vor Ort eine kurze militärische Ausbildung. Dann ging es an die Front. Vorgesehen war ein Einsatz an der Ostfront bei der 3. Armee, die noch einmal versuchen sollte, die Region um Lemberg zurückzuerobern.

Die erste Feldpost, die seine Braut erreichte, kam bereits im September 1914 aus dem Kampfgebiet um Lemberg. Er schrieb, dass er gut angekommen sei, sich an alles aber erst gewöhnen müsse, das falle ihm sehr schwer, und dass er sie sehr vermisse. Die Kämpfe um Lemberg endeten am 11. September 1914 mit einer endgültigen Niederlage. Nachdem die Kämpfe fehlgeschlagen waren und er unverletzt geblieben war, musste er in andere Kriegsgebiete an der Ostfront.

Heimliche „Heirat"
meiner Großeltern
mütterlicherseits

Post für meine Großmutter sollte, nachdem sie wegen ihrer Schwangerschaft ja kein festes Zuhause hatte, an seine Eltern gehen. Sie hatte ihm noch geschrieben und ihn über die Geburt seiner Tochter, der kleinen Sofie, geboren am 2. November 1914, informiert. Mit großer Sehnsucht wartete die junge Mutter auf Antwort. Doch Post von ihm kam bei ihr nie an. Ob ihn die erfreuliche Nachricht über die Geburt seines Töchterchens jemals erreichte, erfuhr sie nie. Es lag nahe, dass seine Eltern die Post ihres Sohnes seiner Braut nicht ausgehändigt hatten.

Im Juni 1915 wurde ihr Bräutigam Johann Kiesewetter, der Vater der kleinen Sofie, im Alter von nur neunzehn Jahren bei Kämpfen an der Ostfront seinen Eltern als gefallen gemeldet. Diese Nachricht ließen sie Sofie, seiner Braut, dann doch zukommen.

Ihm war es nicht vergönnt gewesen, sein Töchterchen Sofie kennenzulernen, in den Arm zu nehmen und seine Braut, was er so gern gewollt hätte, zu heiraten. Geblieben ist als Erinnerung nur ein Foto von der Hochzeit, die nie stattgefunden hat.

Meine Großmutter – Teil 1

Sophie Friede, geboren am 31. 5. 1897 in Böhmischdorf, Kreis Freiwaldau im Sudetenland, war die Tochter der Fabrikarbeiterin Maria Friede und des Fabrikarbeiters Eduard Friede.

Meine Großmutter
mütterlicherseits
als Kind

Meine Großmutter war etwa 1,60 Meter groß. Sie hatte ein hübsches Gesicht, leicht lockiges, mittelbraunes halblanges Haar und war schlank und zierlich. Charakterlich war sie eine sehr willensstarke und selbstbewusste, stets gut gelaunte und fleißige junge Frau, die keine Arbeit scheute. Auf ihre Liebe und Treue konnte mein Großvater vertrauen. Das war es auch, was er, der sie nach dem Willen seiner Eltern nicht heiraten durfte, besonders an ihr schätzte.

Nachdem meine Großmutter bereits schwanger war, war der unvorhergesehene und kurzfristige Abschied von ihrem Bräutigam im August 1914, als er als Soldat in die osteuropäischen Kriegsgebiete musste, umso schmerzlicher. Es stimmte beide sehr traurig, nachdem nicht abzusehen war, ob und wann sie sich wiedersehen würden.

Bereits während der Schwangerschaft hatte meine Großmutter keinerlei Unterstützung von ihren Eltern erhalten. Sie musste von zu Hause ausziehen, bekam trotz verzweifelter Bemühungen keine Wohnung, war obdachlos.

In Sandhübel überließ ihr schließlich eine ältere Frau, die allein in einem kleinen Häuschen wohnte, ein Zimmer. Darüber war meine Großmutter sehr glücklich. Sie arbeitete in einer Drahtfabrik in Böhmischdorf von früh bis spät. Während der Mittagspause half sie bei ihrem Schwager aus, der vor Ort in einem kleinen Betrieb Ketten fertigte. So verdiente sie sich etwas zur Bestreitung ihres Lebensunterhaltes und um sich das Notwendigste für die Geburt ihres Kindes anschaffen zu können.

Die ältere Frau, bei der meine Großmutter wohnen durfte, scheute nicht das Gerede der Leute. Sie hatte großes Mitleid mit meiner Großmutter. Von ihr bekam sie sogar ein paar gebrauchte Möbel für ihr Zimmer: einen Schrank, einen kleinen Tisch sowie ein Bett mit Bettzeug. Bis zur Geburt ihres Kindes hatte meine Großmutter das Notwendigste zusammen.

Sie freute sich auf ihr Kind, war aber auch in großer Sorge um ihren Bräutigam und sehr traurig, dass er nicht bei ihr sein konnte. Dann war es so weit. In dieser bescheidenen Herberge wurde ihre Tochter Sofie, meine Mutter, am 02. 11. 1914 geboren.

Nach der Geburt nahmen die Schwierigkeiten noch zu. Als ledige Mutter wurde sie nicht nur von ihrem Vater verachtet, es war seinerzeit auch von der Gesellschaft mit keinem Verständnis zu rechnen. Ledige Mütter galten, wenn sie Arbeiterinnen oder Dienstbotinnen waren, als „Dirnen". Uneheliche Kinder wurden seinerzeit in Deutschland als „Hurenkinder" beschimpft und mit ihren Müttern gesellschaftlich diskriminiert.

Ledige Kinder und ihre Mütter betrachtete man als „asozial" und minderwertig. Deshalb war es ihrer Vermieterin sehr hoch anzurechnen, dass sie meine Großmutter und ihr Töchterchen Sofie bei sich aufgenommen hatte. An dieser Einstellung der Gesellschaft gegenüber Müttern mit unehelichen Kindern änderte sich lange Zeit nichts zum Besseren. Eine grundlegende Reform des nicht ehelichen Rechts begann erst nach 1960.

Wegen dieser allgemein volksüblichen Einstellung und gesellschaftspolitischen Auffassung betrachtete der Vater meiner Großmutter die Tatsache, dass seine Tochter ein uneheliches Kind hatte, seinerzeit als Schande und wollte seine Tochter und das Enkelkind nicht sehen und schon gar nicht in seiner Nähe haben. Er schämte sich vor den Mitmenschen, weil seine Tochter eine ledige Mutter war. Dies ging so weit, dass meine Großmutter auch besuchsweise nicht mehr nach

Hause kommen durfte. Das Gefühl, gesellschaftlich wegen ihres ledigen Kindes geächtet und verstoßen zu werden, war für meine Großmutter sehr belastend. Schlimm war aber auch die wirtschaftliche Not.

Nachdem meine Großmutter keinen Mann hatte, der für sie und ihr Kind sorgte, und auch nicht zu erwarten war, dass sie anderweitig Hilfe erhalten würde, musste sie für sich und ihr Kind (meine Mutter) selbst aufkommen und sorgen. Um den Lebensunterhalt für sie beide bestreiten zu können, arbeitete sie auch nach der Geburt ihrer Tochter meist als Fabrikarbeiterin. Ihr Kind ließ sie während dieser Zeit bei der Frau, bei der sie wohnte. Diese hatte entgegen den allgemeinen Gepflogenheiten Mitleid und meinte es gut mit meiner Großmutter und ihrem Töchterchen Sofie.

Meine Großmutter — Teil 2

wurde einundeinhalb Jahre nach der Geburt ihrer Tochter Sofie, noch bevor meine Urgroßmutter verstarb, von ihrem Vater gezwungen, den zwanzig Jahre älteren verwitweten Fabrikarbeiter Karl Spenger aus Breitenfurt zu heiraten. Sie war darüber so verzweifelt, dass sie sich durch Ertränken das Leben nehmen wollte. Ein Mann aus dem Ort beobachtete dies und rettete sie.

Meine Großmutter hatte kein richtiges Zuhause, keine Arbeit, wurde wegen ihrer ledigen Tochter überall verachtet, war bitterarm und musste nun auch noch einen Mann heiraten, den sie überhaupt nicht mochte. Und das alles nur, um der Familie wieder zu mehr Ehre zu verhelfen. Meiner Großmutter blieb nichts anders übrig, als der Heirat zuzustimmen. Was hätte sie in ihrer Situation sonst tun können?

Diese Ehe war nicht glücklich. Sie wurde nicht aus Zuneigung, Liebe und Verständnis zueinander geschlossen. Deshalb gab es oft Ärger und Streit. Meine Großmutter musste sehr viel über sich ergehen lassen. Sie schenkte ihrem aufgezwungenen Mann vier Kinder. Zwei starben, Rudi mit neun Monaten an Zahnkrämpfen und Karli, der eine Hasenscharte hatte, mit drei Monaten. Die zwei weiteren, später geborenen Kinder aus der Ehe waren Mariechen, geboren am 28. 2. 1925, und Emmi, geboren am 6. 12. 1927.

Auf folgendem Foto ist meine Großmutter mit ihrer Tochter Sofie, etwa vier Jahre alt (meiner Mutter) und mit Sohn Rudi, kurz bevor er verstarb, zu sehen.

Meine Großmutter
mit Tochter Sofie
(meiner Mutter)
und Sohn Rudi

Meine Großmutter war zu Hause nicht nur Ehefrau, die zu gehorchen hatte, sondern auch Mutter mehrerer Kinder und zugleich Dienstmagd, die nicht nur die ganze häusliche Arbeit zu erledigen hatte, sondern mit Hand anlegen musste, wenn körperlich schwere Haus- und Hofarbeiten zu verrichten waren. Dadurch, so ist anzunehmen, hatte meine Großmutter auch noch zwei Fehlgeburten.

In dieser Familie gab es viel Leid. Meine Großmutter wurde von ihrem Mann, meinem Spenger-Stief-Großvater, wenn ihm etwas nicht passte oder er schlecht gelaunt war, geschlagen, mit bösen Worten beschimpft, gekränkt oder durch seine Machtansprüche gedemütigt. Zeitweise war er auch unberechenbar. Das war für meine Großmutter oft nicht mehr zu ertragen.

Sie beschloss deshalb Mitte 1928, sich von ihrem Mann zu trennen. Für sie gab es keinen anderen Ausweg. Ihre Situation war aber sehr schwierig. Sie hatte ja neben meiner Mutter zwei Kinder (Mariechen und Emmi), die zu versorgen waren. Die Kinder blieben nach einer Trennung und Scheidung rechtlich grundsätzlich immer bei der Mutter.

Meine Großmutter war erst 30 Jahre alt und trotz all dem, was sie in ihrem Leben bisher erdulden und erleiden musste, eine hübsche Frau mit einem liebevollen, freundlichen und aufgeschlossenen sowie herzlichen Wesen.

Das Schicksal wollte es, dass sie den selbstständigen Schreinermeister Alois Schlosser, auch aus Breitenfurt, kennenlernte. Er war mit einer wesentlich älteren Frau unglücklich verheiratet. Die beiden verstanden sich ganz und gar nicht. Wenn sich meine Großmutter und der Schreinermeister trafen, tauschten sie vertrauensvoll ihre Sorgen und Probleme aus. Dadurch entwickelte sich ein kameradschaftliches Vertrauensverhältnis, ein gutes persönliches Verstehen. Sie begegneten sich immer öfters und beschlossen letztendlich, sich scheiden zu lassen. Sie machten sich gegenseitig Mut und unterstützen sich moralisch bei diesem Vorhaben.

Aus dem Verstehen entwickelte sich eine persönliche Zuneigung. Von meiner Großmutter war aber an ein Zusammenleben nicht gedacht. Ein loses Zusammenziehen, eine sogenannte wilde Ehe, das war zu dieser Zeit unsittlich. Und heiraten wollte meine Großmutter nach all den Erfahrungen in ihrer ersten Ehe nicht. Der neue Lebensgefährte meiner Großmutter war, wie ihr erster Ehemann, zwanzig Jahre älter als sie. Und auch das war ihr nicht in guter Erinnerung.

Aber der Schreinermeister Schlosser sah das anders. Er hatte sich sehr rasch von seiner Frau scheiden lassen und sich Hoffnungen gemacht, meine Großmutter heiraten zu können.

Er war ja auch nicht mehr der Jüngste. Eine wesentlich jüngere Frau zu bekommen, die gut aussah und mit der er anscheinend gut zurechtkam, das gefiel ihm schon sehr gut.

Dass meine Großmutter drei Kinder in die Ehe bringen würde (Sofie, Mariechen, Emmi), störte ihn nicht. Er konnte meine Großmutter überreden, sich auch scheiden zu lassen und ihn zu heiraten. Meine Großmutter war jedoch von Anfang an nicht davon überzeugt, dass sie mit diesem Schritt die richtige Entscheidung getroffen hatte.

Bereits bald stellte sich heraus, dass ihr neuer Ehemann sehr eifersüchtig war und auch seine Eigenarten hatte. Zudem hatte er als Selbstständiger geschäftliche Probleme. Bedingt durch die schwierige wirtschaftliche Situation bekam er keine Aufträge mehr. Er musste seinen Betrieb schließen und sich als Arbeiter eine Erwerbstätigkeit suchen. In Breitenfurt war diese nicht zu bekommen.

Deshalb zogen beide Anfang Oktober 1928 mit den Töchtern bzw. seinen Stieftöchtern Sofie, Mariechen und Emmi im Sudetenland um, von Breitenfurt nach Sörgsdorf. Beide fanden dort auch sofort Arbeit. Er arbeitete berufsfremd in einer Fabrik. Meine Großmutter hatte ja die Familie und arbeitete nebenbei aushilfsweise bei Bauern in der Landwirtschaft oder im Haushalt. Aber die Beschäftigung ihres Mannes in der Fabrik war nur von kurzer Dauer.

1929, am 25. Oktober, war der „Schwarze Freitag" in New York. Es begann die Weltwirtschaftskrise. Als unmittelbare Folge verschärften sich die wirtschaftlichen, sozialen und auch politischen Gegensätze in Deutschland. Die radikalen Parteien auf der linken und rechten Seite, die eine parlamentarische Ordnung ablehnten, blockierten zunehmend eine stabile, demokratische Mehrheitsbildung.

Dem Zusammenbruch der New Yorker Börse folgte eine internationale Finanzkrise. Um selber zahlungsfähig zu bleiben, zogen die ausländischen Geldgeber ihre gewährten Kredite aus Deutschland ab. Investitionsrückgang, Produktionsstilllegungen und Massenarbeitslosigkeit waren die Folgen.

Davon waren auch meine Großmutter und mein Schlosser-Stief-Großvater betroffen. Meine Großmutter war mit ihrem Mann ständig auf Arbeitssuche. Es waren für sie keine glücklichen Jahre. Dauerhaft Arbeit zu finden, war nicht möglich, erst recht nicht am Wohnort.

Vor 1927 wurde im Rahmen der Fürsorge Hilfe bei Arbeitslosigkeit, wenn überhaupt, nur von Gemeinden gewährt, die aber oft genug selbst kein Geld hatten. Erst das Gesetz für

Arbeitsvermittlung und Arbeitslosenversicherung brachte für die Arbeitnehmer ab dem Jahr 1927 in verschiedenen Wechselfällen des Lebens eine gewisse soziale Sicherung. Aber es bestand der Grundsatz: Arbeit geht vor Unterstützung. Es kam somit neben der Arbeitssuche zu einer Zeit des ständigen Umziehens und der Wohnungssuche. Und das mit drei Kindern (Sofie, Mariechen und Emmi).

Im Februar 1930, sie wohnten jetzt in Bartzdorf, wurde die Familie um ein Kind, einen Jungen, größer. Sie nannten ihn Alois. Meine Großmutter war voller Freude über die Geburt eines Sohnes. Sie erlebte dann jedoch eine große Enttäuschung. Von seinem Vater, meinem Schlosser-Stief-Großvater, wurde er total abgelehnt. Er wollte einfach kein Kind haben, auch keinen Sohn. Seine Stieftöchter hatte er bei der Heirat akzeptiert. Dazu stand er wohl auch.

Die Not in der Familie bekamen aber auch sie zu spüren. Die wirtschaftlich aussichtslosen Umstände hatten das Leben zu Hause verändert. Der Großvater suchte zunehmend Zuflucht im Alkohol. Die Großmutter war der Ruhepol. Sie war liebevoll und gab den Kindern Halt und Hoffnung. Sie hielt die Familie zusammen, was oft nicht einfach war. Insbesondere dann, wenn es Auseinandersetzungen wegen des Jungen gab.

Der kleine Alois hätte gerade in dieser schwierigen Zeit seinen Vater gebraucht. Es tat meiner Großmutter sehr weh, mit ansehen zu müssen, dass der Vater seinen Sohn nicht haben wollte. Oft schimpfte er wütend mit bedrohlichen Ausdrücken über ihn. Manchmal schrie er ihn in angetrunkenem Zustand an: „Ich bring dich um." Meine Großmutter war in großer Sorge um den kleinen Alois. Sie lebte in ständiger Angst, ihr Mann könne ihm tatsächlich etwas antun. Sie hoffte, dass sich alles zum Besseren wenden würde, wenn der Kleine aus dem Gröbsten heraus wäre. Doch das war nicht der Fall. Alles, was sein Sohn machte, störte ihn. Dies ging manchmal so weit, dass er in seiner Wut ungehalten und kräftig auf Alois einschlug. Meine Großmutter war da oft sehr hilflos. Dorfbewohner, die das alles mitbekamen, munkelten, da gäbe es nur eins, den kleinen Alois wegzugeben. Aber keiner wollte mit meiner Großmutter persönlich darüber sprechen. Das war auch verständlich. Wer hätte einer Mutter das sagen wollen? Meiner Großmutter war schon bekannt, dass es Ehepaare gab, die ein Kind bei sich aufnehmen würden. Ihren Sohn zu fremden Eltern zu geben, mit dem Gedanken wollte sie sich aber nicht beschäftigen.

Die Situation zu Hause zwischen ihr und ihrem Mann und zwischen ihm und dem kleinen Alois wurde jedoch zunehmend gereizter. So konnte es nicht weitergehen. Sie musste handeln, um Schlimmeres zu verhindern. Aus Sorge um die Gesundheit und das Leben ihres Sohnes entschied sich meine Großmutter dann doch schweren Herzens, Alois, der damals noch ein Kleinkind war, ihr nicht bekannten Pflegeeltern zu überlassen. Das fiel ihr sehr schwer und sie weinte oft bitterlich. Aber sie tröstete sich immer wieder mit dem Gedanken, dass ihr kleiner Alois es bei den neuen Eltern besser haben würde als bei ihnen, in der Nähe seines Vaters.

Meine Mutter ließ in späteren Jahren über das Rote Kreuz nach Alois suchen und erfuhr Ende der siebziger Jahre tatsächlich seine Wohnanschrift. Sein Familienname war nun Kainer. Er war seinerzeit von seinen Pflegeeltern adoptiert worden. Anlässlich seines 50. Geburtstages schrieb meine Mutter ihm im Februar 1980:

Lieber Alois!

Schon als Kinder mussten wir uns trennen. Konnten bis heut uns nicht wiedersehen, so viele Jahre sind vergangen, doch meine Sehnsucht blieb bestehen. Nun bist Du 50 Jahre alt, die Zeit sie floh dahin, es würde mich von Herzen freuen, könnten wir uns mal wiedersehn.
Alles Liebe und Gute zu Deinem Geburtstag wünscht Dir lieber Bruder
Deine Dich nie vergessende älteste Schwester Sofie.

Es kam jedoch keine Reaktion. Meine Mutter dachte aber, es müsste doch auch im Sinne von Alois sein, wenn sie sich kennenlernten und er erfahren würde, wie das früher alles so gewesen war. Deshalb rief sie dann auch bei ihm an. Es meldete sich seine Frau Erika. Ihre Antwort war: „Alois hat keinerlei Interesse daran, zu erfahren, was damals war. Er will mit Ihnen (meiner Mutter) nichts zu tun haben."

Viele Jahre später, nach dem Tod ihres Mannes, rief die Schwägerin Erika bei meiner Mutter an und nötigte sie fast, Näheres über Alois zu erzählen. Meine Mutter war jedoch zu dieser Zeit bereits über 90 Jahre alt, hatte nicht vergessen, wie alles so gewesen war, konnte und wollte den Sinneswandel von Erika nach etwa 25 Jahren nicht verstehen und sah in ihrem hohen Alter, nach der langen Zeit und nachdem Alois gestorben war keine Veranlassung mehr, mit Erika über ihren Bruder Alois zu sprechen.

Nun aber wieder zurück zur Geschichte meiner Großeltern mütterlicherseits.

Weitere Wohnorte bis 1932 waren wegen Arbeitssuche und Arbeitsstätte noch Bartsdorf, Hauksdorf, Jungferndorf,

Oberlindewiese, Gräfenberg und Freiwaldau. Hier wurde am 30. 11. 1932 ein weiteres Kind, mein Onkel Alfred, geboren. Die nächste Station, immer wieder bedingt durch Arbeitslosigkeit, war Buchelsdorf. Am 14. 2. 1934 kam hier Irene, meine jüngste Tante, zur Welt. Beide Kinder wurden von ihrem Vater zwar angenommen, große Liebe bekamen sie aber von ihm nicht zu spüren.

Für alle in der Familie war es nicht einfach. Streit und Ärger blieben nicht aus, und die Probleme nahmen immer mehr zu. Beispielsweise weil die Wohnung für sieben Personen nur aus zwei Räumen bestand. Ein nur annähernd ungestörtes Leben mit Privatsphäre eines Einzelnen war da nicht möglich.

Im Wohnraum, der gleichzeitig Küche, Aufenthalts- und Waschraum für sieben Personen war, mussten Mariechen und Sofie, meine Mutter, nachts auf dem Fußboden schlafen. Emmi, Alfred und Irene schliefen mit ihren Eltern in drei Betten in einem relativ kleinen Schlafraum nebenan. Da grenzte es schon an ein Wunder, wenn die sieben Personen bei diesen beengten Wohnverhältnissen noch zurechtkamen und keine gesundheitlichen, körperlichen oder seelischen Schäden bekamen.

Wenn alles noch einigermaßen klappte, dann war es der Großmutter zu verdanken. Sie sorgte dafür, dass trotz aller Einschränkungen noch etwas Familienleben aufkam. Sie war sehr geduldig und ausgleichend. Das Leben des Großvaters wurde zunehmend vom Alkohol bestimmt. Das brauchte er als Droge. Sonst hätte er den Alltag nicht ertragen. Schnaps kaufen gehen musste immer eines von den ältesten Kindern. Wenn die Tochter Sofie, meine Mutter, sie war ja schon neunzehn, zu Hause war, musste sie das tun. Oft wurde dafür das letzte Geld, das eigentlich für Lebensmittel gebraucht wurde, ausgegeben.

Die Woche über war dann oft kein Geld mehr da, um auch nur das Allernotwendigste zum Leben kaufen zu können. Da gingen meine Mutter und eines der Kinder zum Kolonialwarenladen und warteten, bis kein Kunde mehr im Geschäft war. Eher trauten sie sich nicht hinein. Sie schämten sich, weil sie kein Geld hatten und alles, was sie kauften und dringend brauchten, aufschreiben lassen mussten. Sobald wieder Geld da war, wurde bezahlt, manchmal ratenweise.

Als meine Großmutter zum zweiten Mal heiratete, hatte sie sich ganz bestimmt eine andere Ehe erhofft. Für sie galt ja nicht das Sprichwort „Liebe macht blind". Grund für die Heirat waren wohl ihre Gutgläubigkeit sowie ihre Gutmütigkeit und etwas Zuversicht gewesen. So erhoffte sie sich wahrscheinlich auch, dass sich ihre Notlage, in der sie sich nach der Trennung von ihrem ersten Mann befand, durch die erneute Heirat verbessern könnte. Zu dieser für sie und viele andere Menschen oft ausweglosen Situation haben sicher auch die sich zum Schlechteren verändernden wirtschaftlichen und politischen Entwicklungen beigetragen.

Der zweite Mann, mit dem meine Großmutter verheiratet war, war physisch und psychisch den damaligen Herausforderungen nicht gewachsen. Es gab für ihn und sicher auch für manch andere und deren Familien in ähnlichen Verhältnissen keine gesellschaftliche, rechtliche oder politische Hilfe. Mein Schlosser-Stief-Großvater sah nur noch im Alkohol die Lösung. Er wurde ein notorischer, vom Alkohol abhängiger, oft unberechenbarer Trinker.

Einmal wollte er nachts angetrunken meine Großmutter im Bett erwürgen. Sie schrie: „Hol den Hausherrn, hol den Hausherrn."

Das geschah im Beisein der Tochter Sofie, meiner Mutter. Von ihrem Stiefvater unbemerkt schlich sie sich sehr verängstigt weg und holte nebenan den Hausherrn zu Hilfe. Dieser kam sofort, konnte meinen Stief-Großvater davon abhalten und versprach den Kindern, sich um ihre Mutter zu kümmern. Sofie nahm ihre Geschwister Emmi, Mariechen, Alfred und Irene und rannte mit ihnen weinend weg. Sie suchte Zuflucht bei ihrer Tante, die auch im Ort wohnte.

Ein anderes Mal, als meine Großmutter sich nicht mehr zu helfen wusste und ihrem Mann gegenüber äußerte: „Ich lasse mich scheiden", nahm er aus der Küchenschrankschublade ein langes Küchenmesser und wollte meine Großmutter vor den Augen ihrer Tochter Sofie erstechen. Meine Mutter war damals bereits zweiundzwanzig Jahre alt. Sie wohnte nicht mehr zu Hause.

Es war ein glücklicher Zufall, wie es sich herausstellen sollte, dass sie gerade an diesem Tag und in dieser Stunde ihre Mutter und ihre Geschwister besucht hatte. Ihr Stiefvater war auch daheim, hatte den Besuch jedoch nicht mitbekommen.

Meine Mutter war im Zimmer nebenan bei ihren Geschwistern, als sie die angstvollen Hilferufe meiner Großmutter, ihrer Mutter, hörte. Sofort rannte meine Mutter hinüber ins andere Zimmer. Der Stiefvater tobte vor seiner Ehefrau mit erhobenem rechten Arm und einem Küchenmesser in der Hand. Sofie schob sich dazwischen und stellte sich mit mehreren sehr lauten Hilferufen vor ihre Mutter. Diese lauten Hilfeschreie und dass die Stieftochter plötzlich zwischen ihm und seiner Frau stand, erschreckten den Stiefvater wohl so, dass er das Messer aus der Hand legte.

Das Dasein meiner Mutter dürfte meiner Großmutter damals das Leben gerettet haben. Meine Großmutter, ihre Kinder und somit auch meine Mutter litten sehr unter all diesen Umständen und mussten viel Kraft aufbringen, um dieses von Angst und Armut geprägte Leben durchstehen zu können.

Im Jahr 1937 starb Alois Schlosser nach vielen schicksalhaften Jahren im Krankenhaus in Troppau.

Zuvor war es nochmals zu einem Umzug, und zwar erneut nach Breitenfurt, gekommen. Dort wohnte meine Großmutter nun allein mit vier Kindern (Mariechen, 12 Jahre, Emmi, 10 Jahre, Alfred, 5 Jahre und Irene, 3 Jahre). Meine Mutter war seinerzeit 23 Jahre alt. Sie arbeitete und lebte in Liegnitz, Schlesien. Sie war zu dieser Zeit auch sehr arm. Trotzdem half sie ihrer Mutter und den Geschwistern in materieller Hinsicht, so gut sie nur konnte.

Meine Großmutter war oft finanziell in einer ausweglosen Situation. Diese wurde noch verschärft durch die zunehmenden sozialen und politischen Spannungen, die sich in der Weimarer Republik unter dem Eindruck der Massenarbeitslosigkeit und der wirtschaftlichen Depression abzeichneten. Besonders der wirtschaftlich bedrohte Mittelstand, die traditionelle Wählerschaft der liberalen Partei, rückte von der Republik ab und wandte sich nach rechts zur NSDAP. Diese sich entwickelnden Massenbewegungen, unterstützt von Teilen der Schwerindustrie und der Hochfinanz, verhalfen Adolf Hitler zur Macht.

In Kaltseifen, einem Nachbarort von Breitenfurt, wohnte Johann Hagen. Er war verwitwet und hatte fünf Kinder (Rolf, Paul, Lieselotte, Otto und Karl). Als er erfuhr, dass meine Großmutter wieder in Breitenfurt wohnte, nahm er mit ihr Kontakt auf.

Er kannte sie noch aus der Jugendzeit. Meiner Großmutter war Johann Hagen auch kein Unbekannter. Sie hatten zwar als Kinder und Jugendliche keine besondere Beziehung zueinander gehabt, waren sich aber flüchtig als junge Leute aus Nachbarorten bekannt.

Sein jetziges Interesse an meiner Großmutter hatte seine Gründe. Er brauchte doch schon allein wegen der Arbeit im Haus eine Frau und eine Mutter für seine Kinder.

Meine Großmutter wurde erneut vor eine grundlegende Entscheidung gestellt. Mit den Männern und ihren bisherigen Ehen hatte sie keine guten Erfahrungen gemacht. Sie hatte deshalb auch nicht vor, noch einmal zu heiraten. Zusammenziehen ohne Trauschein, das war nach wie vor gesellschaftlich seinerzeit nicht zulässig. Andererseits war es üblich, wenn sich Familien wie in diesem Fall zusammentaten, um sich zu helfen und ihre Lebensumstände zu verbessern. Das waren dann grundsätzlich keine Liebesheiraten, sondern Zweckgemeinschaften mit Trauschein.

Meine Großmutter lernte dann auch die Hagen-Kinder kennen. Die vier Buben und das Mädchen waren charakterlich sehr unterschiedlich und manchmal sicherlich nicht ganz einfach. Vom Alter her passten sie mit ihren Kindern zusammen. Und wie verstanden sie sich? Die Kinder wurden seinerzeit von beiden Elternteilen nicht lange gefragt, ob sie mit der Heirat einverstanden wären.

Meine Großmutter hatte jedoch den Eindruck gewonnen, dass sie von den Kindern ihres Mannes angenommen wurde. Ihre eigenen Kinder wussten nicht so recht, was sie zu erwarten hatten. Letztendlich mussten alle Kinder sich dem fügen, was hier der Vater und die Mutter vorhatten.

So kam es, dass meine Großmutter aus Mitleid zu seinen Kindern 1942 nochmals heiratete. Sie waren nun eine große

Familie mit zehn Kindern (Sofie, Mariechen, Emmi, Alfred, Irene und die fünf Hagen-Kinder Rolf, Paul, Lieselotte, Otto und Karl). Neun davon lebten daheim. Die älteste Tochter Sofie lebte seit etwa einem Jahr in Schlesien.

Die erneute Heirat fand im Winter statt. Für meine Mutter gab es keine Möglichkeit, hinzufahren. Sie konnte deshalb bei der Hochzeit nicht dabei sein.

Hochzeit meiner Großmutter mit dem
Hagen- Stief-Großvater und mit neun Kindern

Mein Hagen-Stief-Großvater hatte von seiner Tante im Herbst 1943 in Böhmischdorf ein altes kleineres Haus mit einem großen Garten geerbt. Hier fanden nun alle zusammen ein gemeinsames Zuhause. „Meine Kinder" und „deine Kinder" sollten jetzt „unsere Kinder" werden. Ob sie das seinerzeit auch wurden, dazu habe ich zu wenig erfahren können.

Paul, genannt Pauli, das eine Kind des Stief-Großvaters, verstarb einige Zeit später in Böhmischdorf an Typhus. Rolf (Rolfi) ging während der Kriegsjahre zur Waffen-SS, nachdem man ihm dafür reichlich Geld, Sonderurlaub und persönliche Vorteile versprochen hatte.

Bei seinem ersten Heimaturlaub erzählte er ganz stolz seinem Vater davon. Dieser war jedoch sehr erbost über den Entschluss seines Sohnes. Er hatte dafür keinerlei Verständnis, verwies ihn des Hauses und verbot ihm, jemals wieder heimzukommen.

Die Zugehörigkeit zur Waffen-SS wurde Rolf später zum Verhängnis. Ein wichtiges Kennzeichen der Angehörigen der Waffen-SS war die Tätowierung der Blutgruppe, in der Regel auf der Innenseite des linken Oberarmes. Dieses Merkmal und somit die Zugehörigkeit zur Waffen-SS stellten die Alliierten, hier die Amerikaner, bei Rolf fest. Sie erschossen ihn deswegen nach dem Krieg. Er wurde in Allersberg bei Nürnberg beerdigt.

Arbeit gab es Ende der dreißiger Jahre nach wie vor kaum. Hitler war zwischenzeitlich Führer der Staatspartei, Chef der Regierung und Staatsoberhaupt. Als Führer des Deutschen Reiches ließ er Beamte und Soldaten auf seine Person vereidigen.

Es kam zum Austritt Deutschlands aus dem Völkerbund, zur Gründung des Reichsarbeitsdienstes, zur Einführung der Gestapo, zur Überwachung und Verfolgung von Regierungsgegnern, zur Judenverfolgung, zum Zweiten Weltkrieg, zur Gründung der Waffen-SS, zur Durchführung von Sonderaufgaben in den besetzten Gebieten und zur Vertreibung.

Nach dem Krieg wurden 1946 meine Großmutter und mein Hagen-Stief-Großvater mit den Kindern bzw. Stiefkindern Emmi, Alfred, Irene, Otto und Karl mit der Bahn aus dem Sudetenland ausgesiedelt. Sie kamen zunächst für ein paar Tage nach Wasserburg ins Gasthaus Staudhamm in Oberbayern an der heutigen Bundesstraße 304, später dann nach Oberratting in der Gemeinde Amerang, Kreis Wasserburg. Lieselotte und Mariechen mussten schon eher aus dem Sudetenland. Sie wohnten zu dieser Zeit nicht bei ihren übrigen Geschwistern. Mariechen landete in Bamberg und lernte hier in Franken ihren späteren Ehemann Konrad kennen.

Was ich erst jetzt, nach dem Tod meiner Mutter, erfahren habe: Meine Großmutter hatte bereits bei unserem Besuch in Amerang im Februar 1948 versucht, zu erreichen, dass wir bei ihnen in der Bundesrepublik Deutschland bleiben dürften.

Die BRD sprach davon und rühmte sich, für alle Deutschen zu handeln. Tatsächlich schickte sie DDR-Bürger, die hier bleiben wollten, in die DDR, wie wir es erleben mussten, zurück.

Das Grundgesetz der BRD trat am 23. Mai 1949 in Kraft. In der seinerzeitigen Präambel ist zu lesen: „... von dem Willen beseelt, seine nationale und staatliche Einheit zu wahren ...“ und „Es hat auch für jene Deutsche gehandelt, denen mitzuwirken verwahrt war“.

Meine Großmutter stellte daraufhin am 27. 9. 1949 beim Flüchtlingsamt im Landratsamt Wasserburg einen schriftlichen Antrag, damit meine Mutter und ich in der BRD bleiben durfen.

Dieser wurde mit einem Schreiben vom 4. 10. 1949 zurückgesandt, mit der Begründung: „Dem Flüchtlingsamt erscheint es zweifelhaft, dass sie mit einem monatlichen Nettoeinkommen von 160 DM außer Ihrer vierköpfigen Familie auch noch Ihre Tochter mit Kind werden erhalten können.“ Außerdem wurde, nachdem eine Frage im Antrag nicht ausgefüllt war, geschrieben: „Es ist unerlässlich, die Gründe anzugeben, weshalb Sie den

Wasserburg, den 4.1o. 1949

Scha./Me. IV/11 Nr. 2474 **3582-A3-49.**

Herrn
Johann H a b i c h t

Amerang - Ober-Ratting

Betr.: Zuzug Ihrer Tochter Sophie G r ö g e r mit Kind Horst.

Bezug: Ihr Antrag vom 27.9. 1949.

Beil.: 1 Antrag

Unter Hinweis auf die Beachtungspunkte des Antragsformblattes, wonach mangelhaft ausgefüllte Anträge nicht bearbeitet werden können, wird Ihr Antrag vom 27.9. 1949 zur Ergänzung der Fragen VII und XI zurückgesandt. Es ist unerlässlich, die Gründe anzugeben, weshalb Sie den Zuzug Ihrer Tochter und deren Kind wünschen. Die Frage VII, die Angaben des Antragstellers betreffend, ist lückenlos zu beantworten. Als Flüchtling müssen Sie auch einen Flüchtlingsausweis besitzen, dessen Nr. und Ausstellungsdatum einzutragen ist.

Gleichzeitig wollen Sie in einem Begleitschreiben mitteilen, womit Ihre Tochter z.Zt. in der Ostzone ihren Lebensunterhalt bestreitet und wieviel ihr Einkommen durch Arbeitsleistung oder durch Unterstützungen beträgt. Desgleichen wollen Sie angeben, wann der Ehemann Ihrer Tochter verstorben ist.

Dem Flüchtlingsamt erscheint es zweifelhaft, dass Sie mit einem monatlichen Nettoeinkommen von 160.- DM ausser Ihrer vierköpfigen Familie auch noch Ihre Tochter mit Kind werden erhalten können. Auch hierzu wird um Aufklärung gebeten.

Nach Eintreffen der notwendigen Ergänzungen wird Ihr Antrag über die Regierung von Oberbayern dem Bayerischen Landeszuzugsamt zur Entscheidung vorgelegt werden.

Landratsamt-Flüchtlingsamt:
i.A.

(Schäffranka)

Das war die Antwort:
zurück in die DDR

Zuzug Ihrer Tochter und deren Kind in die BRD wünschen. Gleichzeitig wollen Sie in einem Begleitschreiben mitteilen, womit Ihre Tochter z. Zt. in der Ostzone ihren Lebensunterhalt bestreitet und wie viel ihr Einkommen durch Arbeitsleistung oder durch Unterstützung beträgt."

Es wurde dann noch mitgeteilt, dass nach Eintreffen der notwendigen Ergänzungen der Antrag dem Landeszuzugsamt zur Entscheidung vorgelegt werde.

Die Entscheidung war meines Erachtens jedoch schon vorweggenommen. Nach den Feststellungen des Flüchtlingsamtes konnten meine Großeltern nicht den Lebensunterhalt für uns sicherstellen, und das bedeutete automatisch Ablehnung.

Ehe diese bevorstehenden und sich noch ergebenden bürokratischen Hürden mit der Ungewissheit, doch nicht bleiben zu dürfen, hätten genommen werden können, wäre die von der DDR genehmigte Besuchsdauer in der BRD längst abgelaufen gewesen. Die Folge war: zurück in die DDR.

Deutsch war nicht gleich Deutsch! Auch das war deutsche Geschichte!

Es brauchte wohl noch lange, bis in den westdeutschen Ämtern so gehandelt wurde, wie es in der Präambel des Grundgesetzes steht und wie es die deutsche Nationalhymne in der dritten Strophe vorsieht: „Einigkeit und Recht und Freiheit für das deutsche Vaterland. Danach lasst uns alle streben, brüderlich mit Herz und Hand."

Alfred und Irene waren die Kinder, die seinerzeit noch in der Familie geblieben waren. Für die anderen Kinder hatten sich durch den Krieg und die Umsiedlungen und deren Folgen andere Wege ergeben. Emmi blieb bei ihrem späteren Mann in Traunreut, Oberbayern, und Mariechen war nach ihrer Umsiedlung nach Bamberg in Großenseebach bei Erlangen in Franken gelandet. Die Stiefgeschwister meiner Mutter lebten an verschiedenen Orten in Bayern und in Hessen, Otto z. B. in München, Karl in Wasserburg am Inn und Lieselotte in Fulda.

Meine Großmutter mit ihrem Mann, Irene und Alfred wurden später von Amerang in Oberbayern umgesiedelt nach Heidenburg am Rande des Hunsrücks in Rheinland-Pfalz.

Nach über einem Jahr bekamen sie in Trittenheim an der Mosel im Dachgeschoss eines von der Gemeinde für vier Flüchtlingsfamilien erbauten eingeschossigen Flüchtlingshauses zwei Zimmer mit schrägen Wänden zugewiesen: einen Raum zum Wohnen, Essen und Kochen und ein Schlafzimmer.

Mein Hagen-Großvater fand in Trittenheim an der Mosel Arbeit bei den Weinbauern. In der Zeit, wo sie noch in Heidenburg wohnten, musste er täglich zweimal etwa sechs Kilometer zu Fuß bergab, bergauf und wieder bergab nach Trittenheim und nach Feierabend das Ganze umgekehrt wieder zurück. Die Weinbergarbeit war körperlich sehr schwer und fand bei jedem Wetter statt. Müde und abgearbeitet kam er oft spätabends nach Hause.

Am nächsten Tag war er aber wieder pünktlich, fit und nie mürrisch bei der Arbeit. Von allen, bei denen er im Weinberg oder im Weingut arbeitete, wurde bestätigt, dass er ein sehr fleißiger Arbeiter war, der keine Arbeit scheute, immer da war, wo und wann man ihn brauchte, und nie krankmachte.

Tagsüber aß er kaum etwas, trank keine alkoholischen Getränke. Für ihn gab es während der Arbeit nur Vic, eine Art Most aus Äpfeln, oder Kaffee und Mineralwasser. Seine „Nahrung" bei der Arbeit waren filterlose Zigaretten. Er rauchte eine Zigarette nach der anderen. Oft wunderten sich die, die ihn im Weinberg erlebten, dass er das durchstehen konnte. An seiner gewohnten Lebensweise und an seiner geschätzten Arbeitseinstellung änderte sich zunächst auch nichts, als die Familie in Trittenheim wohnte.

Die sehr schwere Arbeit im Weinberg belastete ihn jedoch zunehmend physisch und psychisch. Die körperlichen Kräfte ließen nach. Er spürte das wohl auch. Das führte, bevor er den Weg nach Hause fand, letztendlich täglich zu einem vorherigen Besuch in einer Gastwirtschaft. Das kannte man früher nicht von ihm. Alkohol wurde sein Problem.

Angetrunken war er zu Hause sehr streitsüchtig. Es kam dann immer wieder zu lautstarkem Geschrei mit einer beleidigenden und verletzenden Wortwahl. Manchmal endete das in bedrohlichen Wutausbrüchen, bei denen auch mal ein Teller durch das Zimmer flog, wenn ihm das Essen nicht passte oder wenn er bei Auseinandersetzungen mit meiner Großmutter das Küchenmesser zog.

Das war eine schlimme Zeit für sie. Sie wurde in diesen Jahren an der Mosel von ihrem Ehemann durch sein Verhalten gedemütigt, hatte viel Leid und Scham zu ertragen und hatte oft kein Geld, um noch Brot kaufen zu können. Vom Lohn ihres Mannes blieb für die Familie nur wenig übrig, den größten Teil brauchte er für sich.

Seine tägliche Arbeit vernachlässigte er jedoch nicht. Hier stellte er seinen Mann. Aber abends nach der schweren Arbeit in den Weinbergen brauchte er, bevor er den Weg nach Hause antrat, in der Dorfgaststätte seine Drogen: Bier, Schnaps und Zigaretten. Wenn er kein Geld mehr hatte, um seine Zeche zahlen zu können, ließ er beim Wirt anschreiben. Seine Schuld begleichen musste er dann am nächsten Zahltag. Meist war das der Freitag. Der Wochenlohn wurde nach der Arbeit vom Winzer bar als Abschlagszahlung nach den geleisteten Arbeitsstunden gegen Unterschrift ausbezahlt. Die genaue Abrechnung erfolgte am Monatsende.

Seine Schulden in der Gaststätte bezahlte mein Großvater zuverlässig. Er hätte ja sonst nichts mehr auf Pump bekommen. Manchmal war die Zeche auf dem Schuldschein so hoch, dass vom Wochenlohn nicht mehr viel übrig blieb. Es war ein Teufelskreis.

Für meine Großmutter gab es an der Mosel keine geregelte Arbeit. Sie arbeitete und half bei Familien im Haushalt oder im Weinberg und als Zeitungsfrau. Sie verdiente sich dadurch etwas Geld, um sich das Allernotwendigste an Lebensmitteln kaufen zu können. Und wenn sie in einer Woche nicht so viel verdienen konnte, wie sie zum Leben brauchte, musste sie im Krämerladen, beim Bäcker oder beim Metzger anschreiben lassen. Das war seinerzeit zwar nicht üblich, aber auch nicht außergewöhnlich. Wichtig war nur, dass die Schulden pünktlich wie vereinbart beglichen wurden.

Meine Tante Irene, die jüngste Tochter meiner Großmutter, zog bereits in den fünfziger Jahren nach Kleindechsendorf bei Erlangen (heute Erlangen-Dechsendorf).

Dort lebte ihre Halbschwester Mariechen. Sie war verheiratet und auch wie ihr Mann Konrad berufstätig. Nun erwarteten sie Nachwuchs. Nachdem sie begonnen hatten, sich ein kleines Haus zu bauen, brauchten sie weiter ihr bisheriges Einkommen und mussten deshalb beide berufstätig bleiben. Irene zog daraufhin als Kindermädchen zu ihnen.

Tante Irene in ihren
jungen Jahren

Mein Onkel Alfred wohnte damals weiterhin bei seiner Mutter und bei seinem Stiefvater in Trittenheim. Er hatte eine Ausbildung als Kürschner gemacht und fuhr nun in Trittenheim werktäglich mit der Moselbahn 33 Kilometer nach Trier zur Arbeit und abends wieder zurück. Die einfache Fahrt dauerte etwas über eine Stunde und kostete einen Großteil seines monatlichen Verdienstes. Das war aber immer noch weitaus günstiger als ein angemietetes Zimmer in Trier. Von seinem Hagen-Stiefvater wurde er zu Hause nicht gern gesehen. Solange sie sich nicht weiter begegneten, ging alles gut. Es gab aber beispielsweise dann großen Krach, wenn mein Stief-Großvater bemerkt hatte, dass Alfreds Mutter ihm, als er am späten Abend von der Arbeit heimkam, ein Stück Brot, mehr hatte sie meist selbst nicht, unter das Kopfkissen gelegt hatte.

Zu verheimlichen war da nichts. Alfred hatte seine Schlafstätte in dem Schlafraum, wo auch seine Mutter und sein Stiefvater schliefen. Im zweiten Zimmer, der Wohnküche, durfte Alfred sich nicht aufhalten, wenn sein Stiefvater da war. Meine Großmutter litt sehr darunter, dass sie ihrem Sohn, der als Kürschner nicht viel verdiente, wenn er abends heimkam nichts zu essen geben durfte. Alfred fand das auch alles sehr bedrückend. Er machte sich aber nichts weiter daraus. Er freute sich, wenigstens abends und am Sonntag bei seiner Mutter sein zu können.

Morgens in der Früh war er schon gegen fünf Uhr aus dem Haus und abends war es meist schon spät, bis er daheim ankam. Er arbeitete dann noch einige Jahre in seinem erlernten Beruf in Trier, bevor er wegen der Konflikte mit seinem Stiefvater von seiner Halbschwester Emmi in Oberbayern aufgenommen wurde.

Mitte der fünfziger Jahre wurde mein Hagen-Stief-Großvater plötzlich schwer krank. Er hatte bis dahin hart gearbeitet, nur wenig gegessen, nach der Arbeit zu viel Alkohol getrunken und den ganzen Tag über noch mehr geraucht.

Dies alles wurde ihm jetzt zum Verhängnis. Sein Körper verkraftete es nicht mehr. Arbeiten gehen konnte er nicht mehr. Er wurde mehrmals operiert. Seine körperliche und geistige Verfassung waren eines Tages so schwach, dass er aus der Sicht der behandelnden Ärzte wahrscheinlich keine drei Tage mehr leben würde. Man brachte ihn vom Krankenhaus zurück in seine Wohnung zu seiner Ehefrau. Er wünschte den Besuch eines Geistlichen und bekam die letzte Ölung gespendet. Was keiner für möglich gehalten hätte: Mein Hagen-Stief-Großvater erholte sich wieder zusehends und wurde ein anderer, besserer, wohlwollender Mensch.

Glückliche Umstände, es war der Umzug von meiner Mutter und von mir, verhalfen meiner Großmutter und meinem Stief-Großvater im Herbst 1956 zu einem Wohnortwechsel von Rheinland-Pfalz nach Bayern, von Trittenheim an der Mosel nach Kleindechsendorf bei Erlangen, in Oberfranken, durch die Eingemeindung und bayerische Gebietsreform heute Erlangen-Dechsendorf, Mittelfranken. Hier wohnten sie zunächst mit in der Wohnung bei den Eltern des Bräutigams ihrer Tochter Irene, meinem späteren Onkel Hans. Diese hatten ein kleines, bescheidenes bäuerliches Anwesen. Das Bauern-Ehepaar lebte mit seinen sechs Kindern bereits sehr beengt. Meine Groß-mutter mit ihrem Mann dann noch bei sich aufzunehmen, das war schon äußerst bewunderns- und anerkennenswert.

Elternhaus von meinem Onkel Hans

Der Zustand meines Stief-Großvaters Johann Hagen verschlechterte sich erneut. Er musste sich noch mehreren Operationen in der Erlanger Universitätsklinik unterziehen, wo er am 05. 06. 1957 nach schwerem Leiden an Lungen- und Magenkrebs verstarb.

Später, nach der Fertigstellung ihres Wohnhauses in Kleindechsendorf, wurde meine Großmutter von Irene und ihrem Mann Hans in ihrem Haus in einer 2-Zimmer-Dachgeschoss-Wohnung aufgenommen.

Meine Großmutter war bis ins hohe Alter noch rüstig, geistig sehr rege und stets gut gelaunt. Medizin brauchte sie so gut wie keine, außer Spalt-Tabletten. Diese waren ihr „Ein und Alles". Eine „Droge", die sie täglich brauchte und die sie aufrecht hielt.

Erst in den letzten Jahren kam sie nicht mehr gut zurecht und wurde sogar pflegebedürftig. Dann fiel sie in ihrer Wohnung so unglücklich vom Stuhl, dass sie sich einen Oberschenkelhalsbruch zuzog. Von den Ärzten in der Erlanger Universitätsklinik wurde sie, angeblich weil sie zu korpulent war, nicht mehr operiert.

Sie lag in einem zusätzlich aufgestellten Bett in der Mitte eines 6-Bett-Zimmers und hatte qualvolle Schmerzen, bis sie am 04. 05. 1975, kurz vor ihrem 78. Geburtstag, versehen mit dem Sakrament der „letzten Ölung" verstarb. Bis zu ihrem Tode war sie eine geduldige und gutmütige Großmutter gewesen, die alle gern hatten. Ihre Töchter, Sofie (meine Mutter), Mariechen und Irene waren bei ihr, als Gott sie zu sich holte.

Heirat im Krieg

Meine Eltern 1939

Hitler hatte bereits (Oktober 1938) das Sudetenland besetzt. Sein Führungsanspruch in Europa und die politischen Spannungen mit den Nachbarn nahmen zu. Die Lage verschärfte sich zunehmend und führte schließlich zum Zweiten Weltkrieg.

Am 01. 09. 1939 begann der Einmarsch deutscher Truppen aus der Slowakei, aus Schlesien sowie West- und Ostpreußen in Polen. Dieser löste am 03. 09. 1939 die Kriegserklärung Großbritanniens und Frankreichs an Deutschland aus und verschärfte den Kriegszustand für die deutsche Armee. Mein Vater war damals, wie bereits eingangs im Kapitel 1 ausgeführt, mit unterwegs im Polenfeldzug.

Als die Kampfhandlungen im Polenfeldzug abgeschlossen waren, bekam mein Vater eine Woche Heimaturlaub. Meiner Mutter hatte er geschrieben, er werde einen weiteren Brief am 01. November 1939 mit einem Kameraden überbringen lassen und ihr darin Näheres schreiben.

Am diesem Mittwoch kam jedoch kein Kamerad und kein Brief, vielmehr stand dann ganz unerwartet mein Vater vor der Tür. Meine Mutter stand gerade am Spültisch in der Küche des Hotels in Prinkendorf. Die Überraschung war gelungen.

Es war ein Tag vor dem fünfundzwanzigsten Geburtstag meiner Mutter. Mein Vater empfing sie mit den Worten: „Ich bin da, wir wollen heiraten!" Meiner Mutter verschlug es vor Freude die Sprache.

Sofie Friede
Josef Gröger
Unteroffizier

beehren sich ihre am 4. November 1939 stattfindende Vermählung höflichst anzuzeigen.

Breitenfurt-Freiwaldau, im November 1939.

Hochzeitsanzeige

Sieben Tage, das war nicht lange, um alles für die Hochzeit vorzubereiten, und das noch mitten im Krieg. Aber es musste einfach reichen. Termine wie Standesamt, kirchliche Trauung, Friseur, Gespräche mit der Mutter im Sudetenland und mit dem Pfarrer, Erledigung der Formalitäten usw.

Allein das Brautkleid zu bekommen war ein großes Problem. Die fertigen Kleider passten nicht. Stoff gab es, aber wo war eine Schneiderin, die über Nacht ein Brautkleid fertigte? Meine Eltern fuhren zuerst zu meiner Großmutter ins Sudetenland nach Freiwaldau. Sie war sprachlos und freute sich sehr. Das mit dem Brautkleid organisierte sie. Die Großmutter kümmerte sich auch ums Essen und Trinken am Hochzeitstag.

Am Samstag, dem 04. November 1939, drei Tage nach dem Eintreffen meines Vaters in Schlesien, war es so weit. Meine Eltern heirateten, und zwar bei meiner Großmutter in Freiwaldau. Um 15.00 Uhr wurden meine Eltern von einem Standesbeamten in der Gemeindeverwaltung in Sandhübel getraut.

Heiratsurkunde

(Standesamt _Sandhübel, Kreis Freiwaldau_ —— Nr. 30/1939)

Der _Unteroffizier Josef Gröger, römisch katholisch_ —

——, wohnhaft _Standort Sagan_ ——.

geboren am _1. September 1914_ —— in _Lindewiese_ ——

(Standesamt _Röm. kath. Pfarramt Freiwaldau_ —— Nr. XXIII/248), und

die _Hausgehilfin Sofie Anna Friede, römisch katholisch_ .

——, wohnhaft _in Trinkendorf Nr. 19_ ——

geboren am _2. November 1914_ —— in _Sandhübel_ ——

(Standesamt _Röm. kath. Pfarramt Sandhübel_ —— Nr. V/91 ——).

haben am _4. November 1939_ —————— vor dem Standesamt

in Sandhübel ———————— die Ehe geschlossen.

Vater des Mannes: _Josef Gröger, Handschuhmacher, römisch_
katholisch, wohnhaft in Liegnitz. ——

Mutter des Mannes: _+ Maria Gröger, geborene Franke, rö-_
misch katholisch, zuletzt wohnhaft in Buchelsdorf. ——

Vater der Frau: ————————————

Mutter der Frau: _Sofie Scholz, geborene Friede, römisch_
katholisch, wohnhaft in Breitenfurt Nr. 114. ——

Vermerke: ——————————————

————————————————

Sandhübel , den _4. November_ —— 19 39.

Der Standesbeamte

Otto Sticha

Eheschließung der Eltern:

des Mannes am _1. 10. 1900_ —— Pfarramt (Standesamt) _Lindewiese_ — Nr. IV/64 ——)

der Frau am ———— (Standesamt) ———— Nr. ———)

B 151. Heiratsurkunde (mit Elternangabe)
Verlag für Standesamtswesen G. m. b. H., Berlin SW 61, Gitschiner Str. 109. F 14

B 151

Heiratsurkunde

Um 16.00 Uhr sollte die kirchliche Trauung in der Kirche in Freiwaldau stattfinden. Doch als sie ankamen, stand ein Sarg aufgebahrt in der Kirche. Es war die letzte von drei Beerdigungen an diesem Tag.

Der Termin beim Fotografen wurde deshalb vorgezogen. Am frühen Abend erfolgte dann doch noch die kirchliche Trauung meiner Eltern. Mein Vater heiratete in Uniform und meine Mutter hatte ein langes weißes Brautkleid aus Damast mit einem langen Schleier. Der Brautstrauß bestand aus weißen Nelken.

Hochzeitsfoto meiner Eltern

Meine Eltern mit meiner Großmutter und den Geschwistern
meiner Mutter, Alfred und Irene, sowie mit zwei Trauzeugen

Die Hochzeitsfeier fand im Haus meiner Großmutter statt.
Eine Nachbarin hatte gekocht und alles festlich vorbereitet. Es
gab Braten mit Kartoffeln und Gemüse und auch noch Kaffee
und Kuchen.

Alles fand in einem bescheidenen, festlichen und harmonischen Rahmen statt. Ein Akkordeonspieler sorgte für unterhaltsame und fröhliche Stimmung. An das Abschiednehmen
sollte noch keiner denken. Am Sonntag waren meine Eltern
dann noch einmal bei meiner Großmutter eingeladen.

Die Wohnung meiner Großmutter war sehr klein. Meine
Eltern hatten sich deshalb ein Zimmer in einem nahegelegenen
Gasthaus gemietet.

Am Mittwoch, dem 08. 11. 1939, war es dann aber so weit.
Mein Vater musste wieder zur Wehrmacht und meine Mutter

fuhr an diesem Tag von Freiwaldau im Sudetenland zurück zu ihrer Arbeitsstätte nach Prinkendorf in Schlesien.

Es hieß Abschied nehmen. Nach den Tagen der Freude und des Glücks blieben nur die Sehnsucht und die Hoffnung auf ein baldiges Wiedersehen. Keiner wusste, ob es das geben würde. Frankreich und Großbritannien hatten bereits vor dem Polenfeldzug der deutschen Truppen vom 6. Oktober 1939 dem Deutschen Reich am 3. September 1939 den Krieg erklärt, ohne aber militärisch wirksam einzugreifen.

Deshalb liefen, als mein Vater seinen Heimaturlaub beendet hatte, bereits die Vorbereitungen für den Feldzug gegen Frankreich. Mein Vater war mit dem Panzerverband, dem er zugehörte, für die mittlere der drei vorgesehenen Heeresgruppen eingeteilt worden. Die Panzergruppen drangen binnen weniger Tage „blitzkriegartig" durch die Ardennen bis zur Kanalküste vor.

Der Feldzug begann am 10. Mai 1940. Während dieser Kampfeinsätze bekam meine Mutter immer wieder Post von meinem Vater. Meine Eltern konnten wegen des Berufes meines Vaters und wegen seines Einsatzes als Soldat in den Kriegsgebieten nicht oft zusammen sein. Sie hatten jedoch beide den sehnlichen Wunsch nach einer gemeinsamen Wohnung in Schlesien.

Meine Mutter studierte die Tageszeitung und machte sich auf Wohnungssuche. Das war meist erst nach der Arbeit möglich. Die Mühen waren dann aber stets umsonst. Die Wohnungen waren immer, als sie kam, bereits vergeben.

An einem Sonntagabend, als meine Mutter nach ihrer Arbeit schon in ihrem Zimmer war, wurde sie ans Telefon geholt. Ein fremder Mann war am anderen Ende. Er sei von einem Soldaten, meinem Vater, von der Westfront angeschrieben worden, der dort durch Zufall das Wohnungsinserat in der Zeitung gelesen hatte. Die Wohnung sei zwischenzeitlich bereits an junge Leute vermietet gewesen. Aber nachdem diese keine Möbel bekommen hätten, sei sie unerwartet und zufällig wieder frei geworden.

Er habe gleich an das Schreiben des Soldaten an der Front gedacht. Der Soldat habe ihm leid getan, und wenn meine Mutter wolle, solle sie sich die Wohnung in den nächsten Tagen anschauen kommen.

Am nächsten Tag machte sich meine Mutter gleich auf. Es war eine kleine Weltreise. Die Wohnung war in Gassendorf, nur zehn Kilometer von Liegnitz entfernt. Aber dorthin zu kommen war nicht einfach. Ein Bus fuhr nur selten und an diesem Tag gar nicht. Deshalb machte sich meine Mutter bereits in der Früh zu Fuß auf den Weg von Prinkendorf nach Gassendorf.

Gassendorf in Schlesien

Erstes Zuhause

Gassendorf war eine kleine Gemeinde in Schlesien. Der Ort erstreckte sich über eine Anhöhe und lag im Regierungsbezirk Liegnitz in der ehemaligen Provinz Niederschlesien. Es war ein Dorf mit insgesamt vierzehn Häusern, überwiegend Bauernhöfen, einer Schmiede und einem Dominium, auch Domäne genannt; das war ein Gutshof, der staatlichen Grundbesitz verwaltete.

Ein kleines Gasthaus fehlte, wie fast in allen anderen Dörfern, nicht. Die Menschen waren weitestgehend bisher nicht aus ihrem Dorf herausgekommen. Das Gasthaus war somit die einzige Begegnungsstätte, um außerhalb der Familie mal was zu erfahren oder um zusammenzukommen. Zur Kirche musste man nach Liegnitz. Schule gab es im Dorf keine. Die Kinder gingen zu Fuß nach dem vier Kilometer entfernten Rotkirch.

Was es im Ort gab, war ein kleiner Tante-Emma-Laden, wo man aber nur das Allernotwendigste bekommen konnte. Brot wurde einmal in der Woche von einem Bäcker aus Rotkirch mit einem Pferdegespann angeliefert. Der Metzger lag auch außerhalb, etwa zwei Kilometer in Richtung Liegnitz. Einen Schuhmacher gab es in Lobendau, drei Kilometer von Gassendorf entfernt. Einer der örtlichen Bauern war gleichzeitig Schmied und der Bürgermeister. Nebenbei hatte er noch die Poststelle.

In erster Linie wohnten in dem Ort Bauern. Es waren insgesamt acht landwirtschaftliche Anwesen. Zu ihnen gehörte auch der Bauernhof der Familie Teuber, in dem die Wohnung zu vermieten war.

Herr Teuber war es, der bei meiner Mutter angerufen hatte. Die Eheleute hatten sich schon für meine Eltern entschieden, falls meine Mutter die Wohnung nehmen würde. Einem glücklichen jungen Paar ohne Wohnung, bei dem der Mann im Krieg an der Front für das Vaterland kämpfte, zu helfen, das war ihnen eine Herzensangelegenheit.

Für meine Mutter gab es da nichts zu überlegen. Die Freude war überwältigend groß. Am liebsten wäre sie den Teubers um den Hals gefallen. Auch diese waren gerührt, weil sie sahen, dass meine Mutter so glücklich war und der Zufall es gewollt hatte, dass die Wohnung frei geworden war.

Meine Mutter entschied sich sofort und zahlte gleich die Miete für zwei Monate im Voraus in Höhe von monatlich fünfzehn Reichsmark (RM), das entsprach einem Wochenlohn. Meine Eltern hatten damit ihre erste Wohnung.

Das Anwesen lag an der Hauptstraße, die sich längs durch das Dorf zog. Der Zugang war über eine seitliche Hofeinfahrt. Dort waren noch ein Geräteraum und ein kleines Häuschen mit einem Plumpsklo.

Das Haus der Teubers war ein Einfamilienhaus in eingeschossiger Bauweise mit einem Spitzdach. So waren auch die meisten anderen Wohngebäude im Ort gebaut. Unten hatten die Teubers eine Bauernküche mit einem separaten Esszimmer daneben und ein Schlafzimmer. Oben waren die beiden

Zimmer meiner Eltern, eine Wohnküche und ein Schlafraum sowie eine kleine Kammer.

Außerdem gab es noch die Nebengebäude zum Unterstellen von landwirtschaftlichen Geräten, eine kleine Scheune für Heu, Stroh und Futtermittel sowie Stallungen für die Tiere. Dies waren ein Pferd, eine Kuh und ein Ochse sowie Hasen, Enten, Hühner und ein paar Schweine. Herr Teuber war ein großer schlanker Mann. Frau Teuber war etwas untersetzt. Beide sahen gut aus und hatten eine angenehme Art, ebenso Kurt, ihr erwachsener Sohn.

Meine Mutter hatte sich das Geld für einige Möbel gemeinsam mit meinem Vater, der im Krieg war, zusammengespart. Nun nutzte meine Mutter jede freie Stunde, um sich nach preiswerten Möbeln umzusehen. Sie fand als erstes in einem Möbelgeschäft ein Schlafzimmer, Eiche hell, furniert, zwei Betten mit Nachtkästchen, einen dreiteiligen Kleiderschrank, eine Spiegelkommode und zwei Schalenstühle mit einem Tischchen zum Preis von 600 RM. Genau so, wie sie sich es immer vorgestellt und gewünscht hatte.

Dann klappte es auch noch mit der Einrichtung für die Küche. Sie kaufte einen Schrank, einen Tisch und zwei Stühle sowie eine Ofenbank für zusammen 210 RM. Zusammen mit dem Herd, einem Sofa und einem zweiteiligen Küchenschrank war die Küche somit gemütlich und ansprechend eingerichtet.

Das Mobiliar war alles in allem recht preiswert. Aber zur damaligen Zeit im Verhältnis zum relativ geringen Verdienst kostete es doch viel Geld. Es entsprach etwa dem Jahreslohn meiner Mutter. Meine Eltern sparten, wo sie nur konnten.

Mein Vater schickte meiner Mutter alles vom Wehrsold, was er nicht für sich brauchte. Nach und nach kam für die Einrichtung der Wohnung immer noch eine Kleinigkeit hinzu. Aus den leeren Zimmern wurde ein Puppenstübchen, wie Frau Teuber die Wohnung immer nannte. Meine Mutter hatte dabei ihre Mutter und ihre Geschwister im Sudetenland nicht vergessen und ihnen immer wieder mal finanziell geholfen.

Am 2. Juni 1940 beendete meine Mutter ihre Arbeit im Gasthof bei der Familie Kuhn. Drei Jahre und zwei Monate war sie dort beschäftigt gewesen. Sie zog von Prinkendorf nach Gassendorf. Vom Jubel und Trubel, den meine Mutter täglich im Hotel erlebte, in eine ruhige und einsame Zwei-Zimmerwohnung. Langeweile bekam sie aber nicht. Zunächst hatte sie

Meine Mutter zusammen mit den Teubers vor dem Hauseingang

ja mit der Einrichtung ihrer Wohnung zu tun. Und dann sah sie auch, dass sie der Familie Teuber ab und zu helfen konnte, so zum Beispiel bei der Heuernte.

Die Bauern hatten einen eigenen Interessensvertreter, den Ortsbauernführer. Das war der Landwirt Erdmann, der Nachbar auf der einen Seite von Teubers. In der anderen Richtung war der Berghang. Hier wohnten die Bauern Hausmann, Grosser, Littmann, Geister und Hofmann. Oben am Berg lagen eine Kaserne und ein Schießstand der Panzerabwehr von Liegnitz.

Meine Mutter hilft den Teubers bei der Heuernte

Das war der Ort, wo mein Vater als Soldat ein Jahr lang gedient hatte. Einige Leute aus dem Dorf arbeiteten nicht in der Landwirtschaft, sondern in Betrieben im Regierungsbezirk Liegnitz. Weitere Regierungsbezirke waren Breslau und Oppeln.

Breslau war auch die Hauptstadt von Schlesien. 1945, nach dem Zweiten Weltkrieg, kam nach dem Potsdamer Abkommen die Provinz Schlesien bis zur Oder-Neiße-Linie und bis zu einem endgültigen Friedensvertrag unter vorläufige polnische Verwaltung, die geringen Restgebiete des westlichen Teils dieser Linie zur sowjetischen Besatzungszone. Sie wurden 1952 im Land Sachsen auf die Bezirke Dresden und Cottbus aufgeteilt.

Schlesien lag geografisch an den beiden Seiten der oberen Oder. Grenzgebirge im Südwesten und im Süden waren die Sudeten. Im Südosten war eine breite Hügellandschaft, an die sehr viel Flachland angrenzte. Im Norden lag das Katzengebirge, auch Schlesischer Landrücken genannt. Das Land südwestlich der Oder war sehr fruchtbar. Hier wurden weitestgehend Weizen und Zuckerrüben angebaut. Östlich der Oder fand man auf sandigem Boden neben Roggen- und Kartoffelfeldern weite Kiefernwälder.

Vor allem in Oberschlesien, aber auch in einigen Bereichen von Niederschlesien gab es große Industriegebiete. Der Steinkohle-, Eisen-, Zink- und Bleierzbergabbau in Schlesien führte zum Aufbau einer hoch entwickelten Hütten-, Metall-, Glas- und chemischen Industrie. Die wichtigsten Städte waren: Breslau, Oppeln, Liegnitz, Görlitz, Beuthen, Kattowitz und Königshütte.

Hier in Schlesien, in Gassendorf, fanden meine Eltern ihr erstes gemeinsames Zuhause. Sie waren darüber sehr glücklich und dankbar.

Meine Eltern kannten sich nun schon über sieben Jahre. Am 30. April 1933 hatten sie sich bei einer Tanzveranstaltung kennengelernt. Meine Mutter traf sich dort mit ihrer besten Freundin. Diese war mit meinem Vater gekommen. Beide kannten sich noch nicht allzu lange und waren noch nicht ernsthaft befreundet.

Meine Mutter bemerkte sehr schnell, dass sich mein Vater für sie interessierte, das gefiel ihr jedoch gar nicht. Er war ja der Freund ihrer besten Freundin. Er ließ jedoch meine Mutter an diesem Abend nicht mehr aus den Augen. Daran änderte sich auch nichts in den Wochen danach.

Die Freundin meiner Mutter bemerkte die Zuneigung ihres Freundes zu ihrer Freundin sehr schnell. Deswegen gab es aber keinen Ärger zwischen den beiden Freundinnen. Wenn er nicht der Freund ihrer Freundin gewesen wäre, dann hätte er meiner Mutter vielleicht auch schon am ersten Abend gefallen. So dauerte es etwas länger, bis meine Mutter und mein Vater sich ihre Zuneigung eingestanden.

Meine Eltern verstanden sich, abgesehen davon, dass mein Vater sehr eifersüchtig war, in all den Jahren ausgesprochen gut. Sie hatten sich gern und wünschten sich ein glückliches Miteinander und ein gemütliches gemeinsames Zuhause.

Ein Jahr des Bangens

Tränen der Freude

Der letzte Besuch meines Vaters bei meiner Mutter war nach dem Polenfeldzug im November 1939, als sie heirateten. Seitdem war er nun schon bald ein Jahr in den westlichen Kriegsgebieten. Die deutschen Soldaten hatten zwischenzeitlich die französischen Atlantikhäfen und Paris besetzt (14. 06. 1940), waren bis zur Linie Bordeaux-Vichy-Genf vorgedrungen und erzwangen damit den Waffenstillstand mit Frankreich, der am 21. 06. 1940 unterzeichnet wurde.

Zur Waffenruhe kam es erst am 25. 06. 1940, nachdem auch ein italienisch-französischer Waffenstillstand geschlossen war. Am 21. August 1940 unterschrieb mein Vater als Unteroffizier einen Verpflichtungsschein für weitere neun Jahre bis zur Vollendung des 12. Dienstjahres vom 1. Oktober 1939 bis 30. September 1948.

Obwohl meine Mutter von meinem Vater sehr oft Briefe oder Päckchen, z. B. mit Kleidung für sich oder Kaffee zum Eintauschen gegen anderes, was man dringend brauchte, bekam, war ihre Angst, er könne aufgrund der kriegerischen Auseinandersetzungen nicht mehr nach Hause kommen, sehr groß.

Deutsche Verluste im Frankreichfeldzug zählten über 27 000 Tote, 18 000 Vermisste und 111 000 Verwundete. Für die Überlebenden war es an der Zeit, wieder mal nach Hause zu ihren Angehörigen zu kommen. Sie waren erschöpft und oft in einer schlechten gesundheitlichen Verfassung.

Im September 1940 bekam mein Vater Urlaub. Nach langer Zeit der Sehnsucht und des Wartens gab es ein Wiedersehen. Mein Vater hatte seinen Besuch mit Brief angekündigt. Seine Ankunft war an einem Tag im September 1940. Als der Zug in Liegnitz am Bahnhof ankam, war er aber nicht dabei. Die Enttäuschung meiner Mutter war sehr groß. Ein weiterer Zug mit Verspätung war zwischenzeitlich durchgegeben worden. Auch mit diesem kam er nicht an.

Nach stundenlangem Warten war es dann so weit. Um 1.15 Uhr fuhr der letzte Zug in dieser Nacht ein. Mein Vater war gut angekommen. Ein Wiedersehen voller Freude, nach dem sie sich schon lange gesehnt hatten. Briefe von Kameraden für ihre Familien wurden noch zum Briefkasten gebracht. Dann ging's mit dem Taxi in das zehn Kilometer von Liegnitz entfernte Gassendorf.

Als mein Vater in die Wohnung kam, standen ihm die Tränen in den Augen. Es war ihre erste gemeinsame Wohnung. Gesehen hatte er die beiden Zimmer ja noch nicht. Er freute sich sehr. „Das alles hast du nach meinem Geschmack gemacht", sagte er zu meiner Mutter. „Jetzt weiß ich endlich, wo ich hingehöre und wo ich zu Hause bin", fügte er hinzu. Meine Eltern genossen diese gemeinsame Zeit.

Mit den Teubers, ihren Hausleuten, kamen sie bestens zurecht. Mein Vater erinnerte sich noch gut an die Zeit der Wohnungssuche. Den Eheleuten Teuber war er sehr dankbar, dass sie bei ihnen wohnen durften.

Eine Woche, nachdem mein Vater da war, kam Irene, die jüngste Schwester meiner Mutter. Sie war gerade sechs Jahre alt und sollte eingeschult werden. Sie hatte bisher bei ihrer

Meine Eltern in ihrer Wohnung

Mutter im Sudetenland gelebt. Irene ging es gesundheitlich nicht gut. Sie war unterernährt. Der Arzt meinte, eine Luftveränderung würde ihr guttun.

Meine Mutter hatte jetzt eine eigene Wohnung. Deshalb hatte sie sich ihrer Mutter gegenüber bereit erklärt, ihre Schwester Irene bei sich in Gassendorf aufzunehmen. Die Teubers hatten nichts dagegen. Sie sahen darin für meine Mutter, nachdem sie allein war, sogar etwas Positives. Und Irene kam auch gern zu Sofie, ihrer großen Schwester.

Nun war es aber gerade zu der Zeit, zu der auch mein Vater auf Heimaturlaub da war. Irene störte ihn nicht, was man hätte möglicherweise annehmen können. Ganz im Gegenteil. Er freute sich sogar über den kleinen Gast. Meine Mutter wollte von ihr jedoch, dass sie meinen Vater nicht mit seinem

Vornamen, sondern mit „Sie" ansprach. Das war damals gar nicht so unüblich. So wurden meine Großeltern von ihren Kindern auch nicht mit „Du" angesprochen. Sie verwendeten dann aber statt dem „Sie" das „Ihr". Das wollte mein Vater aber keinesfalls. Darauf legte er keinen Wert. Mit „Du" von Irene angesprochen zu werden, war ihm da schon lieber.

Die drei Wochen Heimaturlaub vergingen wie im Flug. Dann hieß es wieder Abschied nehmen für ein Jahr. Daran wollte man in der ganzen Zeit des Zusammenseins nicht denken. Es tat sehr weh, sich wieder trennen zu müssen. Der Schmerz war unvorstellbar groß. Keiner wusste, ob und wann es ein Wiedersehen geben würde. Beide standen jedoch zueinander und machten sich Mut.

Frühmorgens wurde schon aufgestanden. Es war fünf Uhr, als sie aus dem Haus mussten. Ein Bus fuhr zu dieser Uhrzeit noch nicht. Ein langer Fußmarsch von über einer Stunde lag vor ihnen. Die kleine Irene war auch mitgekommen. Es gab noch vieles an lieben Worten auszutauschen und an guten Wünschen für die Zukunft mit auf den Weg zu geben.

Meine Mutter verabschiedete meinen Vater am Bahnhof in Liegnitz mit Tränen in den Augen. Auch meinem Vater merkte man an, dass ihn der Abschied sehr schmerzte.

Meine Mutter hatte nun zwar ihre Schwester Irene bei sich, die vom Alter her auch ihr Kind sein hätte können, aber trotzdem fühlte meine Mutter sich einsam. Oft halfen ihr die Gedanken an die wunderbaren harmonischen Tage der letzten drei Wochen über diese Zeit hinweg. Sie machten ihr Mut und Hoffnung bis zum nächsten Wiedersehen. Sich ohne ihren geliebten Ehemann, der im Krieg war, zu vergnügen, das kam ihr nicht in den Sinn.

Ein Glück war, dass das Ehepaar Teuber es gut mit ihr und mit Irene meinte. Sie hatten beide gern bei sich im Haus. Und meine Mutter konnte auch mal mit ihnen über ihre Sorgen sprechen und jederzeit mit ihrer Hilfe rechnen.

Meinen Vater haben sicherlich die Erinnerungen an die schönen und harmonischen Tage seines Urlaubs auf dem Weg zurück zu seiner Kompanie begleitet. Dann bekam er aber auch sehr rasch wieder den militärischen Alltag zu spüren. Die Vorbereitungen auf den Angriff auf die Sowjetunion waren bereits in vollem Gange. Nach dem Eintreffen aus diesem Heimaturlaub war mein Vater eingeteilt für den Angriff auf die Sowjetunion. Dieser sollte nach einer grundlegenden Weisung vom 18. 12. 1940 im Mai 1941 erfolgen.

Es war Februar 1941. Da kam Post von meinem Vater mit einer besonderen Nachricht. Er schrieb meiner Mutter, dass er mit seinen Kameraden für kurze Zeit in der Nähe von Wien einquartiert werde und ob sie ihn besuchen wolle. Der Angriff auf die Sowjetunion war infolge des Balkanfeldzuges (1940–41) um einen Monat auf den Juni 1941 verschoben worden.

Da gab es für meine Mutter nicht viel zu überlegen. Irene durfte bei den Teubers bleiben. Sie fühlte sich auch bei ihnen angenommen und gut aufgehoben. Dann konnte es losgehen. Wann hatte es schon mal so eine Gelegenheit in den Kriegsjahren gegeben, sich einfach so für ein paar Wochen, und dann noch in Wien, treffen zu können?

Mein Vater wollte ihr noch mal vorher schreiben und ihr Näheres über seinen Aufenthalt mitteilen. Wo er stationiert war, das hatte er meiner Mutter schon mitgeteilt. Noch mal auf einen Brief von ihm zu warten, das dauerte meiner Mutter zu lange. Das wäre ja verlorene Zeit gewesen.

Bereits am nächsten Tag ging es dann mit dem ersten Bus frühmorgens los, der nach dem zehn Kilometer entfernten Liegnitz fuhr, von dort aus dann mit dem nächsten Zug weiter nach Wien.

Mein Vater war gerade auf der Schreibstube, als meine Mutter ankam. Als er meine Mutter sah, traute er seinen Augen nicht. Die Freude über das Wiedersehen war überwältigend. Meine Mutter war sehr, sehr glücklich. Alles kam ihr vor wie in einem Traum. Einquartiert war mein Vater bei einer älteren Dame. Sie tat alles, damit meine Eltern sich während dieser Zeit wohl fühlten.

Meine Eltern:
Wiedersehen in Wien

Quartier meines
Vaters in Wien

Nach drei Wochen kam die traurige Nachricht, an die Front zu
müssen. Nun hieß es, sich wieder zu trennen. Mein Vater und
meine Mutter hatten für ein paar Tage glücklich sein dürfen.
Jetzt bestimmte die Pflicht das weitere Schicksal. Mein Vater
hatte sich, so wie die meisten anderen Soldaten, verpflichtet
gefühlt, für das Vaterland da zu sein, für das Vaterland zu
kämpfen und Befehlen zu gehorchen.

So geht es auch heute den Soldaten der Bundeswehr, z. B.
in Afghanistan. Auch sie müssen bei ihren Einsätzen die Befehle, die sie bekommen, ausführen. Damals allerdings wusste
keiner der Soldaten an der Front, welche Strategien das Hitler-
regime verfolgte.

Am 22. 06. 1941 trat das deutsche Ostheer, zu dem mein
Vater seit einiger Zeit gehörte, unter Generalfeldmarschall v.
Brauchitsch mit 136 Divisionen, darunter 17 Panzer-, 1 Ka-

vallerie-, 5 SS- und 9 Sicherungsdivisionen, unterstützt von 3 Luftflotten, zum Kampf gegen die Rote Armee an. Ein militärischer Großverband von einer Division hatte üblicherweise zwischen 10 000 und 30 000 Soldaten. In einer der 17 Panzerdivisionen diente mein Vater.

Meine Mutter brauchte nach dem Abschied von meinem Vater in Wien etwas Ablenkung. Sie fuhr zu ihrer Mutter nach Breitenfurt ins Sudetenland und blieb dort noch einige Tage. Dann ging es zurück in ihre neue Wohnung nach Gassendorf in Schlesien. Irene, die jüngste Schwester meiner Mutter, war nun schon sieben Jahre alt geworden. Während der Abwesenheit meiner Mutter hatten sich Frau und Herr Teuber fürsorglich um sie gekümmert. Sie war noch im Oktober 1940 als Nachzüglerin im Nachbarort in die Schule eingetreten. Der Weg führte zu Fuß vier Kilometer durch den Wald.

Irene war ein liebes und unkompliziertes Mädchen. Sie fühlte sich auch sehr wohl bei meiner Mutter und hatte keine Probleme, sich Menschen und neuen Gegebenheiten anzupassen. Meine Mutter hatte eine große Verantwortung übernommen, was sie gerne für ihre kleine Schwester tat. Irene half ihr dafür aber auch über die Zeit der Einsamkeit und des Alleinseins mit hinweg.

Die deutschen Einheiten waren zu dieser Zeit bereits aufmarschiert, vom Schwarzen Meer bis zur Ostsee. Italien, Rumänien, Ungarn, die Slowakei sowie Finnland beteiligten sich am Krieg gegen die Sowjetunion. Diese schloss am 13. 07. 1941 ein Bündnis mit Großbritannien. Die deutsche Militärführung ließ sich davon jedoch nicht beeindrucken.

Der deutsche Angriff erfolgte in drei Heeresgruppen. Mein Vater war bei der südlichen, in Richtung Ukraine und Kiew.

Ihnen gelang ein schneller Vormarsch. Am 21. 07. 1941 erreichten sie den Dnjepr und nahmen zusammen mit der mittleren Heeresgruppe im September 1941 Kiew ein. Am 19. September 1941 fiel die Stadt. 665 000 sowjetische Soldaten gerieten in deutsche Gefangenschaft. Mein Vater war gleich nach Einnahme der Stadt Kiew am 19. 9. 1941 aus dem Kriegsgebiet zu einem dreiwöchigen Heimaturlaub ausgeflogen worden. Es war in der zweiten Hälfte im September 1941, als er von der Ostfront bei seiner Ehefrau ankam.

Meine Mutter wusste vorher nichts von diesem Besuch. Sie traute ihren Augen nicht, als mein Vater plötzlich vor ihr stand. Alles war wie ein Traum. Die Freude, sich wiederzusehen, war bei beiden riesengroß.

Für meine Eltern waren das glückliche und schöne Tage. Große Abwechslung und Gelegenheit, etwas zu erleben, gab es keine. Sie waren einfach glücklich, mal wieder zusammen sein zu können. Sie fuhren mit dem Bus nach Liegnitz, um sich etwas zu kaufen oder anzuschauen. So waren es einmal zwei Sessel für eine Sitzecke im Schlafzimmer. Heimtransportiert wurden sie dann auf dem Dach des Omnibusses.

Abends fuhren keine öffentlichen Verkehrsmittel. Da hieß es eben zuhause bleiben oder spazieren gehen. Die Tage vergingen wie auch bei ihren früheren Treffen viel zu schnell. Bald hieß es wieder Abschied nehmen. Für meinen Vater bedeutete es zurück zum Ostfeldzug. Eine Militärmaschine der Luftwaffe brachte ihn und etliche andere Kameraden zurück in die Nähe von Odessa.

Dort waren die deutschen Angreifer bereits dabei, Odessa einzunehmen. Danach eroberten sie auch Stalino und die Krim. Bis Dezember 1941 erreichten sie die Linie Rostow-

Charkow-Kursk. Die 6. Armee war hochmodern und gehörte zu den schlagkräftigsten Truppenverbänden der Wehrmacht. Doch die Angriffskraft des deutschen Ostheeres erschöpfte sich zunehmend. Die Rote Armee hatte noch einmal mobil gemacht.

Sie leistete erbitterten Widerstand. Bei der 6. Armee gab es bis zum 01. 12. 1941 hohe Verluste, und zwar 162 314 Tote, 33 334 Vermisste und 571 767 Verwundete. Dies waren 24 Prozent ihrer Sollstärke. Es überlebten nur Soldaten, die noch einigermaßen bei Kräften waren und neben militärischer Erfahrung eine riesige Menge Glück gehabt hatten.

Hinzu kam, dass ein erheblicher Materialausfall bestand, der nur teilweise ersetzt werden konnte. Die Rote Armee war zwar geschlagen worden und hatte schwere Einbußen erlitten, verfügte jedoch noch über große Reserven.

Generalfeldmarschall von Brauchitsch erkrankte am 19. 12. 1941. Hitler übernahm daraufhin den Oberbefehl für das Heer. Das Ostheer war schwer mitgenommen. Die Winterkämpfe flauten zunehmend ab. Feldmarschall Paulus hatte im Januar 1942 das Heer übernommen.

Eine sowjetische Gegenoffensive im Januar 1942 auf der Krim endete mit einer Niederlage für die Rote Armee. Das Schicksal wollte es, dass es an der Ostfront zu einer Kampfpause kam. Zur Wiederaufnahme der Offensive an der ganzen Front reichten die Kräfte nicht mehr aus. Das Heer musste aufgefrischt werden.

Diese Gegebenheit führte im März 1942 dazu, dass mein Vater mit seinem Vorgesetzten und seiner Kompanie in der Heimat einen militärischen Auftrag zu erfüllen hatte. Dies ermöglichte ihnen, einen Abstecher zu ihren Frauen zu machen.

An einem Tag im März 1942 kam dann ganz unerwartet um Mitternacht mein Vater bei meiner Mutter an. Sie erschrak, als sie das Klopfen an der Haustür hörte. Sie wusste gar nicht recht, was los war. Als sie die Haustür öffnete, stand ihr Mann in Uniform vor ihr. Es war eine unbeschreibliche Freude. Mein Vater konnte leider nur einen Tag bleiben.

Meine Eltern wünschten sich schon seit längerer Zeit ein Kind. Nun war ihr Wunsch auch in Erfüllung gegangen. Meine Mutter war im sechsten Monat schwanger. Mein Vater war überglücklich, als er jetzt von meiner Mutter erfuhr, dass er Vater werde.

Am nächsten Tag ging es dann noch zum Arzt, der einen normalen Verlauf der Schwangerschaft bestätigte. Voller Vorfreude auf die Geburt des Kindes fuhr mein Vater noch an diesem Tag mit seinem Vorgesetzten zu ihrer Kompanie zurück.

Bald danach begann die Wiederaufnahme der Offensive an der ganzen sowjetischen Front. Ende August erreichten die deutschen Truppen die Wolga. Es kam zu erbitterten Kämpfen, in denen die Deutschen unter schwersten Opfern nur schrittweise Boden gewannen. Die Armeen Paulus und Hoth waren über den Don in die Region um Stalingrad vorgestoßen. Sie erreichten Stalingrad am 24. August 1942. Um die großen Wohnviertel und die riesigen Fabrikanlagen der Eisenwaren- und chemischen Industrie entwickelten sich erbitterte Kämpfe.

Nachdem die 6. Armee mit mehr als 250 000 Soldaten im Herbst 1942 die Stadt Stalingrad zu 90 Prozent unter beiderseitigen hohen Verlusten erobert hatte, wendete sich die Situation zu Gunsten der Roten Armee.

Wiedersehen zu dritt

Tage des Glücks

Zu der Zeit dieser dramatischen Kriegsgeschehnisse in der Sowjetunion war mein Vater auch dort an der Front. Da kam von ihm Post an meine Mutter. Er kündigte an, dass er auf Urlaub nach Hause in die Heimat komme. Den knapp sechs Monate dauernden Einsatz an der Ostfront hätte er, wie er schrieb, überstanden. Das klang zwar erleichtert, aber nicht hoffnungsvoll, und große Ängste bestanden weiterhin.

Wie sich nach seinem Kommen herausstellte, war mein Vater verletzt worden. Auf Grund dieser erstmalig erlittenen Verwundung am 6. August 1942 war ihm vom Leiter seines 14. Infanterie-Regiments 707 am 4. September 1942 das Verwundetenabzeichen in Schwarz verliehen worden. Es war ein Ehrenzeichen des nationalsozialistischen Deutschen Reiches. Mit Verwundetenabzeichen wurden Soldaten ausgezeichnet, die durch Feindeinwirkung oder unverschuldet durch eigene Kampfmittel bei Kriegshandlungen verletzt oder kriegsversehrt wurden. Die Abzeichen gab es in Schwarz, Silber und Gold, je nach Anzahl und Schwere der Verletzungen. Das dürfte zu seinem kurzfristig nicht termingenau angekündigten Heimaturlaub geführt haben.

Verwundetenabzeichen

Die Ankunft meines Vaters war in der ersten Oktoberwoche 1942. Meine Mutter war mit einem Fahrrad, das sie sich ausgeborgt hatte, beim Einkaufen im Nachbarort unterwegs. Sie wusste ja nicht, wann ihr Mann ankommen würde. Auf dem Rückweg kam ihr schon Herr Teuber, ihr Hausherr, aufgeregt mit der Nachricht entgegen: „Ihr Mann ist schon da, Ihr Mann ist schon da!"

Die Freude war unbeschreiblich. Mein Vater konnte es nicht glauben, einen Sohn zu haben. Ich war gerade drei Monate alt. Es waren wiederum Tage der Freude und des Glücks.

Dem

Feldwebel G r ö g e r Josef

(Name, Dienstgrad)

14./1.R.707

(Truppenteil, Dienststelle)

ist auf Grund seiner am 6.6.42 erlittenen

erst maligen Verwundung ~~oder Beschädigung~~

das

Verwundetenabzeichen

in Schwarz verliehen worden

Rgt.Gef.St. , den 4.9.42

Im Auftrage:

(Unterschrift, Dienstgrad)

Oberstlt.u.Rgts.Kdr.

(Dienststelle)

Bestätigung der erstmaligen Verwundung

Mutterglück

Vaterfreude –
erstes und letztes
Wiedersehen

Im Hof bei Teubers
vor der Haustür

Das letzte gemeinsame
Foto meiner Eltern

Was blieb, war
die Erinnerung

Mein Vater war stark gekennzeichnet von den Ereignissen und Strapazen an der Front. Er hatte während der ganzen Zeit in der Heimat hohes Fieber und immer wieder Schweißausbrüche. Er war nicht gesund, was ihm auch eine Krankenschwester zu verstehen gab.

Von seinem Verwundungsabzeichen und seiner Verwundung hat meine Mutter erst erfahren, als sie, nachdem er an die Front zurückgekehrt war, die Bestätigung darüber bei den Papieren meines Vaters zufällig zu lesen bekam. Mein Vater hatte darüber nie gesprochen. Vielleicht hatte dies auch mit seinem schlechten Gesundheitszustand zu tun. Mein Vater hätte deswegen mit gutem Gewissen noch ein paar Tage länger bleiben können.

Wenn darüber gesprochen wurde, meinte er immer: „Ich kann meine Kameraden nicht im Stich lassen." Die drei Wochen Heimaturlaub vergingen sehr schnell. Mein Vater fand keine Ruhe. Das Pflichtgefühl drängte ihn. Er hätte es nicht ertragen können, sich einmal sagen lassen zu müssen, sich gedrückt zu haben.

Für ihn gab es nur noch einen Aufschub über den Geburtstag meiner Mutter am 02. November bis zum dritten Hochzeitstag meiner Eltern am 04. November 1942.

Am 06. November 1942 machte er sich auf den Weg in die Ungewissheit, zu seiner 6. Armee, den deutschen Divisionen, die für den Kampf um und in Stalingrad eingesetzt wurden.

Mein Vater war während der ganzen Jahre ein fleißiger Briefschreiber. Er hatte immer gleich geschrieben, wenn er wieder angekommen war. Das war dieses Mal nicht der Fall. Meine Mutter machte sich große Sorgen. Am 19. November 1942, nicht einmal zwei Wochen, nachdem mein Vater von zu Hause weg war, hörte meine Mutter über Rundfunk von einer unerwarteten großen Offensive der Roten Armee im Westen von Stalingrad. Das deutsche Oberkommando hatte damit nicht gerechnet.

Umso mehr war es überrascht worden, als am 19. November 1942 von den Sowjets die Rückeroberung von Stalingrad begann. Die hoch motivierten Rotarmisten hatten von Nord und von Süd die 6. Armee großräumig eingenommen. Der Ring um Stalingrad wurde immer enger. Die von Hitler zur Flankensicherung abgestellten und sehr schwach ausgerüsteten rumänischen und italienischen Verbände konnten der sowjetischen Offensive nicht standhalten. Es kam zu kräftigen Gefechten. Innerhalb von vier Tagen, am 23. November 1942, schloss sich der militärische Ring der Roten Armee um Stalingrad.

Die 6. Armee war komplett eingekesselt. Ohne Hilfe von außen zu bekommen, war ein Entkommen nicht mehr möglich. Es kam zu Straßen- und Häuserkämpfen. Bei den Soldaten ging es auf beiden Seiten nur noch ums Überleben.

Hitler hatte der 6. Armee verboten, aus Stalingrad auszubrechen. Das war auch nicht mehr möglich gewesen. Bei eisiger Kälte und in dichtem Schneegestöber hatten die Soldaten Stalins mühelos die deutschen, rumänischen und italienischen Stellungen um Stalingrad überrollt. Diese waren zu dieser Jahreszeit dem seit langem geplanten Angriff der Roten Armee nicht gewachsen. Dadurch wurden die 6. und Teile der 4. Panzer-Armee, 22 Divisionen, rumänische Verbände, gesamt 230 000 Mann, unter Feldmarschall Paulus eingeschlossen. Sie verteidigten sich innerhalb des Kessels so gut, wie es noch ging, und warteten auf Hilfe von außen. Unter ihnen war auch mein Vater.

Der Zeitraum von der Abreise meines Vaters von zuhause am 6. November 1942 zurück nach Stalingrad zu seiner Truppe reichte aus, um durch den von der russischen Armee noch nicht ganz geschlossenen Ring um Stalingrad hindurchzukommen und in der Hölle von Stalingrad eingesperrt zu werden. Damit war das Schicksal der Soldaten, also auch das meines Vaters, im Kessel von Stalingrad besiegelt. Mein Vater war nach seinem letzten Heimaturlaub wegen seiner ausgeprägten soldatischen Pflichterfüllung und seines Pflichtbewusstseins dort leider nicht zu spät angekommen. Ein paar Tage später, und der Ring der sowjetischen Armee um Stalingrad, der sich am 23. November 1942 geschlossen hatte, hätte ihn nicht mehr hineingelassen.

Deutsche Truppen unternahmen den Versuch, den Kessel von außen zu erreichen. Auch die eingeschlossenen Truppen setzten noch mal zu einer Gegenoffensive an. Diese schlug fehl. Das konnte auch im Winter bei der eisigen russischen Kälte nicht anders kommen.

Stalin hatte bereits im Sommer 1942 angeordnet: „Keiner darf Stalingrad verlassen." Er hatte befohlen, die Stadt auf einen Einmarsch oder die Besetzung durch deutsche Truppen im Winter und deren Vernichtung vorzubereiten. Schützengräben wurden auch von der Zivilbevölkerung, von Frauen und Kindern, vorsorglich ausgehoben und Kampfstellungen aufgebaut. Stalin ging auch davon aus, der Verbleib der Zivilbevölkerung könnte die Moral seiner kämpfenden Soldaten steigern. So kam es dann auch.

Dem geschwächten, für den Winter nicht ausreichend vorbereiteten deutschen Heer war es nicht mehr möglich, sich zu verteidigen und den russischen Angriffen zu widerstehen.

Feldmarschall Paulus wollte deshalb Stalingrad aufgeben und nach Westen aufbrechen. Das war zwar aufgrund der russischen Überlegenheit um die ganze Region von Stalingrad sehr problematisch, Paulus sah darin aber die einzige Möglichkeit für seine Soldaten, einer totalen Vernichtung zu entgehen. Von Hitler kam jedoch der Befehl, sich „einzingeln" zu lassen und auf Hilfe von außen zu warten. Göring hatte von Deutschland aus noch großspurig versprochen, mehr als 100 Tonnen Waffen und Munition, Verpflegung und Kraftstoff in den Kessel einzufliegen.

Bei einer Entfernung von mehr als 200 Kilometern gegen 1 000 sowjetische Flugabwehrgeschütze reichten jedoch weder die deutschen Flugzeuge noch Piloten aus, um dieses großspurige Versprechen zu erfüllen.

Bereits bevor es zu dem militärischen Ring um Stalingrad gekommen war, waren nur noch 75 Tonnen in den Kessel von Stalingrad gekommen – für eine Armee, die mindestens 300 Tonnen Versorgungsgüter am Tag benötigt hätte, um überleben zu können. Aus der Luft kam immer weniger Versorgung. Es war ein Todeskampf nicht nur gegen den militärischen Gegner, sondern auch gegen den Hunger, den Winter und die eisige Kälte.

Der Armeechef Feldmarschall Friedrich Paulus, mit im Kessel von Stalingrad, bat deshalb um Handlungsfreiheit. Er meinte damit, kapitulieren zu dürfen. Dadurch hätte er sich als unterlegene Seite einseitig einer Entwaffnung und Gefangennahme unterworfen. Alle Kampfhandlungen im Kessel von Stalingrad wären dadurch endgültig beendet gewesen.

Hitler aber gab die Order „Halten und Verteidigen". Das war das Todesurteil für die verbliebenen 230 000 Soldaten der ursprünglichen 22 Divisionen und somit auch für meinen Vater.

Sehnsucht nach Frieden

Das bittere Ende

Anfang Dezember 1942 kam ein Brief von meinem Vater. Es war der vorletzte, der meine Mutter erreichte. Unter anderem schrieb er:

„Wir fiebern am ganzen Körper, hocken nachts in verkümmerten Erdlöchern. Die Erde ist hart gefroren. Wir haben keine Möglichkeit, uns vor der Kälte zu schützen. Die Fingerspitzen habe ich mir bereits erfroren, wir frieren am ganzen Körper. Schon lange haben wir unsere Kleidung nicht mehr gewechselt. Es ist alles so furchtbar. Unsere Kleidung reicht gegen die Kälte nicht aus. Wir haben nichts zu essen und hungern nun schon seit Wochen. Wir sind am Ende unserer Kräfte. Zu Weihnachten hat man uns ein Brot und eine Tafel Schokolade versprochen. Der einzige Blick ist nach der Heimat. Ich würde so gern Euch mal sehen. Sehnsüchtig warte ich auf ein Päckchen und eine Nachricht von zu Hause."

Und dann noch ein paar liebevolle Abschiedsworte an meine Mutter und an mich. Meine Mutter packte sofort wieder ein großes Paket. Sie brachte es nach Liegnitz in ein Papiergeschäft. Hier wurden die Pakete für die Transporte an die Ostfront immer abgeholt. Meine Mutter hatte ein extragroßes Brot vom Bäcker backen lassen, legte auch noch Wurst und Kuchen sowie warme Wäsche und Bilder in das Paket.

Nach zwei Wochen kam eine Benachrichtigungskarte: Das Paket solle wieder abgeholt werden. Ein Transport an die

Ostfront war nicht mehr weggegangen. Bis dahin sah meine Mutter immer die Freude im Gesicht meines Vaters vor sich, wenn er das Paket bekommen würde. Nun weinte sie. Es war furchtbar für sie, das Paket wieder abholen zu müssen.

Unter den eingeschlossenen Soldaten musste große Verzweiflung, Sehnsucht, Trostlosigkeit, Leid und Trauer geherrscht haben, als am Heiligen Abend das Scheitern von Stalingrad für sie feststand. Was mag in ihren Herzen vorgegangen sein, als dann der „Großdeutsche Rundfunk" über eine Ringsendung für alle deutschen Soldaten vom Nordkap bis nach Afrika und auch den Kessel von Stalingrad das Lied „Stille Nacht, heilige Nacht" einspielte?

Es war für sie ein Fest der Einsamkeit, der Hoffnungslosigkeit, des Verlassenwordenseins, ein Fest bei eisiger Kälte, Hunger, Todesängsten und innigsten Sehnsüchten nach ihren geliebten Angehörigen zu Hause. Aber auch für meine Mutter war es ein Fest des Schmerzes, des Mitleidens und der Sehnsucht nach ihrem lieben Ehemann und dem Vater ihres Sohnes.

Im Internet habe ich gelesen, dass rund 5 Millionen Soldatenbriefe zwischen August 1942 und Januar 1943 allein aus dem Raum Stalingrad verschickt worden sein sollen. Nach den Zensurbestimmungen sollte es nicht sein, dass die Soldaten in die Heimat schrieben, wie es tatsächlich war. Es kam dann noch einmal Post von meinem Vater. Das, was er schrieb, war so ausweglos, schrecklich und traurig und dürfte nicht zensiert gewesen sein. Meine Mutter konnte und wollte es in ihrem Tagebuch nicht in Worte fassen.

Ich habe mit meiner Mutter einmal darüber gesprochen. Demnach schrieb er u. a. von Folgendem: Stalingrad sei ein einziger Trümmerhaufen. Er habe sich verlassen gefühlt und sei sehr einsam. Sie würden wohl alle sterben. Wer nicht bei den gnadenlosen und verbissenen Kämpfen ums Überleben erschossen würde, der erfriere oder verhungere. Er habe große Sehnsucht nach daheim. Es werde wohl kein Wiedersehen mehr geben. Sie solle nicht traurig sein. Er würde uns beide sehr vermissen. Meine Mutter solle auf sich und auf mich sehr aufpassen. Wir sollten ihn nicht vergessen. Und noch einige innige persönliche Worte.

Von Hunger und Kälte zermürbt, wehrte sich die 6. Armee weiterhin. Am 10. Januar 1943 begannen die sowjetischen Truppen einen Großangriff und mit der Zerstörung des Kessels. Das war der endgültige Todesstoß. Am 21. Januar 1943 gab General Paulus den verzweifelten Funkspruch ab: „Truppe ohne Munition und Verpflegung. 18 000 Verletzte ohne Mindesthilfe an Verbandzeug und Medikamenten. Front infolge starker Einbrüche vielseitig aufgerissen. Weitere Verteidigung sinnlos. Armee erbittet sofortige Kapitulationsgenehmigung." Sie wurde ihm versagt. „Kampf bis zur letzten Patrone", lautete Hitlers unnachgiebiger Befehl.

Noch bis Ende Januar 1943 kämpften die deutschen Soldaten verzweifelt gegen die sowjetischen Anstürme. Trotz des Verbots Hitlers verließen am Morgen des 31. Januar 1943 Generalfeldmarschall Paulus und sein Generalstab sowie ein großer Teil seiner Truppe mit erhobenen Händen ihre Gefechtsstände. Nach hohen Verlusten durch Kampf, Kälte und Hunger hatte damit der größte Teil der 6. Armee kapituliert. Die restliche Armee kapitulierte am 2. Februar 1943.

Rund 10 000 Soldaten des deutschen Heeres, die sich in Kellern und in Kanalisationen versteckt hatten, setzten den Widerstand noch bis Anfang März 1943 fort.

Rund 110 000 deutsche Wehrmachtssoldaten und deren Verbündete gerieten in Gefangenschaft. Die Kellerräume der Ruinen waren mit Verwundeten überfüllt. Es war unwahrscheinlich, dass diese noch versorgt wurden. Hier konnten zusätzlich die Gefangenen nicht untergebracht werden. Passende Bunker oder andere geeignete Einrichtungen für die Gefangenen, die noch laufen konnten, waren nicht vorhanden.

Viele tausende Gefangene mussten in zahlreichen Kolonnen tagelang bei minus 25–30 Grad Kälte ohne Essen und ausreichend Kleidung marschieren, bis sie in Behelfslager kamen. Viele Soldaten fanden hier schon in den ersten Wochen der Gefangenschaft den Tod. Andere erfroren in den Sammellagern oder starben an Ruhr und Fleckfieber, einer bakteriellen Infektionserkrankung. Die Sterbeziffer war ungemein hoch.

Stalingrad war eine der größten Schlachten des Zweiten Weltkrieges. Von den 230 000 Soldaten, die in Stalingrad kämpften, überlebten nur rund 5 000. Nur jeder 40. deutsche Soldat soll in die Heimat zurückgekehrt sein. Insgesamt kamen in Stalingrad 700 000 Menschen ums Leben.

Mein Vater kam nicht in Gefangenschaft. Das ergab sich aus einem Schreiben des Stellv. Generalkommando VII. A. K. München vom 15. 07. 1943. Als Oberfeldwebel wurde er am 03. Januar 1943 in Stalingrad als vermisst registriert. Das war auch der Tag, an dem uns zuhause die letzte Nachricht meines Vaters erreichte.

Stellv. Generalkommando VII. A.K.
(Wehrkreiskommando VII)
I b / Arbeitsstab Stalingrad

München, den *15. 7. 43*

- 15

Sehr geehrte Frau Gröger!

Der Abschluß der Ermittlungen über das Schicksal Ihres

Mannes O. Feldw. Jos. Gröger
F. P. 024 88

der zuletzt im Kampfraum Stalingrad eingesetzt war, hat keine restlose Klarheit erbracht.

Er muß demnach als vermißt angesehen werden. (seit *3. 7. 43*)

Die Sowjet-Union lehnt die namentliche Bekanntgabe der in ihrer Hand befindlichen Kriegsgefangenen ab, obwohl ein derartiges Verhalten im Widerspruch zu dem Kriegsrecht steht.

Bemühungen internationaler Hilfsgesellschaften oder neutraler Staaten, die darauf abzielten, diese Haltung der Sowjet-Union zu ändern, sind bisher leider ergebnislos verlaufen.

Nachrichten, die über das Schicksal der Kriegsgefangenen umlaufen, sind unkontrollierbar und es besteht Anlaß zu der Annahme, daß sie zur Irreführung sowie Beunruhigung weiter Volkskreise als feindliche Zweckpropaganda in die Welt gesetzt sind.

Ich bedaure daher tief, daß ich nicht in der Lage bin, Ihnen eine aufklärende Mitteilung und tröstende Gewißheit zukommen zu lassen.

Heil Hitler!

Major und Dienststellenleiter

3/1963   W. Druckerei VII, München 6. 43

Mitteilung, dass mein Vater vermisst sei

110

Meine Mutter schrieb Suchmeldungen an den deutschen Suchdienst und an den Suchdienst des Roten Kreuzes, ließ von meinem Vater Bilder in Durchgangsstellen aufhängen, sie und ich waren bei Stalingradtreffen in Nürnberg und nahmen mit ehemaligen Kameraden, deren Namen und Adressen wir erfuhren, Kontakt auf. Aber alle Bemühungen, meinen Vater zu finden oder eine Nachricht über seinen Verbleib zu erhalten, brachten keinen Erfolg.

Stalingradtreffen/Wann kommst du?

Einmal hing eine kleine Notiz seines Kameraden Hubert Hauck aus Kitzingen an einem ausgehängten Suchbild meines Vaters. Er schrieb uns:

„Josef war in meiner Kompanie in Liegnitz. Sind zusammen ausgerückt in Polen, Frankreich und Russland. Letzter Kompanieführer war ein Dr. Wilhelm Krömer, Oberleutnant, wohnte in Lüben in Schlesien. Josef war dauernd bei mir, bis zu meiner Verwundung im Okt. 1942."

Notizzettel

Meine Mutter mit anderen Frauen beim Stalingradtreffen in Nürnberg

Das war alles, was wir nach dem Krieg über das Schicksal meines Vaters erfahren konnten. Einen Ort des persönlichen Gedenkens mit den Personalien aller Stalingrad-Vermissten schuf der Volksbund Deutscher Kriegsgräberfürsorge auf dem deutschen Soldatenfriedhof, der Kriegsgräberstätte Rossoschka-Wolgograd/Russland. Im Rahmen der Entstalinisierung wurde 1961 der bisherige Name der Stadt Stalingrad in Wolgograd geändert.

Auf 107 Granitwürfeln mit einer Kantenlänge von 1,50 Metern und einer Höhe von 1,35 Metern sind in alphabetischer Reihenfolge 103 234 Namen von Soldaten eingraviert, deren Spuren sich zwischen Don und Wolga verloren haben. Der Name meines Vaters, „Josef Gröger", ist auf dem Würfel 24, Platte 7, verzeichnet.

Grabwürfel mit den Namen der vermissten Soldaten –
auch dem meines Vaters – an der deutschen
Kriegsgräberstätte Rossoschka-Wolgograd/Russland

Aus rentenrechtlichen Gründen wurde mein Vater Josef Gröger,
geboren am 1. 9. 1924 in Buchelsdorf/Sudetenland, wohnhaft
zuletzt in Gassendorf Nr. 4 bei Liegnitz/Schlesien, vom Amts-
gericht Erlangen mit Beschluss vom 31. 5. 1974 für tot erklärt.

Als Zeitpunkt des Todes wurde der 31. Dezember 1945,
24 Uhr, festgelegt.

Erinnerung
an einen lieben Menschen

Auszug aus dem Gesamtnamenbuch
der Kriegsgräberstätte
Rossoschka-Wolgograd/Rußland

In diesen Gedenkbüchern sind die Namen und
persönlichen Daten der Stalingrad-Vermissten dokumentiert.

Geboren im Krieg

Zeitgeschichtliches um 1942

Meine Kindheit begann in der ersten Hälfte des 20. Jahrhunderts, in einem Jahrhundert, das der Menschheit sehr viel Schmerz und Leid, aber auch reichlich Angenehmes und Erfreuliches gebracht hat. Es war die Zeit von Hitler und Auschwitz, der Bombardierung deutscher Städte durch die Amerikaner und Engländer, insbesondere von Dresden, mit sehr vielen Einwohnern und Flüchtlingen vor Kriegsende, vom Beginn des Atomzeitalters, von Hiroshima und Nagasaki, aber auch von der Landung auf dem Mond mit Neil Armstrong sowie von Gorbatschow, der Beendigung des Kalten Krieges mit der UdSSR, der friedlichen Wiedervereinigung Deutschlands und des Friedens nach Ende des Zweiten Weltkrieges in Westeuropa sowie später durch den Wegfall des Eisernen Vorhanges auch mit den osteuropäischen Ländern.

Als ich geboren wurde, am 21. Juni 1942, herrschte Krieg im Pazifik und in ganz Europa, der Zweite Weltkrieg! Er führte zur längsten und mörderischsten Schlacht der Weltgeschichte, die so viele Opfer forderte wie noch nie ein Krieg zuvor. Noch nie waren so viel Blut und Tränen geflossen. Der Glaube an eine friedliche, freiheitliche und lebenswerte Zukunft war kaum noch vorstellbar. In diese Zeit hinein wurde ich geboren. Deshalb beginnen meine Ausführungen über meine Kindheit mit den erschreckenden geschichtlichen Geschehnissen, die zu dieser Zeit stattfanden und die sich in den unmittelbaren Jahren vor meiner Geburt anbahnten.

Deutsche Eroberungen hatten von 1939 bis 1942 zu politischen Verknüpfungen zwischen einer Reihe von Staaten in Europa und Afrika geführt. Das Deutsche Reich (Deutschland mit Schlesien, Pommern, Ostpreußen, März 1938: Ostmark/Österreich, Oktober 1938: Sudetenland, März 1939: Böhmen-Mähren/ Tschechei, Memelgebiet) war seit Mai 1938 mit Italien, seit März 1939/40 mit der Slowakei, mit Ungarn, Rumänien, Bulgarien, Albanien, seit 1941 mit Finnland, Montenegro, Kroatien, mit Sardinien und Libyen verbündet. Dies waren, außer Libyen, die sogenannten Achsenmächte. Sie zusammen hatten unter der Vorherrschaft des Nationalismus die Länder Litauen, Lettland, Estland, Polen (1939), Norwegen, Dänemark, Belgien, die Niederlande sowie den Norden Frankreichs (1940), Serbien und Griechenland (1941) angegriffen und besetzt. Dies war möglich, nachdem Hitler 1939 mit der Sowjetunion einen Nichtangriffspakt geschlossen hatte.

Am 22. Juni 1941, ein Jahr, bevor ich geboren wurde, kam es dann jedoch ohne Kriegserklärung zum Kriegsbeginn Deutschlands gegen die UdSSR. Adolf Hitler, nationalsozialistischer Diktator, Führer und Reichskanzler Deutschlands, hatte ihn seit Sommer 1940 vorbereiten lassen und voller Siegeszuversicht schon die Pläne für die Zeit nach der Niederlage der Sowjetunion vorgelegt. Bis Indien sollten deutsche Truppen vorstoßen.

In den Kämpfen mit der UdSSR gehe es, wie Hitler erklärte, um eine ideologische Entscheidung. Ziel des Feldzuges war die Gewinnung von Lebensraum. Russland sollte als Siedlungsgebiet und zur Ausnutzung der Rohstoffe zur Verfügung stehen. Die Landeseinwohner sollten für Deutschland arbeiten müssen.

Josef Stalin, sowjetischer Staatsmann, Oberbefehlshaber der Roten Armee mit dem Rang eines Marschalls der Sowjetunion, wurde aus seinen eigenen Reihen gewarnt. Er wollte jedoch nicht glauben, dass ein deutscher Angriff unmittelbar bevorstand. Bis Stalin in der Lage war, klare Entscheidungen zu treffen und eindeutige Befehle zu erteilen, waren die sowjetischen Truppen überrannt und die grenznahen Flugplätze von der deutschen Luftwaffe zerstört worden. In breiter Front waren die deutschen Angreifer vorgedrungen.

Bis Ende desselben Monats stand die Heeresgruppe Nord im Baltikum an der Düna, die Heeresgruppe Mitte hatte die Beresina erreicht. Die Heeresgruppe Süd war in Grenzschlachten in Bessarabien, Galizien und Wolhynien verwickelt. Als Verbündete Deutschlands traten Rumänien, Ungarn, die Slowakei und Italien in den Krieg ein. Finnland führte seinen eigenen Krieg, um die 1940 an Russland abgetretenen Gebiete zurückzuerobern. In den besetzten Ländern meldeten sich Antikommunisten, die freiwillig in nationalen Verbänden gegen die Sowjetunion kämpfen wollten. Das neutrale Spanien entsandte die Blaue Division zum Kreuzzug gegen den Kommunismus. Von der deutschen Heeresführung erwartete man den Zerfall der UdSSR.

In der Sowjetunion verlief seit 1941 noch eine Offensive, die zur Eroberung der Ukraine von Leningrad bis zu den Ölgebieten von Baku führen sollte. Alliierte, Gegner Deutschlands, waren die Sowjetunion, Großbritannien, Frankreich, Tunesien, Algerien, Palästina und Syrien. Neutral verhielten sich in Europa die Länder Schweden, die Schweiz, Portugal und die Republik Irland.

Die deutschen Truppen hielten die französische Atlantik-Küste besetzt und standen an der Nordsee bis zum nördlichsten Norwegen hinauf. Sie kontrollierten die ganze Breite des Festlandes von der Bretagne bis nach Polen. Mit Italien als aktivem Verbündeten und den weiteren neutralen Ländern, den Vereinigten Staaten von Amerika und Japan überwog das Gleichgewicht der Kräfte zugunsten Deutschlands. Die deutschen Truppen waren, als ich geboren wurde, noch überlegen und ungeschlagen.

Im fernen Osten veränderten sich zu dieser Zeit die politischen Machtverhältnisse. Zwischen 1940 und 1942 wurden die vielen Völker des Fernen Ostens und des westlichen Pazifiks Untertanen Japans, dessen Ziel es war, dort eine neue Ordnung, ein Groß-Ost-Asien, zu schaffen. Die überwältigenden Erfolge ihres Militärs bestärkten die Japaner in ihrem Glauben, dass sie, welchen Schritt sie auch tun würden, den Sieg auf ihrer Seite hätten. Bestärkt wurden sie bei ihrem Vorhaben auch noch, nachdem Hitler im Juli 1941 gegenüber dem japanischen Botschafter Oshima erklärte, Japan solle sich gemeinsam mit dem Deutschen Reich an der Vernichtung der Sowjetunion und der USA beteiligen.

Japan beabsichtigte auch, einen Erfolg über die Vereinigten Staaten zur See zu erringen, weil es befürchtete, sein neu gewonnenes Imperium sonst nicht halten zu können. Die Operationen bestanden aus einem Hauptziel, dem Überfall auf die amerikanische Pazifikflotte in Pearl Harbour (Hawaii) und einem Ablenkungsangriff, zu deren Ausführung vier Kampfgruppen bereitgestellt waren. Japan zog die mächtigste Flotte zusammen, die die Seekriegsgeschichte je gesehen hatte: 162 Kampf-Einheiten, darunter 8 Flugzeugträger, 11 Schlachtschiffe, 22 Kreuzer, 67 Zerstörer und 21 Unterseebote. Im Dezember 1941 begann der Krieg zwischen Japan und den USA durch Angriff der japanischen Luftwaffe auf die USA-Flotte (Pearl Harbour), die den Amerikanern schwere Verluste einbrachte.

Danach kam es zu einer großen Seeschlacht, die die Amerikaner eindeutig für sich entscheiden konnten. Nichts hatte die Japaner auf eine Niederlage von so unvorstellbaren Ausmaßen vorbereitet. Die amerikanische Seite war in der Lage, die Nachrichten der Japaner zu entschlüsseln. Dieser Vorteil ermöglichte es ihnen, den Schwächeren, mit Siegesaussicht in den Kampf einzutreten und Teilsiege bei den Flottenkämpfen auf See, zur Verwunderung der japanischen Flottenführung, zu erreichen. Zu dieser Zeit, zu der die kriegerischen Auseinandersetzungen im fernen Osten noch in vollem Gange waren, zeichnete sich im Kampf der deutschen Truppen um Stalingrad, an dem auch mein Vater beteiligt war, eine der verheerendsten Schlachten der Weltgeschichte ab. Sie hatte am 23. August 1942 begonnen.

Für die beiden Diktatoren Hitler und Stalin war das eine Prestige-Angelegenheit. Hitler wollte unbedingt jene Stadt erobern, die nach seinem zum Feind gewordenen kurzzeitigen Bündnispartner Stalin benannt worden war. Zudem war die Wolga-Metropole wichtig als Rüstungszentrum und strategischer Posten. Doch kurz bevor sie Stalingrad eingenommen hatte, brach der Eroberungsfeldzug von Hitlers 6. Armee zusammen.

Die Sowjets wehrten sich mit aller Kraft und verteidigten sich in einem verbissenen und fürchterlichen Kampf Mann gegen Mann. Es kam beim Kampf um die Metropole zu einer unvorhergesehenen harten militärischen Auseinandersetzung. Für die russische Führung gab es nur einen Befehl: „Stalingrad halten oder sterben." Der militärische Ring um Stalingrad mit einer Million Rotarmisten schloss sich von zwei Seiten nach einer viertägigen Gegenoffensive der Roten Armee am 23. November 1942. Somit saßen 300 000 Soldaten in einer Falle. Über 1 500 von ihnen starben an einem Tag. Erschossen oder erstochen im Kampf, verhungert, erfroren oder einer Krankheit erlegen.

Die Versorgung der 6. Armee war auf dem Landweg nicht mehr gewährleistet. Nachschub an Verpflegung und allem Lebensnotwendigen, der eingeflogen wurde, erreichte Stalingrad nur noch selten. Deshalb verhungerten auch immer mehr deutsche Soldaten. Manche von ihnen fielen vor ihren Kameraden plötzlich tot um.

Kurz vor Weihnachten 1942 gab es für die noch überlebenden deutschen Soldaten einen Hauch von Hoffnung. Sie konnten im Westen Gefechtslärm hören und Leuchtkugeln sehen. Die Gedanken, an Weihnachten nicht mehr eingeschlossen zu sein, ließen dadurch die schweren körperlichen und seelischen Belastungen leichter ertragen.

Der Arzt und Theologe Kurt Reuber, der auch wie mein Vater kurz vor der Einkesselung nach Stalingrad zurückkam, kümmerte sich u. a. um die Ausgestaltung des Weihnachtsabends. Er skizzierte mit Kohle auf der Rückseite einer russischen Landkarte die „Madonna von Stalingrad". „Weihnachten im Kessel" steht links neben der Madonna, einer Mutter, die ihr Kind im Mantel birgt und daneben der aus dem Johannes-Evangelium stammende Dreiklang „Licht-Leben-Liebe". Damit gab er den Soldaten, die sich mit ihm am Heiligen Abend in einem Bunker versammeln konnten, etwas Zuversicht und Hoffnung in der Hölle des Kessels (das Original der Skizze ist heute in der Kaiser-Wilhelm-Gedächtniskirche in Berlin zu sehen).

Die Panzergruppe Hoth startete mit 60 000 Mann und 130 Panzern den Versuch einer militärischen Operation, um den Kessel von außen zu sprengen. Doch etwa 50 Kilometer davor wurde die vom Angreifer Hitler entsandte Truppe am 23. Dezember 1942 von den Sowjets zurückgeschlagen. Damit war zum Heiligen Abend 1942 das Schicksal der deutschen Soldaten im Kessel besiegelt.

Drei Monate vorher noch hatte die deutsche Wehrmacht mit Hilfe der deutschen Luftwaffe überlegen die Vororte von Stalingrad eingenommen. Zu dieser Zeit begann meine Kindheit.

Kindheit ohne meinen Vater

Nachdem sich der Kessel schloss

Am 6. November 1942 war mein Vater den letzten Tag zu Hause. An diesem Tag fuhr er nach einem dreiwöchigen Heimaturlaub zu seiner Truppe an die Front nach Stalingrad zurück. Da haben wir uns das letzte Mal gesehen. Es war abends, zwanzig Uhr, als er mich noch einmal in seinen Armen hielt. Es ging ihm nicht gut. Ein Arzt aus dem Nachbarort hatte meiner Mutter gegenüber gemeint, dass er sogar eine Lungenentzündung haben könnte. Zum Arzt wollte mein Vater aber erst gehen, wenn er wieder bei seiner Kompanie war.

Ursache für das Schwitzen waren nach seiner Auffassung nur die Aufbauspritzen, die sie an der Front bekommen hatten. Krank wäre er nicht. Schweren Herzens ging er fort. Worte können die Gefühle und Ängste nicht beschreiben, die mein Vater und meine Mutter gehabt haben mussten, als er uns verlassen hat. Würden sie sich, wir uns, noch einmal sehen?

Das Schicksal meinte es nicht gut mit meinem Vater. Der Kessel um Stalingrad schloss sich, kurz nachdem mein Vater dort angekommen war. Ein paar Tage später und er wäre nicht mehr nach Stalingrad gekommen.

Von dem seinerzeit Geschehenen ist mir Gott sei Dank nichts in Erinnerung geblieben. Seit meiner Geburt waren erst etwas mehr als vier Monate vergangen.

Es war einem Sonntag, nachmittags um viertel vor vier, als ich auf die Welt kam. Sonntagskinder sollen, so wird gesagt und geschrieben, Glück in ihrem Leben haben und ihr Leben soll unter einem guten, glücklichen und günstigen Stern stehen. Ob das für mich zutreffen würde? Für viele Menschen, die auch Sonntagskinder waren, und für meinen Vater galt das nicht.

Allein im Dezember 1942 starben in Stalingrad beinahe 80 000 Soldaten in Gefechten, durch Krankheit oder einfach vor Hunger und Kälte. Es hatte minus 30 Grad Celsius. Der Boden war tief gefroren. Ein Eingraben in die Erde war nicht mehr möglich. Zu dieser Zeit lebte mein Vater noch. In einem seiner letzten Briefe schrieb er, dass ihnen zu Weihnachten ein halbes Brot und eine Tafel Schokolade versprochen worden seien. Was sie tatsächlich an Weihnachten bekommen hatten (konnte ich im Internet lesen), waren mit Feldpost versandte, aus Papier gefertigte aufklappbare Weihnachtsbäume, und sie konnten Weihnachtslieder aus der Heimat hören, über Volksempfänger übertragen. Soldaten, die überlebt hatten, berichteten auch von 175 Gramm Brot und drei Zigaretten, die sie an Weihnachten 1942 bekommen hätten.

Ihre Gedanken hätten sie an Weihnachten 1942 über den Mond, den sie hell leuchten sehen konnten, nach Hause gesandt. Sie seien erfüllt gewesen mit Sehnsucht nach Frieden und Liebe. Mit einem Brief hatten sie ihre Angehörigen nicht mehr erreichen können. Es gab nach Weihnachten keine Möglichkeit mehr für eine Feldpostverbindung in die Heimat. Viele Soldaten, vor allem Offiziere, hätten sich am Heiligen Abend erschossen und „Abschied" genommen. Anderen habe die Madonna von

Stalingrad, gezeichnet von einem ihrer Kameraden, mit der Schrift „Licht, Leben, Liebe" Kraft und Hoffnung gegeben, lebend nach Hause zu kommen.

Ende Januar 1943 sei in Stalingrad über einen Radiosender aus Deutschland die Nachricht zu hören gewesen: „Die 6. Armee ist dem Tode geweiht." Das hieß, Hitler hatte Stalingrad geopfert, und es bedeutete für die, die das hörten, das „Aus". Auf Plakaten wurde am Tage zuvor Stalingrad noch als ein unsterbliches Vorbild deutschen Kämpfertums von Hitler gepriesen.

Die Kapitulation erfolgte am 31. Januar 1943. 230 000 deutsche, rumänische und andere verbündete Soldaten waren im Kessel umgekommen. War mein Vater auch unter den vielen Toten? Insgesamt gab es um Stalingrad etwa eine Million Opfer, Deutsche, Russen und Rumänen. Am 2. Februar 1943 feierte die Rote Armee ihren ersten großen Sieg. Die Waffen schwiegen. Das Sterben ging weiter. 110 000 Soldaten ergaben sich und marschierten in langen Kolonnen in die Gefangenschaft. Wie sich später zeigen sollte, überlebten nur 5 000, die körperlich und seelisch Stärksten. Die Letzten kehrten im September 1955 in ihre Heimat zurück. Der 13. September 1955 ging unter der Nachricht „Adenauer holt Kriegsgefangene heim!" in die Geschichte ein. Aus Moskau kam die Nachricht, die Sowjetunion werde die letzten Kriegsgefangenen freilassen. Der deutsche Bundeskanzler hatte mit den sowjetischen Staatschefs Chruschtschow und Bulganin einen Handel geschlossen. Deutschland werde diplomatische Beziehungen mit der Sowjetunion aufnehmen. Im Gegenzug kehrten die letzten Gefangenen zurück.

Von diesem kurzen geschichtlichen Rückblick aus dem Jahr 1955 wieder zurück zum Jahr 1943, als die Nachricht über die Kapitulation der sechsten Armee über den Rundfunk verbreitet wurde. Vier Tage Nationaltrauer wurden angeordnet. Vergnügungsstätten blieben in dieser Zeit geschlossen. Der Völkische Beobachter schrieb in seiner Berliner Ausgabe am 1. Februar 1943: „Sie starben, damit Deutschland lebe." Die Katastrophe unterminierte Deutschlands Einfluss in den neutralen Ländern, stärkte die Widerstandsbewegungen in den besetzten Ländern und ermutigte die Gegner der nationalsozialistischen Diktatur in Deutschland.

Der Kampf um Stalingrad war verloren, doch der Krieg dauerte noch an. Meine Mutter war endgültig auf sich allein gestellt. Sie hatte nur noch mich und ich hatte nur noch meine Mutter.

Sie hatte es als Alleinerziehende in diesen Kriegsjahren nicht leicht. Es kam sicher oft zu ausweglosen Situationen und prekären Lebensumständen. Vielleicht habe ich ihr durch mein Dasein gerade dann Lebenskraft gegeben und zu Mut und dem Willen verholfen, durchzuhalten und nicht aufzugeben.

Am 8. Mai 1945 endete der Zweite Weltkrieg mit der bedingungslosen Kapitulation. Zu diesem Zeitpunkt befand sich Deutschland mit 67 Staaten in Kriegszustand. Dieser Krieg hatte ohne den Massenmord an Juden nach Schätzungen über 25 Millionen Menschenleben gefordert, davon etwa 10 Millionen Zivilisten.

Für Deutschland ergab sich in den Grenzen von 1937 am Ende des Krieges folgende Verlustbilanz: 3 250 000 Wehrmachtsangehörige waren getötet worden; bei Luftangriffen waren weit über 400 000 Zivilisten umgekommen. Allein in Dresden sollen in der mit 500 000 Flüchtlingen überfüllten Stadt durch die Luftangriffe der Alliierten an vier Tagen im Februar 1945 nahezu 30 000 Menschen durch Bombenangriffe getötet worden sein. Verschollen aus den Gebieten östlich der Oder und Neiße waren 1 550 000 Deutsche. Dazu kamen noch 1 Million Volksdeutsche aus der UdSSR, Polen, Rumänien, Jugoslawien, Ungarn und der Tschechoslowakei, die Opfer dieses Krieges geworden waren.

Mittlerweile waren seit meiner Geburt fast drei Jahre Krieg mit furchtbaren Geschehnissen vergangen. Meine Geburt hatte sich seinerzeit um einen Tag verspätet. Und so wurde ich ein Sonntagskind. Meine Mutter hatte am Tag vorher, am 20. Juni 1942, mit der Leiter noch Kirschen von Teubers Kirschbaum gepflückt und beim Heumachen geholfen. Am nächsten Tag musste es aber schnell gehen.

Es war Sonntagmorgen um halb fünf. Die Fruchtblase war plötzlich geplatzt und das Fruchtwasser nicht mehr zu halten. Frau Teuber, die Hauswirtin meiner Mutter, schlief gleich nebenan und war sofort zur Stelle. Sie machte meiner Mutter Mut und meinte: „Beim ersten Kind geht das nicht so schnell.“ Um kurz vor sechs ging es bei Sonnenaufgang mit dem Pferdegespann von Teubers, zwei Pferden, einer Kutsche und der Hauswirtin als Kutscherin nach Liegnitz. Ein öffentlicher Bus fuhr am Sonntag nicht. Herr Teuber war schon mit einigen weiteren Männern auf der Wiese beim Heumachen.

Es dauerte dann eine Stunde, bis meine Mutter und Frau Teuber in der zehn Kilometer entfernten Privatklinik von Dr. Mahler ankamen. Mir schien die Fahrt gut bekommen zu sein. Ich rührte mich nicht. Trotz Tabletten setzten die Wehen nicht ein. Dr. Mahler war auch Jäger. Er untersuchte meine Mutter noch mal, bevor er zur Jagd ging, und meinte zur Schwester: „Wenn ich heute Nachmittag zurückkomme und sich noch nichts getan hat, dann müssen wir einen Kaiserschnitt vornehmen." Ich muss das wohl gehört haben, denn als der Arzt zurückkam, meinte er zu meiner Mutter mit einer Zigarre im Mund: „Sie haben Glück gehabt, der Kopf ist schon zu sehen, aber wir müssen doch etwas schneiden, sonst erstickt uns das Kind."

Eine Schwester und eine Hebamme betreuten meine Mutter während der ganzen Zeit. Am 21. 06. 1942 um 15.55 Uhr erblickte ich das Licht der Welt. Ich hatte blonde Haare, war 55 cm lang und siebeneinhalb Pfund schwer. Der Griff vom Arzt nach der Schere war etwas zu spät erfolgt. Ich hatte schon zu viel Fruchtwasser geschluckt und regte mich nicht. Da half auch keine Körpermassage. Bei jedem Druck auf die Brust kam Wasser aus meinem Mund. Ich gab keinen Ton von mir. Sie nahmen mich mit ins Behandlungszimmer. Dort bekam ich eine Spritze und zwanzig Minuten lang Wechselbäder, bis ich mich erstmals laut bemerkbar machte.

Als ich gebadet war und im Steckkissen lag, brachten sie mich erstmals zu meiner Mutter ins Bett. Es war etwa 17.30 Uhr. Schön muss ich wohl nicht ausgesehen haben, denn meine Mutter erschrak, als sie mich sah. Hände und Lippen waren bläulich verfärbt. Die Stirn muss vom starken Drücken bei der

Geburt etwas verschoben worden sein und mitten auf dem Kopf soll ich eine große Beule gehabt haben.

Meine Mutter lag mit weiteren fünf Frauen in einem Zimmer. Als die Bettnachbarin meiner Mutter entbunden hatte, wollten sie ihr ihr Kind bringen. Es war aber nicht das ihre. Sie hatten versehentlich mich zu ihr gebracht. Meine Mutter, die ja nebenan im Bett lag, erkannte die Verwechslung aber sofort. Gut, dass ich durch die Geburt gekennzeichnet worden und somit gleich zu erkennen war! Nach zehn Tagen wurden wir aus dem Krankenhaus entlassen. Die Beule auf meinem Kopf hatte sich schon zurückgebildet. Meine Stirn sollte jedoch erst zu meinem zweiten Lebensjahr wieder normal verwachsen sein. Frau Teuber kam, um uns abzuholen.

Ein paar Tage später kam meine Großmutter aus dem Sudetenland. Sie blieb zwei Wochen bei uns. Am Dienstag, dem 7. Juli 1942, wurde ich in der Stadtkirche in Liegnitz getauft. Mich taufen zu lassen, war für meine sehr gläubige Mutter besonders bedeutsam, nicht nur ein Ritual, sondern Voraussetzung, um mich christlich erziehen zu können. An diesem Tag wurde mir im wahrsten Sinne des Wortes der Glaube in die Wiege gelegt. Es war die Grundlage für mein Leben als Christ in der katholischen Kirche. Zur Tauffeier fuhr uns Frau Teuber in ihrem schwarzen Landauer. Ich war sechzehn Tage alt. Meine Paten waren meine Großmutter mütterlicherseits und mein Großonkel Franke, der Onkel meines Vaters. Er wohnte in Oberlindewiese im Sudetenland und konnte deshalb nicht dabei sein. Ihn vertrat der Mesner der Pfarrei.

Mein Großonkel Franke
und Taufpate mit
seiner Frau
(aufgenommen 1958)

Als meine Oma wieder daheim im Sudetenland war, kamen uns kurze Zeit später die Geschwister meiner Mutter, Tante Mariechen, 17 Jahre alt, Onkel Alfred, neun Jahre alt, und Tante Irene, acht Jahre alt, besuchen, um meiner Mutter etwas beizustehen.

Tante Irene wohnte nun schon mehrere Jahre bei meiner Mutter in Gassendorf in Schlesien und war nach dem letzten Besuch meiner Oma bei uns mit ihr vorübergehend mit nach Hause gefahren und jetzt wieder zurückgekommen. Sie war bereits seit ihrem Schuleintritt im Jahr 1940 im vier Kilometer entfernten Nachbarort Rotkirch in die Schule gegangen.

Tante Mariechen,
Onkel Alfred und
Tante Irene vor der
Haustür bei Teubers

Mit dem Essen hatte ich keine Probleme. Bis zu einem Viertel-
jahr machte mir das Stillen Vergnügen. Doch dann wollte ich
nicht mehr. Jeder Versuch meiner Mutter scheiterte. Ich denke,
das war ja auch eine ganz ordentliche Zeit. Da ist Appetit auf
was anderes schon berechtigt. Nachdem ich dann Milchschorf
auf dem Kopf und hinter den Ohren bekam, durfte ich auch
keine Milch mehr trinken. Ich bekam nur noch „Nestle" mit
getrockneter Buttermilch und Brei, angemacht mit Brühe
aus Kalbsknochen oder Geflügelfleisch. Das war alles nicht
so einfach, wenn man bedenkt, dass der Metzger zwei Kilometer außerhalb von Gassendorf seinen Laden hatte und die
ganze Zubereitung auch viel Arbeit machte.

Die Teubers waren sehr angenehme Vermieter. Sie bezogen uns voll und ganz in ihre Familie mit ein und halfen uns bereitwillig, wenn wir sie brauchten. Wir konnten uns frei in Haus, Hof und Garten bewegen. Für mich war das sehr wertvoll. Sie nahmen mich mit, wenn sie mit dem Pferdegespann fort fuhren, Tiere fütterten, Hühnernester ausleerten oder Obst und Gemüse ernteten. Sie hatten einen riesigen Garten mit großen Obstbäumen und vielen Wiesenblumen. Besonderen Spaß machte es mir, im Hof Hühner oder Enten zu jagen.

Herr Teuber mit mir
hoch zu Pferd

Frau Teuber zusammen
mit meiner Mutter

Auf dem folgenden Bild bin ich ein Jahr alt. Meine Mutter (28 Jahre alt) war an meinem 1. Geburtstag, am 21. Juni 1943, mit mir beim Fotografen. Das Foto war für meinen Vater bestimmt. Die Hoffnung war groß, eines Tages zu erfahren, wo er war, um ihm dann dieses Foto schicken zu können. Ende Juli 1943 kam leider die traurige Nachricht, dass mein Vater bereits seit dem 3. Januar 1943 als vermisst angesehen werden müsse. Dieses Foto hat ihn also nie mehr erreicht.

Meine Mutter mit mir an meinem 1. Geburtstag

Tante Irene, die jüngste Schwester meiner Mutter, blieb bis zu ihrer Ersten Heiligen Kommunion im Jahr 1944 bei uns in Gassendorf im Sudetenland. Wegen der Kommunion sind wir zusammen zurück zu ihrer Mutter, meiner Großmutter, nach Böhmischdorf im Sudetenland gefahren. Mit dem Zug ging es von Liegnitz bis Sandhübel und von dort zwei Kilometer weiter zu Fuß. Das war für mich auch als kleiner Steppke bestimmt ein schönes Erlebnis.

Nicht mitbekommen hatte ich die Ängste meiner Mutter im Bahnhof von Liegnitz. Sie hatte die Fahrkarte gelöst, ihre Tasche nebenan bei einem Schreibpult abgestellt und sich noch etwas notiert. Ich saß im Sportwagen und es ging über einige Bahnsteige zu unserem Zug. Als wir im Zug waren, bemerkte meine Mutter, dass ihre Tasche fehlte. In ihr waren nicht nur der Proviant, sondern auch das Geld und die Fahrkarten. Meine Mutter stürmte mit Tante Irene und mir wieder aus dem Zug. Der Schaffner war gerade dabei, dem Zug das Signal zur Abfahrt zu geben. Meine Mutter schrie ihm zu, dass sie ihre Tasche habe stehen lassen. Er ließ den Zug nicht abfahren, ja, er passte noch auf uns, die beiden Kinder, auf und beruhigte uns, bis meine Mutter wieder zurückkam.

Wir hatten gleich mehrmals Glück gehabt. Nicht nur, dass meine Mutter gerade noch rechtzeitig bemerkt hatte, dass sie ihre Tasche hatte stehen lassen, und dass der Schaffner sehr entgegenkommend und hilfsbereit gewesen war – keiner hatte die Tasche mitgenommen. Wir blieben einige Wochen bei meiner Großmutter in Böhmischdorf und fuhren dann ohne meine Tante Irene wieder nach Gassendorf zurück.

Meine Mutter mit
mir vor dem Haus
meiner Großeltern
in Böhmischdorf

Die Tage ohne Besuch und allein waren manchmal sehr traurig und trostlos. Von meinem Vater kam keine Post mehr. Er hatte doch früher jede freie Minute genutzt, um uns zu schreiben. Fast täglich war Post von ihm aus den Kriegsgebieten und zuletzt von der Front in Stalingrad gekommen. Den letzten Brief, den wir von ihm erhielten, hatte er am 3. Januar 1943 geschrieben.

Das war der Tag, an dem er von der Wehrmacht später als vermisst gemeldet wurde. Es war deshalb sicherlich der letzte Brief, den er uns geschrieben hat. Danach kam von ihm kein Lebenszeichen mehr. Es kam die Zeit des Hoffens und Wartens auf eine Nachricht und ein Wiedersehen.

Verkleidet
als Mädchen

Unterwegs
als Fotograf

Mein Vater

Meine Mutter

Geblieben sind nur die Erinnerungen an glückliche Tage.

Gerade in dieser Zeit war es für mich sehr wertvoll, dass meine Mutter die Familie Jungfer bei uns in Gassendorf gut kannte. Zunächst half meine Mutter nebenbei und gelegentlich bei der Hausarbeit mit, und später pflegte sie gegen Entgelt Frau Jungfer bis zu ihrem Tod im September 1944. Die Familie war sehr arm. Sie war von schweren familiären Schicksalsschlägen getroffen worden.

Die Jungfers meinten es immer sehr gut mit mir. Vielleicht gerade, weil bei ihnen alles so einfach und bescheiden war, fühlte ich mich dort sehr wohl. Sie hatten in einem Haus, das zum Dominium gehörte und in dem noch mehrere Familien wohnten, so wie die anderen Mitbewohner nur einen Raum. Hier wurde gekocht, geschlafen und sich aufgehalten. Es war trotzdem immer alles sehr ordentlich und es herrschte eine wohltuende Atmosphäre in der Familie.

Nachdem ich ohne meinen Vater aufwuchs, taten mir die Zuneigung von Herrn Jungfer und seine gütige und väterliche Art sehr gut. Als ich zwei Jahre alt war, ging ich in Lobendau, einen Kilometer von Gassendorf entfernt, in den Kindergarten. Meine Mutter brachte mich morgens zu Fuß hin und holte mich um zwölf Uhr wieder ab. Mittags kam Herr Jungfer nach Hause. Ich freute mich dann immer sehr, wenn er mich nach der Mittagspause auf dem Weg zur Arbeit wieder mitnahm. Das geschah nämlich mit seinem Fahrrad.

Genauso war es abends, wenn er zwischen vier und halb fünf von der Arbeit heimfuhr. Er hatte vorne auf der Fahrradquerstange einen Kindersitz. Ich saß also vor ihm und so konnten wir uns während der Fahrt prima unterhalten. Als wir bei ihnen zu Hause ankamen, durfte ich auch immer noch eine Zeit lang bleiben. Das freute mich stets sehr. Herrn Jungfer habe ich viel zu verdanken. Ich habe mich bei ihm immer geborgen gefühlt. Er hat mir gerade in der Zeit des Krieges manche Ängste genommen und durch seine ausgeglichene und besonnene Art meine kindliche Entwicklung positiv beeinflusst. Herr Jungfer war groß, hatte schwarze Haare und eine vertrauensvolle Ausstrahlung.

Im Spätsommer 1944, nachdem Frau Jungfer verstorben war, entschloss sich meine Mutter, wieder für einige Zeit zu meiner Großmutter und meinem Hagen-Stief-Großvater nach Böhmischdorf im Sudetenland zu fahren. Ich habe mich bei ihnen immer sehr zu Hause und angenommen gefühlt. Alle, Tante Mariechen, Tante Emmi, Onkel Alfred, Tante Irene und meine Großeltern, aber auch Oskar, Kurt und Lieselotte, die Kinder von meinem Stief-Großvater, mochten mich sehr.

Meine Großmutter mit mir vor ihrem Haus mit Tante Emmi, Onkel Alfred und Lieselotte, Tochter vom Stief-Großvater mit ihrem Mann

Meine Großmutter mit mir, Tante Irene, Onkel Alfred
und Otto, einem Sohn vom Stief-Großvater

Die Tanten Mariechen
und Emmi mit mir

Im urigen Sandkasten

Auf dem rustikalen
Schaukelpferd

Um das schon etwas ältere Haus herum lag ein schöner Garten mit vielen Bäumen und Sträuchern und einem großen Sandkasten. Da hatte ich genug Platz zum Spielen.

Neben dem Garten war auch ein Fluss, die Biele. Da mal hinzugehen, war schon eine Verlockung gewesen. Die Gelegenheit, im Wasser zu planschen, hatte ich ja nicht zu oft. Und so machte ich mich ganz unbemerkt auf, aus dem Garten zum Fluss. Von der Wiese führten einige Stufen nach unten zum Wasser. Mit meinen zwei Jahren war es gar nicht so einfach, da runterzukommen. Aber ich schaffte es bis auf die unterste Stufe.

Ich kniete, ja lag fast auf dem Bauch, und das Planschen im Wasser machte mir sicherlich auch ganz schön Spaß. Mir war die Gefahr ja noch nicht bewusst, in die ich mich begeben hatte. Mein Schutzengel stand mir natürlich da zur Seite, sonst hätte ich vielleicht sogar noch den Schritt ins Wasser gewagt oder das Übergewicht bekommen, bevor meine Mutter mich nach längerem Suchen erspäht hatte.

Ihr ist wohl vor Schreck fast das Herz stehen geblieben, als sie mich von oben aus am Flussufer entdeckte. Obwohl alle Verwandten daheim waren, im Haus oder sogar im Garten, hatte keiner auf mich aufgepasst und bemerkt, dass ich mich davongemacht habe. Nun, das war noch mal gut ausgegangen. Und was mich besonders freute, ich durfte sogar für ein paar Wochen bei meiner Großmutter und bei meinen Onkels und Tanten bleiben. Hier war ich der Hahn im Korb. Alle gaben sich mit mir ab und verwöhnten mich dabei bestimmt auch etwas. Das gefiel mir sicherlich so richtig gut.

Das Nachbarhaus, bei dem die Bombe eingeschlagen hatte

Einmal soll ich sehr aufgeregt gewesen sein, als an einem Vormittag im Nachbarhaus meiner Großeltern eine Bombe einschlug.

Ich soll nicht geweint, sondern nur immer laut gerufen haben: „Eni macht, Alfed macht, Eni macht, Alfed macht!" Tante Irene und Onkel Alfred seien die Übeltäter gewesen, wollte ich damit sagen.

Dann kam der Tag, an dem mich meine Mutter wieder abholte. Für sie und für mich hieß es, in Böhmischdorf wieder Abschied zu nehmen von meinen Großeltern und den Geschwistern meiner Mutter und zurück nach Gassendorf in Schlesien zu fahren. Ich war darüber sehr traurig. Gerne wäre ich noch hier geblieben. Ich hatte mich doch so richtig wohl gefühlt und für meine Mutter waren die Ereignisse und die Nöte aus dem noch andauernden Krieg für einige Tage verdrängt worden. Meine Mutter verließ ihre eigentliche Heimat und keiner wusste, ob es ein Wiedersehen mit meinen Großeltern und meinen Onkels und Tanten geben würde.

Der raue und trostlose Alltag hatte uns wieder. Es war einsamer geworden. Von meinem Vater fehlte weiterhin jede Spur.

Zu viel des Bösen

Der Krieg nahm kein Ende

Es war eine furchtbare Zeit. Die Schreckensmeldungen über
Vernichtung, Leid, Not, Elend und Tod nahmen kein Ende. Kurz
nach dem Ende des Zweiten Weltkrieges am 8. Mai 1945 stand
eine Testvorrichtung in Amerika zur Zündung einer Atombombe kurz vor der Vollendung. Das Amt für wissenschaft-
liche Forschung und Entwicklung in den USA hatte im Juni
1942 während des Krieges mit Japan die Zustimmung für die
schnelle Entwicklung einer Atombombe gegeben. Am 16. Juli
1945 wurde in Alamogordo, in der Wüste von Neu-Mexiko,
erfolgreich die erste Atombombe gezündet.

In Japan begannen die amerikanischen Streitkräfte von Träger-
flugzeugen der Marine aus mit vernichtenden Bombenangriffen
auf das japanische Mutterland. Große Teile Tokios wurden im
März 1945 durch Brandbomben zerstört. Allein in der Nacht vom
9. auf den 10. März 1945 kamen in diesem Feuersturm 83 000
Menschen in den unkontrollierten Feuersbränden ums Leben.

Der Kreuzer „Indianapolis" war von San Francisco aus in See
gestochen. An Bord trug er die Ladung für die erste nukleare
Waffe. Das war eine Aufforderung an Japan zur bedingungslosen Kapitulation. Japan antwortete nicht. Gegensätze in der
japanischen Regierung, die radikale Opposition der Militärs
und die Einsichtslosigkeit weiter Kreise gegenüber der Realität verhinderten die einzige vernünftige Lösung.

Unerbittlich arbeiteten die USA auf die Anwendung ihrer neuen Waffe auf japanischem Gebiet hin. Das Ziel sollte eine wichtige Stadt sein, die von Bombenangriffen noch unberührt war, und sie sollte von eindrucksvoller Größe sein. Kyoto, die einstige Hauptstadt Japans, stand an erster Stelle auf der Auswahlliste, die auch Hiroshima und Kokura verzeichnete.

Kyoto wurde verschont. Es gab Bedenken, dass die Zerstörung seiner Tempel und Paläste, der hervorragenden Kultur- und Kunstdenkmäler Japans übelster Vandalismus wäre. Hiroshima wurde das erste Ziel; Konkura und Nagasaki standen beide an zweiter Stelle.

Um 2 Uhr 45 am 6. August 1945 startete das Flugzeug, die „Enola Gay", das die Bombe an Bord trug. Genau um 8 Uhr 15 öffneten sich die Bombenklappen, die Bombe fiel auf Hiroshima, richtete sich auf und verschwand zwischen Himmel und Erde. Der Feuerball blähte sich über fünfhundert Meter Durchmesser auf. Der Co-Pilot in der „Enola Gay" soll gesagt haben, als er auf den kochenden Staub und das brodelnde Flammenmeer hinabblickte, das sich bis zu einer nahezu siebentausend Meter hohen Wolke erhob: „Mein Gott, was haben wir getan?" Im Zentrum tötete allein die Druckwelle fast alle Menschen. An jenem Morgen kamen fast 80 000 Einwohner um.

Am 9. August wurde Nagasaki atomar ausgelöscht. Bis Ende 1945 zählte man in dieser Stadt 70 000 Opfer, bis 1950 waren es 140 000. In Hiroshima stieg die Zahl der Opfer bis Ende 1945 auf 140 000, bis 1950 auf 200 000 an. Die Bomben hatten durch die freigesetzte Radioaktivität eine tödliche Langzeitwirkung.

Die japanische Militärregierung war immer noch nicht bereit, einem Ende des Krieges, einer Kapitulation, zuzustimmen. Kaiser Hirohito befahl seinen Oberbefehlshabern, zu kapitulieren. Die Soldaten drangen in den Kaiserpalast ein, um zu verhindern, dass der Kaiser die Kapitulation über den Rundfunk verkündet. Er hatte jedoch seine Rede auf Schallplatte aufnehmen und über den Rundfunk am 15. August 1945 veröffentlichen lassen. Er sagte: „Der Feind hat begonnen, eine neue und äußerst grausame Waffe einzusetzen, deren Vernichtungskraft tatsächlich unberechenbar ist. Aus diesem Grunde haben wir angeordnet, die Bedingungen der gemeinsamen Erklärung der alliierten Mächte zu akzeptieren." Am 2. September 1945 erfolgte die bedingungslose Kapitulation Japans auf dem Schlachtschiff Missouri in der Bucht von Tokio.

Der Eintritt ins Atomzeitalter hatte damit auch im Pazifik dem Zweiten Weltkrieg ein abruptes Ende bereitet, die Menschen wieder zur Besinnung gebracht, die Völker dieser Erde wachgerüttelt und ihnen den Weg in eine menschliche, friedliche und lebenswerte Zukunft angemahnt.

Eine Odyssee beginnt

Noch mal ein Blick zurück

Für meine Mutter und für mich hatte währenddessen eine wahre Odyssee begonnen. Diese war mit vielen erbärmlichen und menschenverachtenden Situationen in Folge des Zweiten Weltkrieges und der Vertreibung im Juni 1945 verbunden.

Wir gehörten zu den etwa 12 Millionen deutschen Vertriebenen, die gegen Ende des Zweiten Weltkrieges die deutschen Ostgebiete oder südosteuropäischen Länder verlassen mussten. Dieses Geschehnis riss mich aus meiner ersten gewohnten Umgebung, die mir heimisch und vertraut war, heraus. Vieles, was ich lieb gewonnen hatte, fehlte nun plötzlich.

Hierzu gehörte das, mit dem ich täglich spielen konnte und das Umfeld, in dem ich mich wohl fühlte, die Wohnung, das Haus, der Hof, der Garten, die Tiere und Pflanzen und die Menschen, die mich umsorgten und die mir gut gesinnt waren.

Jetzt war alles anders. Nichts von all dem Bequemen und Schönen war mehr da. Es gab kein Zuhause. Alles, wo wir hinkamen, war fremd. Immer auf der Straße und das bei jedem Wetter, bei Regen und bei Sonnenschein, bei Kälte und Hitze. Abends kein Bett zum Schlafen. Übernachten irgendwo in einem Haus auf dem Fußboden oder in einer Scheune. Schlechte Hygiene. Zu essen gab es nur das, was der Zufall uns zukommen ließ.

Dann noch das Ungewisse: Wie lange würden wir unterwegs sein? Ob wir gesund bleiben würden? Keiner konnte mir als Dreijährigem sagen, wie alles ausgeht und wo wir mal landen würden. Ich war auch oft unruhig und quengelig. Mal wollte ich nicht mehr laufen, dann wollte ich nicht gefahren werden, dann hatte ich Hunger oder Durst, dann sicher auch Angst. Da bin ich schon sehr dankbar, dass die, die mit mir zu dieser Zeit zusammen waren, Geduld mit mir hatten, mir beiseite standen und mich mochten. Alle, die vertrieben wurden, hatten doch Probleme, Sorgen und Ängste, waren nervös, gereizt, hilflos und angespannt. Sie hatten genug mit sich selbst zu tun.

Meine Mutter und ich überstanden Gott sei Dank die Vertreibung, wenn auch mit vielen Schwierigkeiten und so manchen Hindernissen. Wir waren schwach, verschmutzt, abgemagert, als wir Anfang August 1945 in Großnaundorf in Sachsen in der ehemaligen DDR ankamen und dort unsere neue Bleibe fanden. Meine Kindheit nahm hier ihren weiteren Verlauf. Obwohl ich inmitten des Zweiten Weltkrieges geboren wurde, hatte sie in Schlesien doch ganz hoffnungsvoll begonnen. Meine Mutter verstand es, mich ihre Sorgen und Ängste nicht spüren zu lassen. Ihr Wunsch und der meines Vaters war, dass ich gesund und in einer harmonischen Umgebung aufwachsen sollte. Ich hatte in den ersten Jahren meines Lebens ohne Vater und trotz der Kriegsjahre und der damit verbundenen schwierigen Umstände und Gegebenheiten stets mütterliche Geborgenheit, Fürsorge und viel Angenehmes sowie Förderndes erfahren. Meine Mutter gab sich auch viel mit mir ab und förderte mich in meiner kindlichen Entwicklung entsprechend den damaligen Möglichkeiten sehr.

Es waren oft einfache Dinge, die mir bereits als Baby und Kleinkind Anregungen gaben und mir Freude machten. Beispielsweise, wenn meine Mutter mir so manches Alltägliche zeigte und erklärte, mich mit häuslichen Gegenständen spielen ließ, mir Lieder vorsang oder Geschichten und Märchen erzählte. Anspruchsvolle Spielsachen, Plüschtiere oder Kinderbücher gab es für mich so gut wie keine, da sie für meine Mutter unerschwinglich waren.

Gut hat mir sicher auch getan, als mein Vater mich, ich war damals drei Monate alt, bei seinem letzten Heimaturlaub im September 1942 in seine Arme nahm und mir seine Liebe zeigte, oder dass meine Eltern mich mit dem Kinderwagen ausfuhren und sich mit mir abgaben. Ihr Wunsch war es, dass ich in der Geborgenheit einer Familie heranwachsen sollte. Das Schicksal wollte es anders. Ich durfte so manche Entwicklungsimpulse, die Kinder von ihrem Vater bekommen, nicht erfahren.

Durch meinen Vater ist mir jedoch manches indirekt in meinem Leben zugutegekommen, was meine Entwicklung und mein Leben mit zum Guten und Positiven beeinflusste. Das war beispielsweise sein sehr guter Kontakt zur Familie meiner Mutter. Er pflegte diesen, wann und wo er nur konnte. Dadurch war er bei meinen Großeltern und bei den Geschwistern meiner Mutter stets gern gesehen.

Meine Großmutter neben meiner Mutter und meinem Vater mit seinen
Schwägerinnen, meinen Tanten Emmi, Irene und Mariechen

Ich denke beispielsweise daran, dass er meine Mutter noch
während des Krieges und bevor sie ein Kind haben wollten
geheiratet hat. Das zeigt, welche Verantwortung und welches Pflichtgefühl mein Vater gegenüber meiner Mutter hatte. Er ging seinerzeit schon davon aus, dass, wenn er einmal
aus dem Krieg nicht mehr zurückkommen sollte, meine Mutter und gegebenenfalls sein Kind finanziell abgesichert sein
sollten. Er war auch bestrebt, als der Ernährer seiner Familie einen sicheren Arbeitsplatz zu haben und beruflich wei-
terzukommen.

Dadurch war es möglich, dass meine Mutter, nachdem ich geboren war, zur Bestreitung unseres Lebensunterhaltes nicht
arbeiten musste. Sie konnte sich mir ganz und gar widmen.

Mein Vater nahm dafür gerne auch sehr viele Erschwernisse und große Opfer auf sich und musste als Berufssoldat auf manches verzichten, was ihm am Herzen lag, z. B. regelmäßig bei seiner Frau bzw. Familie sein zu können.

Schade, dass mein Vater nicht miterleben konnte, wie ich sechzehn Tage vor meinem ersten Geburtstag meine ersten Gehversuche unternahm.

Hier hatte ich mich erstmals ganz alleine angezogen und wollte mich wohl aufmachen, um loszumarschieren wie ein klei-

Untertitel meiner Mutter zu diesem Bild: Der kleine „Gernegroß"

ner Wandermann. Dabei konnte ich nicht ahnen, dass das zu meinem dritten Geburtstag Wirklichkeit werden sollte.

Bereits zwei Jahre später begann für uns, meine Mutter und mich, zweimal ein langer beschwerlicher Weg, die Flucht und später die Vertreibung aus Schlesien. Es war jeweils ein über sechswöchiger Fußmarsch bis nach Sachsen zu bewältigen. Streckenweise wurden meine Beine schwer, schwach und müde. So durfte ich mich zeitweise auf dem voll beladenen Planwagen bei Teubers oder auf dem übervollen Kinderwagen meiner Mutter platzieren, um zu schlafen und mich etwas auszuruhen, bis es hieß: „Horst, jetzt musst du wieder laufen." Es war ein weiter, beschwerlicher Weg, bis wir dann eines Tages bei Magers in Großnaundorf ankamen.

Schlimm für meine Mutter war seinerzeit auch, dass sie die Briefe meines Vaters, seine letzten Vermächtnisse, nicht mehr hatte. Sie waren von meiner Mutter in Ehren gehalten und 1945 vor der Flucht in der Wohnung in Gassendorf versteckt worden. Durch die Kriegsgeschehnisse und die Besetzung unserer Heimat und unserer Wohnung durch die Russen und Polen sind sie leider weggekommen.

KAPITEL 2

LEBEN OHNE MEINEN VATER

Jahre des Wartens und der Sehnsucht

1943 bis 1956, das waren die schwersten Jahre meiner Mutter. Es waren Jahre der Sehnsucht, des Hoffens, des Wartens und der Trauer. Aber es waren auch Jahre voller Liebe und Dankbarkeit. Mein Vater war in seinem Leben sehr besorgt um meine Mutter und auch um mich gewesen. Er wollte immer, dass wir keine finanziellen Nöte haben sollten, auch dann nicht, wenn er sein Leben im Krieg verlieren sollte.

Er tat dazu persönlich als Ehemann und Vater, aber auch beruflich als Berufssoldat alles, was er tun konnte.

Als er wusste, dass meine Mutter schwanger war, und in der Zeit nach meiner Geburt wollte mein Vater, dass meine Mutter nicht mehr arbeitete. Er als Berufssoldat wollte der Ernährer seiner Familie sein und für deren Lebensunterhalt aufkommen. Während des Krieges bekam meine Mutter seinen Wehrsold ausbezahlt. Das langte zum Leben, so, wie wir es gewohnt waren.

Nun aber, als er vermisst war, sah das plötzlich ganz anders aus. Es gab keinen Wehrsold mehr und das Arbeitsamt zahlte meiner Mutter auch keine Unterstützung. Sie wurde vielmehr aufgefordert, eine vom Staat bezahlte Arbeit in einem Dominium, einem herrschaftlichen Landgut, bei wohlhabenden

Leuten aufzunehmen. Hier arbeiteten bereits zusätzlich eingestellte Personen, also mehr, als es notwendig gewesen wäre, auf Staatskosten. Neben meiner Mutter waren eine Köchin, zwei Zimmermädchen, eine Magd, ein Landarbeiter, ein Hausarbeiter und ein Gärtner beschäftigt. Hinzu kam, dass keiner von der Familie in diesem privaten Landgut im Krieg war, sondern alle zu Hause bleiben konnten.

Obwohl meine Mutter alleinerziehend war, sollte sie nun zusätzlich dort arbeiten. Hinzu kam, dass mein Vater im Krieg vermisst wurde und ihre Schwester Irene, zehn Jahre alt, zu dieser Zeit auch noch bei ihr wohnte. Deshalb wollte meine Mutter diese Stelle nicht antreten. Sie bat vielmehr darum, bei einer Familie zu arbeiten, die viel Leid erfahren hatte. Es war die Familie Jungfer.

Herr und Frau Jungfer mit ihrem Sohn

Einer ihrer beiden Söhne hatte auf dem Schulweg, der vier Kilometer durch den Wald verlief und den auch Irene immer gegangen war, eine Abkürzung genommen. Er musste dazu über einen Zaun steigen, blieb daran hängen, stürzte und zog sich einen acht Zentimeter langen Leberriss zu. Ihm konnte nicht mehr geholfen werden. Er hatte sich bisher auch um seine Mutter gekümmert. Sie war nämlich gelähmt und bettlägerig. Sie musste gewaschen, gekämmt, an- und ausgezogen und gefüttert werden, brauchte also Hilfe rund um die Uhr.

Herr Jungfer erledigte neben seiner Arbeit als Straßenarbeiter den ganzen Haushalt. Der Tag begann für ihn schon ganz früh, lange bevor er zur Arbeit musste. Mittags kam er nach Hause, machte das am Vortag vorgekochte Essen fertig, gab seiner Frau zu essen und versorgte sie auf die Schnelle mit dem Wichtigsten. Samstag war für ihn Haushalts- und Waschtag. Da kam auch immer sein zweiter Sohn nach Hause, der auswärts als Bäcker lernte.

Nachdem meine Mutter von Amts wegen zur Arbeit gehen sollte, ging Herr Jungfer zum Arbeitsamt und beantragte meine Mutter als Hilfe für seine Frau. Er kannte sie, nachdem meine Mutter den Jungfers gelegentlich bereits nachbarschaftlich geholfen hatte. Das Arbeitsamt entsprach erfreulicherweise dem Anliegen Herrn Jungfers.

Der Gesundheitszustand von Frau Jungfer verschlechterte sich zunehmend. Ihre siebzigjährige Nachbarin kam, um zusätzlich zu helfen. Allein von meiner Mutter war die Arbeit tagsüber nicht zu schaffen. Ich als Zweijähriger war ja da auch noch zu versorgen und wollte auch beschäftigt werden.

Im September 1944 verstarb Frau Jungfer im Alter von nur 40 Jahren. Herr Jungfer durfte nun nicht mehr zu Hause bleiben und seiner gewohnten beruflichen Arbeit nachgehen. Er musste zum Volkssturm. Irene wohnte nach wie vor bei meiner Mutter und besuchte die vierte Klasse. Nach diesem Schuljahr fuhr sie zurück zu ihrer Mutter nach Bömischdorf im Sudetenland.

Der deutsche Zusammenbruch sollte durch den Volkssturm noch verhindert werden. Hitler war zum äußersten Widerstand entschlossen und hatte am 18. 10. 1944 alle Männer, die noch nicht am Kriegsgeschehen beteiligt und zwischen 16 und 60 Jahre alt waren, dazu verpflichtet, einzurücken. Er glaubte, durch eine Offensive im Westen in letzter Minute noch eine Schicksalswende herbeiführen zu können.

Diese Veränderungen veranlassten meine Mutter, in ihre Heimat ins Sudetenland zu fahren. Sie wollte mich doch auch wieder einmal ihrer Mutter und ihren Geschwistern vorstellen. Außerdem freute auch sie sich darauf, ihre Familie in Böhmischdorf wiederzusehen.

Meine Großmutter hätte seinerzeit gerne gewollt, dass wir zu ihr gezogen wären. Für meine Mutter gab es jedoch zwischenzeitlich eine neue Heimat. In Schlesien hatte sie eine kleine, bescheidene, aber liebevoll eingerichtete Wohnung. Ich war in Schlesien geboren worden und mein Vater hatte sich dort zu Hause gefühlt. Dass er als vermisst galt, ließ große Hoffnungen auf eine Rückkehr offen. Es blieb also bei einem Besuch im Sudetenland und dann ging es wieder zurück nach Schlesien.

Vor der Flucht und Vertreibung

Kriegsgeschehen zu dieser Zeit

Die Geschichte von Flucht und Vertreibung von uns Deutschen begann bereits mit dem Einmarsch der deutschen Truppen in Polen im September 1939. In einem geheimen Zusatzprotokoll zum Wirtschafts- und Nichtangriffspakt, den Hitler mit Stalin abgeschlossen hatte, wurde bereits am 23. August 1939 geregelt, dass sich Deutschland und die Sowjetunion nach einem gewonnenen kriegerischen Angriff das ganze östliche Vorfeld Russlands und somit auch Polen teilen würden. Dies musste dann nach den nationalsozialistischen Vorstellungen einer neuen Ordnung der ethnographischen Verhältnisse zwangsläufig eine Umsiedlung von Nationalitäten mit sich bringen und zu Völkerbewegungen führen. So kam es dann auch.

Nachdem die polnische Armee von deutschen Truppen zerschlagen worden war, marschierten sowjetische Verbände in Ostpolen ein. Das Land wurde entlang der Flüsse Bug und Narew, der sogenannten „Curzon-Linie", geteilt. Die Polen wurden aus ihren Häusern vertrieben. Innerhalb von nur wenigen Stunden mussten sie auf die Straße. Mitnehmen durften sie so gut wie nichts.

Die Vertreibung ging in Richtung Osten, in die von der Sowjetunion eingenommenen Gebiete des ehemaligen östlichen Polens. Manche flohen aus Angst vor den Angreifern oder wurden als Zwangsarbeiter in Arbeitslager abtransportiert und festgehalten. In dem von Deutschen besetzten Gebiet bekamen Ortschaften deutsche Namen. So wurde beispielsweise Lodz zu Litzmannstadt umbenannt.

In den Jahren danach holte Hitler Volksdeutsche aus Osteuropa heim ins Reich, in das eingenommene polnische Gebiet, das sogenannte „Gelobte Land". Für Hitler gehörte dieser Teil Polens nun zum deutschen Siedlungsraum. Die Reichsregierung schloss mit Estland, Lettland und der Sowjetunion Umsiedlungsabkommen.

Im Zuge dieser Aktionen wurden in den folgenden Jahren ungefähr 128 000 Volksdeutsche aus dem Baltikum, 136 500 aus Wolhynien und Ostgalazien, 43 600 aus der Nordbukowina, 330 300 aus Bessarabien, außerdem 15000 aus der Norddobrudscha und 3 000 aus dem Gebiet Chlom in den neuen Reichsgauen und in den Erweiterungsgebieten Oberschlesiens und Ostpreußens sowie im Altreich angesiedelt bzw. untergebracht.

Weiter wurden etwa 250 000 aus Südbukowina, aus dem rumänischen Altreich und aus Nord-Jugoslawien umgesiedelt. Die Zahl der insgesamt „Heimgeholten" belief sich auf 900 000 bis 1 Million Menschen. Die Umsiedler wurden in ehemals polnische Höfe und Wohnstätten eingewiesen, deren Besitzer geflohen, vertrieben oder als Zwangsarbeiter abtransportiert worden waren.

Doch der Krieg nahm nach dem schon lange vorbereiteten Angriff gegen die Sowjetunion, der ohne Kriegserklärung am 22. Juni 1941 begann, einen anderen Verlauf, als von Hitler und seinem Generalstab als Endziel geplant gewesen war. Nach mehreren Schlachten stießen die deutschen Verbände mit schweren Verlusten bis Dezember 1941, wie beabsichtigt, zu den westlichen Vororten von Moskau vor. Dann aber brach der russische Winter mit all seiner Härte ein.

Die darauf unvorbereiteten deutschen Truppen mussten sich bis April 1942 unter schweren Verlusten von der Front vor der Sowjethauptstadt streckenweise bis zu 200 Kilometer zurückziehen. Im Süden ging der Kampf um Stalingrad weiter. Diese Region war von der Roten Armee eingekesselt worden. Die Schlacht nahm jedoch dann im Dezember 1942 ein bitteres Ende. Bis Januar 1944 hatten die Sowjets ihre Gebiete in der Höhe von Kiew von Ostpreußen bis zum Schwarzen Meer bereits zurückerobert und erreichten im Januar 1945 das ursprünglich von Deutschen eingenommene polnische Gebiet bis Warschau und zur Slowakei.

Bereits im Dezember 1944 war Churchill mit der Stalin-Forderung einverstanden, ein neues Polen zu Gunsten der Sowjetunion und auf Kosten Deutschlands auszudehnen. Dies würde Polen wertmäßig am meisten entschädigen. Die Vertreibung aller Deutschen nannte er als das befriedigendste und dauerhafteste Mittel. Man konnte ahnen, was uns Deutsche erwarten würde, wenn die Sowjets nach dem, was sie alles hinter sich hatten, hier in Schlesien einmarschieren und die Polen zurückkommen würden, die 1939 von Deutschen vertrieben worden waren.

Meine Mutter musste sich deshalb, um unser Leben zu retten, rasch darauf einstellen, möglicherweise schon bald mit mir aus unserer Heimat flüchten zu müssen. In Gassendorf, dem Ort, wo wir wohnten, und in den Nachbarorten waren 1944/45 noch deutsche Soldaten stationiert. Sie sollten einen möglichen Angriff und Einmarsch russischer Truppen verhindern. Die Russen hatten bei der seit 12. Januar 1945 rollenden Offensive täglich 25 bis 30 Kilometer zurückgelegt. Bereits im Februar 1945 standen die Sowjettruppen an der ganzen Ostfront auf deutschem Boden bis nach Niederschlesien, wo wir zu Hause waren.

Von hier aus wurde ein von den Russen groß angelegter Angriff auf Berlin vorbereitet. Die militärischen Auseinandersetzungen waren zu dieser Zeit schon nicht mehr zu überhören. Tag für Tag hallte der Geschützdonner durch die umliegenden Felder und Berge. Die Menschen hausten in den Nachbarorten teilweise bereits in Kellern. Doch sie konnten sich auch dort nicht sicher fühlen. Angst und Unruhe verbreiteten sich zunehmend unter der Bevölkerung.

Jeder packte seine Sachen zusammen und hoffte, dass die Angriffe nicht bis ins Dorf vordringen und man flüchten müsse. Manche konnten auch nicht weg. Sie waren zu alt. Andere wollten es nicht wahrhaben und konnten sich nicht entschließen, Hab und Gut im Stich zu lassen. Sie hatten Hoffnung und waren zuversichtlich, dass es schon noch einmal gut ausgehen werde. Oft waren es Frauen, deren Männer bei der Wehrmacht waren und die mit ihren Kindern auf sich allein gestellt waren. Sie hatten mehr Angst vor dem Ungewissen, das sie vielleicht unterwegs erwarten könnte, als vor dem zu befürchtenden Schicksal der kriegerischen Auseinandersetzungen in ihrer vertrauten Umgebung.

Eines Tages wurde es ernst. Es war Samstag, der 10. Februar 1945, nachmittags. Plötzlich kam es zu einer Schießerei. Die Dorfbewohner liefen aus ihren Häusern, suchten Zuflucht in die Erde eingemauerten Kartoffelkellern. Meine Mutter lief mit mir, mit unseren Hausherren, den Teubers und den Nachbarsleuten in eine leere, mit Ziegelsteinen ausgemauerte Rübengrube. Der Rauch zog über unser Dorf und in unser Versteck. Am Eingang fehlte die Tür. Zwei Häuser brannten bereits. Immer wieder schlugen weitere Granaten ein. Frau Teuber schrie jedes Mal vor Schreck, so laut sie konnte, und bat den Himmel und den Herrgott um Hilfe.

Wir waren alle von der Angst gekennzeichnet. Niemand glaubte, hier noch mal lebend herauszukommen. Die ganze Nacht noch verbrachten wir in unserem Versteck. Erst gegen Morgen entspannte sich die Lage. Die deutschen Truppen hatten die russischen Angriffe zurückgeschlagen. Die Gefahr war aber noch nicht vorbei. Die Menschen wagten kaum, von einem Haus zum anderen zu gehen.

Am frühen Morgen des nächsten Tages, am Sonntag, dem 11. Februar 1945, suchten wir noch etwas Ruhe in einem Kartoffelkeller des Nachbarn. Da war es etwas sicherer. Herr Teuber und meine Mutter holten Federbetten aus ihren Wohnungen. Was sie unterwegs sahen, war erschreckend. Im Garten von Teubers lagen sieben tote russische Soldaten. Ihr Haus war auch getroffen worden. Ein Geschoss hatte die Decke im Schlafzimmer meiner Eltern durchgeschlagen.

Ein Glück, dass wir das Haus verlassen hatten. Das Vieh von Teubers stand noch im Stall. Herr Teuber und Herr Jungfer versorgten es zusammen mit einem Nachbarn notdürftig. Wir waren bereits wieder im Kartoffelkeller. Es dauerte nicht lange, da kamen Herr Teuber und Herr Jungfer zurück. Sie hatten eine erschreckende Nachricht. Ein deutscher Offizier hatte sie aufgefordert, umgehend das Dorf zu verlassen. Die Russen wären bereits wieder in Stellung gegangen. Für die nächste Nacht müssten wir uns auf noch Schlimmeres einstellen.

Dies waren die ersten Kriegsgeschehnisse, die ich hautnah als kleiner Junge, gerade mal zwei Jahre und sieben Monate alt, erleben musste. Es ist wohl gut, dass von all dem in meiner Erinnerung nichts erhalten geblieben ist. Obwohl ich so etwas immer wieder in den Bildern der Tagespresse und im Fernsehen, so beispielsweise im Advent 1999 von den russischen Angriffen auf Grosny und auf die Zivilisten in Tschetschenien, zu sehen bekam, ist es für mich heute unvorstellbar, dieses Schicksal auf ähnliche Weise auch selbst einmal erlebt haben zu müssen.

Diese Tage im Februar 1945 waren für uns der Anfang einer schrecklichen Zeit. Die Angst vor den Angriffen der Roten Armee, vor Rache und Unterdrückung nahm täglich zu. Immer wieder kamen Flüchtlinge aus Osten zu Fuß und auf Pferdewagen. Sie berichteten von schlimmen Übergriffen der sowjetischen Soldaten auf die Zivilbevölkerung.

Die Russen hätten auf alles geschossen, was ihnen entgegenkam. Viele der Flüchtenden, vor allem Ältere und Kinder, seien krank geworden und auch gestorben. Andere hätten nicht mehr laufen können. Sie wären von russischen Soldaten oft erschossen worden. Die Toten habe man in Anbetracht der Umstände im Straßengraben einfach liegen lassen müssen.

Mädchen und Frauen, ganz gleich ob alt oder jung, seien vergewaltigt und misshandelt worden. Es sei auch vorgekommen, dass dies gleichzeitig durch mehrere Soldaten geschah, und sogar mehrmals, sodass ihre Opfer es oft nicht überlebten. Dann habe man noch mit dem Gewehrkolben auf sie eingeschlagen. Und das sei alles vor den Augen der anderen Frauen und der Kinder, die mit unterwegs waren, geschehen.

Der Hass der Rotarmisten auf alles Deutsche war nicht nur begründet durch das, was sie selbst erlebt hatten, sondern auch ein Ergebnis der sowjetischen Propaganda. Es wurde in sowjetischen Nachrichten verbreitet, sich nicht nur an gegnerischen Soldaten, sondern an jedem Deutschen, der ihnen in den Weg kam, zu rächen und auf ihn zu schießen.

Erzählt wurde auch, dass Flüchtlingstrecks in der Nähe der Front einfach von Panzern überrollt worden seien und dass Rotarmisten, wenn sie Deutsche auffanden, die nicht mehr weiter konnten, an ihnen grausame Rache übten, bevor sie sie ermordeten. Wenn einer hätte helfen wollen, wäre es ihm genauso ergangen.

Flucht vor russischen Angriffen

Von Schlesien ins Ungewisse – Februar 1945

Für meine Mutter und mich begann der Weg in eine ungewisse Zukunft, die Flucht!

Am Sonntagmorgen, dem 11. Februar 1945, viertel vor elf Uhr, machten wir uns auf. Für uns gab es keinen anderen Ausweg. Es hatte geheißen, dass wir nur etwa 50 Kilometer weit weg gehen müssten, dann zunächst einmal in Sicherheit seien und auch bald wieder zurück könnten. Meine Mutter hatte ihr Fahrrad voll bepackt. Lebensmittel, etwas Warmes zu trinken, Kleidung zum Wechseln, Decken, einige Wertsachen wie zwei Armbanduhren und eine Taschenuhr hatte sie unter anderem dabei. Wir waren warm angezogen. Es war sehr kalt, noch tiefster Winter. Geschneit hatte es jedoch nicht.

Teubers hatten einen Kastenwagen. Er war Tage vorher von ihnen schon weitgehend voll beladen worden. Ihren Ochsen und ihr Pferd spannten sie davor. Herr Jungfer brachte noch zwei Stallhasen. Er hatte sie auf die Schnelle getötet. Zum Abziehen und Ausnehmen reichte die Zeit nicht mehr.

Meine Mutter hing sie noch an ihr Fahrrad. Teubers waren in der Zwischenzeit schon mit ihrem Fuhrwerk losgefahren. Meine Mutter rief mir zu: „Lauf, lauf Onkel Teuber nach, ich komme schon!" Bei ihm angekommen, setzte er mich noch auf den bereits voll beladenen Kastenwagen.

Hier, zugedeckt mit einem Teppich, musste ich die meiste Zeit verbringen, wenn wir unterwegs waren. Dann wollte ich auch wieder runter. Es dauerte aber nicht lange, bis die kleinen Beine müde waren und ich nicht mehr laufen konnte. Natürlich weinte ich auch. Ich konnte das alles doch nicht verstehen. Verängstigt war ich schon durch das, was bisher an Schrecklichem passiert war. Aber wir waren immer noch zu Hause gewesen. Jetzt plötzlich weg zu müssen, war auch für mich als Kind sehr erschreckend und belastend.

Im Nachbarort angekommen, ging nichts mehr. Deutsche Soldaten hatten auf der Straße Panzersperren aufgestellt. Einer rief uns zu: „Kehrt um, die Russen sind im Anmarsch." Unruhe, Angst und Anspannung nahmen zu. Wohin nun?

Es wurde umgekehrt. Der Weg ging nun quer über einen Feldweg, Richtung Autobahn. Ich saß jetzt wieder auf Teubers Kastenwagen. Runter konnte ich nicht mehr, auch wenn ich doch immer wieder mal bei meiner Mutter sein wollte. Das war alles zu beschwerlich und das Laufen für mich nicht mehr zu bewerkstelligen.

Meine Mutter schaffte kaum, ihr voll beladenes Fahrrad zu schieben, wenn der Weg es nicht ermöglichte, zu fahren. Ein Mann nahm ihr eine Tasche ab, bis wir an der Autobahn angekommen waren. Hier kam uns deutsches Militär entgegen. Russische Soldaten hatten begonnen, sich auf sie einzuschießen.
Deshalb gingen wir durch Feld und Wiese weiter in Richtung Hermsdorf. Als wir hier ankamen, sahen wir noch die Dorfbewohner, wie sie sich auf der anderen Seite des Ortes auf den Weg machten.

Wir brauchten jetzt aber erst mal eine Pause. Unsere Kräfte ließen bereits nach. Alle waren schlapp und müde. Die Kälte machte uns auch zu schaffen. Fünfzehn Kilometer hatten wir heute schon hinter uns. Es war später Nachmittag. Langsam begann schon die Dämmerung. Nach unserem Eindruck waren wir aus der Gefahrenzone und entschlossen uns, die kommende Nacht hier zu bleiben.

Jetzt ging es darum, für uns und das Vieh eine Schlafstätte zu finden. Wir hatten Glück. In einer kleinen Gaststätte war in einem Eck in der Gaststube auf dem Holzfußboden noch Platz für uns. Wir waren an diesem Abend nicht die ersten, die in dem bereits weitestgehend verlassenen Hermsdorf eine Unterkunft gesucht hatten. Bequem war das nicht. Ich war fest in warme Decken eingepackt. Der Schlaf hatte mich schnell eingeholt. Meine Mutter fand nach dem ersten Tag unterwegs, der auch für sie sehr anstrengend gewesen war, keine richtige Ruhe.

In der Nacht brannte in der Nähe ein Flughafen. Das Feuer konnte man aus der Ferne am Himmel deutlich erkennen. Ursprünglich sollte es am nächsten Morgen in dieser Richtung weitergehen. Doch nun entschied man sich für einen anderen Weg. Etwas ausgeruht und leicht gestärkt mit ein wenig Essen, das wir von zu Hause noch dabei hatten, ging es weiter.

Auch der zweite Tag führte querfeldein über Straßen und Wege. Auf den großen Straßen war das Militär unterwegs. Deshalb bevorzugten wir die nicht immer einfacheren und gradlinigeren Wegstrecken. Abends hieß es erneut Quartier suchen. Es sollte ja auch ein Platz für das Gespann und den

Wagen dabei sein. Die Tiere brauchten Futter und auch etwas Ruhe. Das war nicht einfach.

Herr Teuber war schon tagsüber ganz nervös und unruhig gewesen. Er fühlte sich für uns alle verantwortlich. Vieles wurde gemeinsam besprochen. Herr Jungfer war auch dabei. Aber einer musste dann doch die Entscheidungen treffen.

Wir waren auch an diesem Tag sehr abgespannt, müde und hungrig. Meine Mutter und Herr Jungfer mussten mit dem Fahrrad vorneweg fahren, um eine passende Unterkunft ausfindig zu machen. Ich saß die meiste Zeit auf dem Kastenwagen von Teubers. Gegen Abend kamen wir zu einem kleinen Haus. Es hatte eine große, aber sehr ärmliche Stube. Diese war bereits von einigen Leuten eingenommen worden, aber mit gutem Willen war auch für uns noch etwas Platz zum Schlafen.

Große Ansprüche, um sich frisch zu machen, konnte man nicht stellen. Wichtig war erst mal, für die Nacht ein Dach über dem Kopf und für die Tiere und den Wagen einen Unterstellplatz zu haben. Essen hatten wir noch von zu Hause dabei. Unsere Schlafstelle war wieder auf dem Fußboden. Richtige Ruhe fand keiner. Uns allen saß ständig die Angst im Nacken, die Russen könnten uns einholen.

Gesprochen wurde nicht viel. Keiner konnte richtig verstehen oder wollte wahrhaben, was geschehen war: Wir mussten von zu Hause weg. Alle waren von den Strapazen erschöpft und gekennzeichnet. Sie dachten an daheim und hatten Sehnsucht nach ihren Angehörigen, die an der Front waren.

Unsere Flucht ging somit weiter, immer strikt in Richtung Westen. Viele Ortschaften, durch die wir in diesen Tagen kamen, waren bis auf wenige Menschen verlassen. Wenn noch welche geblieben waren, dann waren es meist nur alte oder kranke Bewohner.

Über zwei Wochen lang hatten wir noch kleine Essensvorräte von zu Hause. Mit unseren Lebensmittelmarken hätten wir noch etwas kaufen können, aber wenn es unterwegs mal einen Laden gab, war nicht mehr viel zu bekommen. Wir hatten somit gerade so das Allernötigste zu essen und trinken. Nur selten gab es eine Gelegenheit, sich mal richtig zu waschen. Schlaf und Ruhe gab es so gut wie nicht.

Um die dreihundert Kilometer hatten wir nun bereits hinter uns. Fast fünf Wochen waren vergangen, seit wir von zu Hause weg waren. Mitte März 1945 kamen wir in Großnaundorf an. Das war ein Dorf in Sachsen, etwa zwanzig Kilometer nordöstlich von Dresden. Wir waren alle abgemagert und verschmutzt. Das war nach den Strapazen der letzten Wochen auch nicht verwunderlich.

Drei Bauernfamilien nahmen uns alle, die wir in Großnaundorf ankamen, ohne Vorbehalt auf. Zwischenzeitlich hatten sich uns noch ein paar Personen angeschlossen, die gemeinsam mit uns auf der Flucht waren. Wir spürten, die Einheimischen hatten Mitleid mit uns. Sie waren von den Kriegsauswirkungen bisher verschont geblieben und hatten keine großen Nöte erleben müssen. Sie hatten nicht nur Mitgefühl mit uns, sondern sie bekamen so auch billige Helfer für den Hof und für die Landarbeit.

Meine Mutter, Herr Jungfer und ich wurden vom Landwirt Mager und seiner Ehefrau aufgenommen. Er war einer der größten Bauern im Ort. Herr und Frau Teuber waren mitsamt dem Pferdefuhrwerk bei einem anderen Bauern, den Eisolds, untergekommen.

Es tat gut, sich wieder mal richtig waschen, ja sogar baden zu können. Dann gab es auch reichlich und gut zu essen sowie Milch und Tee zu trinken. Besonders wohltuend war natürlich das Schlafen in einem richtigen Bett, und das ohne Angst vor Überfällen und militärischen Angriffen.

Wir fühlten uns sozusagen wie neu geboren und wie im siebten Himmel, wie ein Sprichwort sagt – wären da nicht immer wieder die Gedanken an zu Hause gewesen, und die Ungewissheit, wie alles weiter gehen würde. Die Magers und wir hatten uns schnell aneinander gewöhnt. Diese angenehme Situation war uns aber nur zwei Wochen vergönnt.

Vor den Russen waren wir in Schlesien geflohen. Jetzt marschierten die Polen in Sachsen und somit auch in Großnaundorf ein. Das, was nun geschah, war schlimmer als das, was unterwegs auf der Flucht passierte. Mädchen und junge Frauen wurden von den polnischen Soldaten ausfindig gemacht und brutal misshandelt und vergewaltigt.

Die Magers hatten in der Scheune in die Erde einen Kartoffelkeller eingebaut und mit Stroh überdeckt. Hier waren einige Mädchen versteckt. Auch sie wurden von den „Bestien" gefunden. Sie vergingen sich dann brutal an den jungen Frauen.

Da half kein Schreien oder Sich-Wehren. Sie mussten einfach alles über sich ergehen lassen. Schließlich hatten sie Angst, auch noch umgebracht zu werden.

Im Wohnhaus wurde ein 18-jähriges, den Magers nahestehendes Mädchen auf ihrem Zimmer von einem polnischen Offizier vergewaltigt. Ein Soldat musste vor der Tür Wache stehen, damit niemand hineinging. Wenn da einer hätte helfen wollen, wäre er von dem Soldaten höchstwahrscheinlich erschossen worden.

Frau Mager, die Bauersfrau, war klein, zierlich und auch nicht mehr die Jüngste. Sie und ihr Mann blieben von den Übergriffen verschont, mussten aber ran, wenn die Polen etwas zu essen oder zu trinken wollten. Sie hatten das zu tun, was die Polen sagten. Sonst hätten auch sie mit dem Schlimmsten an Leib und Leben rechnen müssen. Meine Mutter schrieb in ihr Tagebuch:

„In Worte lässt sich nicht fassen, was in diesen Tagen im Ort an Unheil gegenüber Mädchen und Frauen geschah."

Über sich selbst und mich hatte meine Mutter im Tagebuch nichts geschrieben. Das konnte ich auch gut verstehen. Wir unterhielten uns aber in den letzten Jahren vor ihrem Tod einmal darüber.

Vergewaltigt worden war meine Mutter nicht. Sie hatte sich in bedrohlichen Situationen in der Scheune auf der Tenne, das war ein Fußboden aus Holz, auf dem früher das Getreide nach der Ernte mit Dreschflegeln gedroschen wurde, versteckt. Nun wurde dort das Stroh gelagert. Dieser Strohboden hatte die Hauptzufahrt über eine Rampe hinter dem Haus und einen etwas versteckten Holztreppenaufgang vom Hof aus.

Oben waren zwei große Öffnungen, über die die Strohballen nach unten geworfen wurden. Da oben war es nicht ungefährlich, vor allem für den, der sich nicht auskannte. Man hätte leicht hinunterfallen können. Auf der Tenne gab es auch kein Licht. Etwas Beleuchtung war hier nur von unten gegeben, wenn dort über den Öffnungen für das Abwerfen der Strohballen Licht angemacht wurde.

Hier auf der Tenne hatte sich meine Mutter unter Strohballen versteckt. Das war einigermaßen sicher. Wenn unten Licht anging, musste meine Mutter mit Gefahr rechnen. Ich war zu dieser Zeit meistens bei Herrn Jungfer. Er war es auch, der meine Mutter in ihrem Versteck unauffällig mit Essen und Getränken versorgte. Herr Jungfer war schon älter und musste deshalb nicht mehr zur Wehrmacht. Er war mit uns und den Teubers aus Schlesien nach Sachsen geflüchtet. Ich kannte ihn schon von früher her, als meine Mutter seine gelähmte Frau gepflegt hatte. Er verstand es anscheinend, mir in väterlicher Weise zu erklären, warum meine Mutter jetzt nicht bei mir sein konnte. Ich hatte großes Vertrauen zu ihm. Die Art, wie er mit mir umging, tat mir sehr gut. Vielleicht war er ein Vaterersatz für mich.

Rückzug nach der Flucht

Von Sachsen nach Schlesien — April 1945

Anfang bis Mitte April 1945 wurden die Belästigungen durch die Polen auch für die Flüchtlinge im Ort unerträglich. Wir schlossen uns wieder zusammen. Nachdem wir in dieser Situation nichts mehr zu verlieren hatten, packten wir unsere wenigen Habseligkeiten, die wir noch hatten. Wir machten uns auf und flüchteten vor den Polen. Wo es aber zunächst mit uns schlesischen Flüchtlingen hingehen sollte, das bestimmte das polnische Militär. Sie trieben uns aus Großnaundorf in östlicher Richtung nach Pulsnitz. Dort überließen sie uns unserem weiteren Schicksal.

Mit dabei waren wieder Herr und Frau Teuber und Herr Jungfer. Alle besprachen sich, wie es weitergehen sollte. Nachdem wir kein besseres Ziel wussten, machten wir uns von Pulsnitz aus auf zurück in Richtung unserer Heimat nach Schlesien.

Es war ja noch Krieg und wir hatten immer noch ein wenig Hoffnung, dass uns unsere Heimat nicht verloren gehen würde und wir weiter dort wohnen könnten. Hier konnten wir nicht bleiben. Noch anderswo hin, ins Ungewisse, das wollten wir nicht.

Deshalb begann unser Weg zurück in unsere Heimat nach Schlesien. Es war April 1945. Zu dieser Zeit war es noch sehr kalt und tageweise trüb und regnerisch. Wir hatten von unseren

Bauerfamilien, bei denen wir in Großnaundorf untergebracht waren, noch etliches zum Überleben wie Kleidung, Decken und Nahrungsmitteln mit auf den Weg bekommen. Auch wenn unterwegs die Tagesrationen klein ausfielen, fehlte es uns bald an Essen und Wasser. Waschen konnten wir uns, wenn überhaupt, nur notdürftig. Dazu erkrankte ich und bekam letztendlich noch die Masern. Medikamente gab es keine. Da kamen wir in ein großes Dorf nach Niederehrenburg.

In guter Erinnerung blieb meiner Mutter, so berichtet sie in ihren Aufzeichnungen, die beeindruckende Hilfsbereitschaft der freundlichen und wohlwollenden Familie Singer in diesem Ort. Sie nahm meine Mutter und mich zwei Wochen bei sich auf. Hinzu kam noch, sie sorgte auch dafür, dass die Teubers und Herr Jungfer eine vorübergehende Bleibe bei einer anderen Familie bekamen. Besonders um mich bemühte man sich in beeindruckender Weise. Ich wurde gebadet und bekam in einem abgedunkelten Zimmer ein kuscheliges Kinderbett, in dem ich gesund werden konnte. Die Familie tat alles, um uns für den weiten Weg, den wir noch vor uns hatten, fit zu machen.

Die nächste Übernachtung fand in einem Sägewerk statt. Hier saßen wir auf dem Fußboden in einem winzigen Raum. Schlafen war da nicht drin. Wir waren aber froh, die Nacht nicht im Freien verbringen zu müssen. Das Gespann von Teubers hatten wir auch auf dem Rückweg dabei. Hier konnten wir es in einem Bretterverschlag unterbringen.

In dieser Region waren überall auch polnische Soldaten unterwegs. Das war uns bekannt. Deshalb begleiteten uns Tag und

Nacht auch Ängste vor deren Übergriffen. Auch in dieser Nacht klopften sie am Fenster. Rein kamen sie jedoch nicht. Sie hatten uns nicht entdeckt. Das war unser Glück.

Das Glück fehlte uns am nächsten Tag. Wir waren auf einer Landstraße unterwegs. Da kamen wieder mehrere polnische Soldaten. Sie forderten uns auf, stehen zu bleiben und ihnen unseren gesamten Schmuck und unsere Uhren auszuhändigen. Sie nahmen uns alles weg und drohten, uns zu erschießen, wenn sie noch Schmuck finden würden, den wir ihnen nicht freiwillig gegeben hatten. Dann fingen sie an, selbst in Taschen und Säcken zu suchen.

Meine Mutter hatte ihren Ehering und ihre Ohrringe in einer Dose mit Kinderpuder versteckt. Drei Armbanduhren und eine Taschenuhr waren von ihr in einen Wolllappen eingewickelt und in einem Beutel versteckt worden. Diese Sachen hatte meine Mutter ihnen nicht gegeben. Sie hatte deshalb große Ängste, als die Polen ihre Habe durchsuchten. Gott sei Dank fanden sie ihre für sie sehr wertvollen Erinnerungsstücke nicht.

Tage später waren nur noch gelegentlich polnische Soldaten unterwegs zu sehen. Dafür begegneten uns immer öfter und tagelang russische Militärkolonnen. Wir mussten jedes Mal in den Straßengraben ausweichen, sonst hätten sie uns überfahren. Was sich plötzlich änderte: Die Russen hatten es besonders auf Pferde abgesehen. Herrn Littmann, unserem Nachbarn von zu Hause, spannten sie sein gesundes Pferd vom Wagen und gaben ihm ein altes, fast blindes dafür.

Wenn es darum ging, ein Quartier für die nächste Nacht zu erkunden, fuhren meine Mutter und Herr Jungfer nach wie vor mit dem Fahrrad voraus. Oft waren ihre Mühen vergebens. Doch einmal fanden sie ein kleines Bauernhaus an einem Waldrand in der Nähe von Kleinmerktal. Hier wohnte nur noch ein älteres Ehepaar. Dieses nahm uns gleich ein paar Tage fürsorglich bei sich auf. Es tat uns sehr gut, mal etwas auszuspannen. Unser Wagen und die Pferde wurden in einer Scheune untergebracht und mit Futter versorgt.

Nachts waren immer wieder vereinzelt russische oder polnische Soldaten unterwegs. Die Frauen versteckten sich deshalb auf Heuböden. Manchmal wollte ich bei meiner Mutter sein und war deshalb auch dabei. Für meine Mutter war es nicht immer leicht, mir zu erklären, warum alles so war, wie es war, und ich mich nachts unbedingt ruhig verhalten musste.

Wenn tagsüber Gefahr von Übergriffen bestand, versteckten sich meine Mutter und die anderen Frauen und Mädchen zwischen mehreren Ster Holz. In den Häusern war die Gefahr sehr groß, von Soldaten gefunden und dann vergewaltigt zu werden. Mit mir zusammen konnte sich meine Mutter tagsüber nicht verstecken. Deshalb passten in dieser Zeit Herr Jungfer und Herr Teuber auf mich auf.

Wieder einmal hatten wir uns in einem Ort niedergelassen. Auch ein anderer kleiner Flüchtlingstreck war angekommen. Zwei Frauen von ihnen saßen vor Erschöpfung mit ihren Kindern am Straßenrand. Herr Teuber und Herr Jungfer beobachteten, wie ein paar Soldaten die Frauen in ein Haus schleppten. Die

Kinder mussten draußen bleiben. Sie weinten. Einige Soldaten hielten sie zurück. Später kamen ihre Mütter verzweifelt und weinend wieder aus dem Haus. Sie waren offensichtlich von den Soldaten auf das Schlimmste missbraucht worden. Hier nicht helfen zu können, waren schon große menschliche Tragödien und seelische Belastungen. In ihrer Situation auch für Herrn Teuber und Herrn Jungfer.

Am 1. Mai 1945 ging es dann weiter. Die nächste Nacht kampierten wir im Freien in einem Wald. Wir schliefen hinter einigen riesigen Holzstapeln. Ich schlief vor Müdigkeit schnell ein. Meine Mutter und die meisten anderen fanden keinen festen Schlaf. Immer wieder raschelte es im Laub und im Gebüsch. Die Angst vor fremden Soldaten war sehr groß.

Am nächsten Morgen, schon zeitig in der Früh, machten wir uns wieder auf. Zunächst verlief alles wie vorgesehen. Aber nach einigen Stunden wurden wir dann von polnischen Soldaten angehalten. Es war in der Nähe des Dorfes Rumburg. Die Straße führte an einem Haus vorbei. Gegenüber befand sich eine große Wiese, eingezäunt mit einem Bretterzaun. Zunächst hieß es, wir bekämen Passierscheine. Dann kam jedoch alles anders.

Die Männer, es waren von uns Herr Teuber, Herr Littmann und Herr Jungfer, wurden uns weggenommen. Sie mussten in der eingezäunten Wiese zurückbleiben. Sie waren wahrscheinlich zur Zwangsarbeit in Polen festgenommen worden. Das war ein großer Schreck für uns alle. Wir hatten vieles erfahren und so manche Ängste, aber damit hatte keiner gerechnet.

Es ging alles ganz schnell. Es gab keine Möglichkeit, sich zu verabschieden. Uns jagten die Soldaten davon, wir durften aber Gott sei Dank das Fuhrwerk behalten. Für Hilde, das Dienstmädchen von Teubers, bereits von Anfang an bei unserem Trupp, war es schwierig, mit dem Ochsen und dem Pferd zurechtzukommen. Unsere Lage war nun noch schwieriger geworden. Winkend und weinend verloren wir uns aus den Augen.

Am gleichen Tag kamen wir noch bis Zittau. Hier wurden uns auch noch unsere beiden Fahrräder von den Polen weggenommen. Einige Habseligkeiten, die daran hingen, konnten meine Mutter und Anne, ein Mädchen, das auch zu uns gehörte, gerade noch retten. Es stapelten sich schon eine große Menge Fahrräder am Straßenrand. Beide liefen schnell dem Fuhrwerk nach, das Frau Teuber übernommen hatte, um die uns noch verbliebene Habe dort unterzubringen.

Hier in Zittau machten wir Station. Es war der 8. Mai 1945. Wir erfuhren, dass der Krieg zu Ende war. Durch diese Nachricht kam bei uns große Freude und Hoffnung auf. Wir wurden in unserem Vorhaben, nun tatsächlich in unsere Heimat Schlesien zurück zu können, bestärkt.

Auf der Kommandantur in Zittau versuchten meine Mutter, Hilde und Frau Littmann, für uns (Anne hatte sich zwischenzeitlich einer anderen Gruppe angeschlossen) eine Übernachtungsmöglichkeit zu bekommen. Aber ohne Erfolg. Wir wurden abgewiesen. Deshalb durften wir hier nicht bleiben.

Wir mussten durch die Stadt und auf der Landstraße weiter. Russische Panzer kamen uns entgegen. Das Pferd an unserem Wagen wurde beim Vorbeifahren eines Panzers jedes Mal scheu und sprang in die Höhe. Hilde hängte sich dann immer vorne an die Deichsel, um ein Ausgleiten des Wagens zu verhindern. Gemeinsam mit dem alten Ochsen konnte so das Fuhrwerk einigermaßen unter Kontrolle gehalten werden. Sonst wäre es wohl im Straßengraben gelandet. Gott sei Dank kamen wir, nachdem auch Frau Teuber mit dem Gespann einigermaßen gut zurechtkam, aus diesen heiklen Situationen immer wieder ohne Schaden heraus.

Unser Weg ging weiter, Richtung Schlesien. Keiner von uns wusste genau, wo wir eigentlich waren. Abends war es immer richtig unheimlich. Ab 21.00 Uhr durften keine Flüchtlinge mehr unterwegs sein. Eine passende Bleibe zu finden und etwas zu essen und zu trinken zu erbetteln, wurde zunehmend schwieriger. Deshalb kam es auch immer öfter dazu, dass wir unter freiem Himmel übernachten mussten und nichts im Magen hatten.

Wir waren übermüdet und verschmutzt und wussten nicht, was uns am nächsten Tag erwarten würde. Meine Mutter schrieb in ihr Tagebuch: „Es grenzt an ein Wunder, aber es war auch Gottes Hilfe, dass wir diese von Leid, Not, Hunger und Elend gekennzeichnete, menschenunwürdige, trost- und hoffnungslose Zeit sowie die mühsamen und beschwerlichen Wege heil überstanden haben und nicht ernsthaft erkrankt sind."

Eines der größten Probleme war der Hunger. Er war es auch, der uns Flüchtlinge wieder zurück in unsere Heimat nach

Schlesien trieb. Zuhause kann es nicht schlimmer sein, dachte jeder. Dort stehen vielleicht noch die Häuser. Und da können wir uns besser helfen als hier in der Fremde.

Am 16. Mai 1945 kamen wir in Hirschfelde an. Es wurde schon langsam dunkel. Der Weg führte uns mit unserem Gespann in einen großen, verlassen erscheinenden Bauernhof. Auf einmal kam uns eine Frau entgegen und bot uns an, bei ihr zu übernachten. Es war die Bäuerin. Ihr Mann war noch im Krieg und sie war ganz allein zurückgeblieben. Unseren Wagen, das Pferd und den Ochsen durften wir im Hof abstellen. Die Sachen auf dem Wagen wurden in einem tiefer liegenden Raum, der nur über eine Leiter zugänglich war, im Stroh versteckt. Die Bauersfrau führte uns in eine große Stube im Haus. Hier befand sich bereits eine ganze Reihe von Flüchtlingen, die sie kurzfristig aufgenommen hatte.

Es war unvorstellbar: Die Bäuerin brachte sogar etwas zu essen und zu trinken. Schon tagelang quälte uns der Hunger und der Durst. Endlich konnten wir uns mal wieder richtig satt essen. Wir hatten ein Dach über den Kopf, konnten uns waschen, fühlten uns wie Menschen, geborgen und sicher. Wir waren überglücklich.

Doch die Freude war uns nicht lange vergönnt. Am nächsten Tag kamen mit angelegten Gewehren plötzlich russische Soldaten ins Haus. Sie blickten durch unsere Reihen. An ihren gierigen Augen waren ihre bösen Absichten zu erkennen. Sie hielten Ausschau nach jungen Frauen und Mädchen, die sie dann bei Nacht holen und für sich haben wollten. Keiner von uns sagte mehr ein Wort. Es war totenstill. Allen saß die Angst im Nacken. Dann plötzlich verschwanden sie wieder.

Die Furcht, dass sie wiederkommen würden, war groß. Alle Mädchen und Frauen bis auf die älteren suchten nach Verstecken. Frau Teuber hatte einen großen, dicht gewachsenen Strauch entdeckt, unter dem sie sich verkroch und die ganze nächste Nacht verbrachte. Meine Mutter suchte mit mir und Hilde Zuflucht in einem sehr alten, heruntergekommenen Nachbarhaus, wo sich nur ältere Frauen aufhielten. Es war anzunehmen, dass die Russen am Abend nicht dorthin zurückkommen würden. Sie baten, über Nacht bei ihnen bleiben zu dürfen.

Eine dieser Frauen wollte nicht, dass wir bei ihnen blieben. Sie sagte, wir könnten auf dem Heuboden, der über eine Treppe vom Hof aus zu erreichen war, übernachten. Solche Verstecke waren den Russen jedoch nur allzu gut bekannt. Sie hätten uns hier sicher gleich gefunden.

Deshalb ging meine Mutter mit uns lieber weiter. Zwischenzeitlich war es schon dunkel geworden und meine Mutter und Hilde hatten große Angst, die gesuchte Bleibe nicht finden zu können. Was ich seinerzeit wohl empfunden habe, was uns geschah und was wir da durchzumachen hatten, ist mir Gott sei Dank nicht im Gedächtnis geblieben. Ich war ja nicht einmal drei Jahre alt. Es ist gut, all dieses Geschehen nur vom Erzählen meiner Mutter her zu kennen.

Aber an diesem Abend des 17. Mai 1945 in Hirschfelde meinte das Schicksal es dann doch noch gut mit uns. Wir kamen an ein schon leicht baufälliges Haus, in dem uns ein älteres Ehepaar die Tür öffnete. Sie baten uns, obwohl wir für sie ja Fremde waren, gleich herein und nahmen uns sofort für diese Nacht auf. Bei ihnen bräuchten wir keine Sorge zu haben, dass uns etwas zustoßen könnte. Soldaten hatten sich schon bei ihnen umgesehen und sich wohl sehr abfällig über das Ehepaar, weil es schon sehr alt und kränklich war, und über ihr heruntergekommenes Anwesen geäußert. Deshalb war wohl anzunehmen, dass sie nicht mehr vorbeikommen würden. Hilde durfte in der Küche auf einer Liege und meine Mutter mit mir im Wohnzimmer auf dem Sofa übernachten.

Bevor wir uns am nächsten Morgen wieder zurück zum Bauernhof aufmachten, bekamen wir noch ein reichliches Frühstück. Diese Gastfreundschaft tat uns gut. Wir fühlten uns wie neu geboren und gingen zuversichtlich und guten Mutes zu dem Bauernhof, wo Frau Teuber und Hilde schon auf uns warteten.

Aber aus dem Weiterfahren wurde nichts. Die Realität des Alltags hatte uns schnell wieder eingeholt. Von unserem Kastenwagen, der die Nacht über auf dem Hof gestanden hatte, waren die Räder abmontiert worden. Die Russen hatten sie sich wohl zu Eigen gemacht. Damit hatte keiner gerechnet.

Der Ochse und das Pferd waren Gott sei Dank noch da. Unserem Pferd hatte Frau Teuber am Abend vorher die Füße verbunden, um vorzutäuschen, dass es Probleme mit dem Laufen habe. Aber was wollten wir mit den beiden Tieren ohne Wagen? Das Pferd, der Ochse und der Wagen ohne Räder blieben deshalb beim Bürgermeister von Hirschfelde zurück.

Von den geringen Habseligkeiten, die wir noch gehabt hatten, mussten wir uns jetzt weitgehend trennen, nachdem wir kein Fuhrwerk mehr hatten. Bei der Suche, etwas anderes Fahrbares zu bekommen, hatten wir jedoch Glück. Frau Teuber bekam von einer Frau einen gebrauchten Handwagen. Nun konnten wir doch wenigstens einiges aufladen und mitnehmen.

Meiner Mutter wurde von einer anderen Dorfbewohnerin ein noch ganz gut erhaltener Kindersportwagen geschenkt. Davon hatte natürlich ich den größten Nutzen. Es wäre nicht auszudenken gewesen, wenn ich den weiten noch vor uns liegenden Weg hätte zu Fuß bewältigen müssen. Meine Mutter konnte auf diesem Wägelchen sogar auch noch etwas zum Anziehen aufladen und jene Dinge mitnehmen, die für sie ganz besonders wichtig waren.

Am dritten Tag ging es dann von Hirschfelde weiter. Meine Mutter und die anderen Frauen hofften nun, in drei Tagen ihren Wohnort Gassendorf bei Liegnitz erreichen zu können. Unserer kleinen Gruppe hatten sich noch ein älteres Ehepaar und deren Tochter angeschlossen.

In der ganzen Region waren russische und polnische Soldaten unterwegs. Obwohl es ihnen zu dieser Zeit untersagt war, Flüchtlinge zu überfallen, auszurauben oder Frauen zu vergewaltigen, kam es immer wieder zu Überfällen, Belästigungen und anderen Vergehen. So auch am 25. Mai 1945. Wir waren nur noch zwei bis drei Kilometer von zu Hause entfernt, da holten uns plötzlich drei Russen ein. Einer kam zu meiner

Mutter und fragte sie, ob sie Uhren hätte. Meine Mutter sagte zu ihm, dass sein Kamerad sie schon weggenommen hätte.

Wahr war aber, dass meine Mutter vier Armbanduhren und eine Taschenuhr in einen weißen Lappen aus Wolle eingewickelt und ihren Ehering in einer mit Puder gefüllten Dose versteckt hatte. Ich war im Kinderwagen gesessen und hatte laut geweint. Einer der Russen hatte wiederholt zu mir gesagt: „Nie platzet", das heißt „Nicht weinen." Als ich mich nicht beruhigte, gab er mir einen Geldschein. Danach ging er weg, und zwar zu dem Mädchen, das sich uns mit ihren Eltern angeschlossen hatte. Bei ihr und ihren Eltern standen bereits die anderen beiden russischen Soldaten.

Kurz danach kam es zu Handgreiflichkeiten und einem lauten Wortwechsel zwischen dem Mädchen, ihren Eltern und den drei Russen. Neben der Straße war ein großes Getreidefeld. Da wollten die drei Russen nun das Mädchen hineinziehen. Sie wehrte sich, schrie, so laut sie nur konnte, und klammerte sich an ihren Eltern fest. Daraufhin ließen sie von ihr ab und ließen uns ziehen.

Als wir ein Stück gegangen waren, kamen sie uns jedoch mit ihren Fahrrädern nachgefahren und hielten uns erneut an. Einer von ihnen setzte sich an den Straßenrand, um aufzupassen, ob jemand käme. Es war ja verboten, Deutsche zu überfallen. Sicher konnte man sich aber, wie man sehen konnte, trotzdem nicht sein.

Frau Teuber und meine Mutter schickten sie mit mir, ich saß auf dem kleinen Kinderwagen, unter Androhung von Gewehrknüppeln ein Stück weiter. Die anderen hielten sie zurück.

Zwei der drei Soldaten schütteten alles, was auf dem Handwagen war, auf die Straße. Sie suchten sich aus unserer letzten Habe alles raus, was ihnen gefiel oder was sie gebrauchen konnten. Meine Mutter hatte riesige Angst, dass sie die Uhren finden könnten, die in einem Sack auf dem Handwagen waren. Was dann geschehen wäre, war nicht auszudenken. Die russischen und auch polnischen Soldaten waren, wie wir oft schon erleben mussten, brutal, kaltblütig und rücksichtslos.

Vielleicht hätten sie meine Mutter oder einen anderen von uns erschossen. Glücklicherweise fanden sie die Uhren nicht. Abgesehen davon, dass sie uns einiges von dem, was wir noch hatten, abnahmen, war alles noch einmal gut ausgegangen. Wir hatten wieder einmal einen Schutzengel gehabt. Das uns noch Verbliebene verstauten wir in den Säcken und dann ging es weiter, bis nach Gassendorf.

Vorher kamen wir noch an einem kleinen Gehöft vorbei. Unterwegs hatte meine Mutter auf einem Acker einige Kartoffeln gefunden. Wenn es hier im Haus eine Kochstelle geben sollte, hatte meine Mutter mit den anderen vereinbart, eine kurze Pause zu machen.

Im Haus fanden wir eine Frau mit ihrer Tochter vor. Diese war auf eine Mine getreten und schwer verletzt worden. Beide machten sich gerade nach Liegnitz in die Klinik auf. Die Frau hatte uns erlaubt, in ihrem Haus zu bleiben. Dafür waren wir ihr sehr dankbar.

Die Kartoffeln waren noch nicht gar, als auf der Straße einige Pferdefuhrwerke kamen. Nachdem überall noch russische und polnische Soldaten unterwegs waren, beschlossen wir, uns diesem Transport anzuschließen. Meine Mutter stellte noch den Topf mit den halb fertigen Kartoffeln in den Kinderwagen und rief mir zu: „Horst, lauf, lauf Tante Teuber nach." Sie war schon losgegangen, bevor meine Mutter mit ihrem Kinderwagen nachkommen konnte.

Wir hatten erst ein kurzes Wegestück gemeinsam mit der kleinen Gruppe, der wir uns angeschlossen hatten, hinter uns, als uns ein Soldat entgegenkam. Es war ein Russe oder Pole. Mit angelegtem Gewehr zwang er ein Pferdefuhrwerk, stehen zu bleiben, spannte eines der beiden Pferde aus und machte sich damit davon.

Heimat – aber kein Zuhause

Wieder daheim in Schlesien – Mai 1945

Endlich waren wir in Gassendorf, wo wir vor unserer Flucht gewohnt hatten, angekommen. Es war der 25. Mai 1945. In unserem Haus hatten sich Zivilrussen einquartiert. Wir durften hier nicht wohnen. Meine Mutter wagte einen Blick ins Schlafzimmer. Hier lagen einige bärtige Männer auf dem Fußboden, der mit Stroh bedeckt war.

Unsere Nachbarsleute waren Ukrainer und mussten deshalb vor den Russen nicht flüchten. Sie wohnten schon lange in Gassendorf und nahmen uns alle gleich vorübergehend bei sich auf.

Es hieß, die Zivilrussen würden mit Uniformen eingekleidet werden und kämen nach Liegnitz.

Nach ein paar Tagen war es so weit. Die Zivilrussen zogen ab und wir konnten in unser Haus. Es war erschreckend, wie es dort aussah. Alles lag kreuz und quer herum und war teilweise mit Kot verschmutzt. Toiletten kannten diese Russen wohl nicht.

Von meinem Vater hatte meine Mutter während seiner Kriegseinsätze in den vergangenen Jahren sehr viel Post bekommen. Sie hatte diese Briefe und einige Fotos vor der Flucht gut verpackt und in der Frisierkommode versteckt. Als wir nun zurückkamen, waren diese leider nicht mehr zu finden. Nur ein Bild von meinem Vater als Soldat in Uniform lag noch auf dem Fußboden.

Geblieben zur
Erinnerung
ist ein Bild

Einer der Russen sah es, bevor er wegging, und sagte sehr energisch in gebrochenem Deutsch: „Dein Mann? Hat geschossen auf russischen Soldat!" Meine Mutter überkam in diesem Moment große Angst, weil sie befürchtete, er würde sie jetzt erschießen. Doch er verschwand ohne eine weitere Äußerung.

Wir gehörten zu dem Teil der Geflohenen, die nach Beendigung der Kampfhandlungen wieder in die früheren Wohngemeinden zurückgekehrt waren. Wir gingen nun davon aus, hier bleiben zu können. Deshalb versuchten wir, so weit es überhaupt möglich war, in unserer Umgebung wieder etwas Ordnung zu schaffen.

Eines Tages kam es zu einem freudigen Wiedersehen. Ein Mann mit langem Bart, barfuß, armselig gekleidet kam die Straße entlang. Er machte einen sehr geschwächten Eindruck. Auf dem Kopf trug er einen alten Hut. Beim Gehen brauchte er einen Stock, auf den er sich stützte. Als er näher kam, erkannten wir ihn. Es war Herr Teuber. Er war ja etwa eine Woche, bevor wir in Zittau angekommen waren, zusammen mit Herrn Littmann und Herrn Jungfer von Polen gefangen genommen worden. Jetzt war Herr Teuber wieder bei seiner Frau und bei uns. Die Freude war aber getrübt, nachdem das Schicksal der beiden anderen Männer, Herr Jungfer und Herr Littmann, ungewiss war.

Herr Teuber erzählte uns, dass sich Männer, die seinerzeit mit ihm festgenommen worden waren und wegen Gebrechlichkeit oder Erkrankung nicht mehr laufen konnten, in den Straßengraben legen mussten und dann von den polnischen Soldaten erschossen wurden.

Unterwegs hatten sie nur gelegentlich etwas zu essen bekommen. Um überleben zu können, suchten sie in Abfallbehältern nach etwas Essbarem. Zu Herrn Jungfer und Herrn Littman hatte er den Kontakt verloren. Er war von den Polen zu Arbeitseinsätzen auf schlesischem Gebiet eingesetzt worden. Obwohl er manchmal fast nicht mehr gekonnt hatte, war er unter Androhung von Schlägen zur Arbeit gezwungen worden.

Eines Tages sah er die Möglichkeit, mit letzter Kraft auszubrechen. Ihm gelang das glücklicherweise unbeobachtet. Noch länger hätte er die Arbeitseinsätze nicht mehr durchgestanden. Zu Fuß hat er sich dann auf den Weg nach Gassendorf gemacht, mit der Hoffnung, es auch tatsächlich bis nach Hause zu schaffen.

Nachdem Herr Teuber zu Hause war und es ihm zunehmend wieder besser ging, sah es auch ums Haus herum bald wieder etwas sauberer aus. Mit einer Schubkarre fuhr er allen Unrat und Schrott in einen Schützengraben im Wald neben unserem Haus.

In Gassendorf gab es auch ein Dominium, einen Gutshof mit Stallungen und mit staatlichem Grundbesitz. Hier war eine Kommandantur, eine Befehlsstelle für diese Region, die mit einem Befehlshaber für die dortigen russischen Truppen besetzt war, eingerichtet.

Dadurch fühlten sich die deutschen Bewohner vor den stationierten fremden Soldaten etwas sicherer. Übergriffe blieben jedoch trotzdem nicht aus. Die Frauen lebten immer in Angst. Meine Mutter und Hilde versteckten sich nachts bei Teubers im Heu auf dem Scheunenboden. Ruhe fanden sie dort aber keine. Bei jedem Geräusch befürchteten sie, es könnte einer der russischen Soldaten die Treppe heraufkommen.

Sie hatten sich vorgenommen, wenn das eintreffen sollte, von den Öffnungen in der Holzdecke der Scheunentenne nach unten zu springen und schreiend ins Haus zu laufen. Damit sie sich beim Herunterspringen nicht verletzen würden, hatten sie vorsorglich unterhalb der Öffnung viel Stroh aufgeschüttet. Ich schlief an diesen Tagen unten bei Teubers mit im Bett.

Eines Nachts klopfte es bei Teubers laut an einem Fenster im Erdgeschoss. In gebrochenem Deutsch sagte jemand: „Machen Sie bitte auf, machen Sie bitte auf! Wir wollen nur schlafen." Es waren einige russische Soldaten.

Herr und Frau Teuber erschraken sehr. Sie sprangen auf der vorderen Seite zum Fenster hinaus und schrien immer wieder mit lauter Stimme: „Hilfe, Herr Kommandant! Hilfe!" Wegen der lauten Hilferufe von Teubers machten sich die Eindringlinge davon. In der Nacht war draußen alles sehr ruhig. Die lauten Schreie waren da schon besonders wirksam. Meine Mutter in der Scheune bekam das natürlich auch alles mit. Sie machte sich große Sorge um mich. Ich aber hatte einen tiefen und gesunden Schlaf und bekam von all dem, was in dieser Nacht geschah, nichts mit.

Manchmal kamen russische Soldaten mit ihrem Lastwagen auf den Hof gefahren und quartierten sich dort ein. Mitunter gleich einige Tage. Da das Haus von Teubers und uns wieder bewohnt war, machte sich das russische Militär öfters um das Haus herum zu schaffen. Anscheinend genossen sie die schon etwas aufgeräumte Umgebung, die sie hier am Hof und im Haus vorfanden. An anderen Stellen im Ort sah es noch sehr wüst aus. Es gab ja nicht viele Deutsche, die nach der Flucht bereits wieder heimgekommen waren und für etwas Ordnung und Sauberkeit sorgen konnten.

Die russischen Soldaten hatten zu essen und zu trinken dabei und ließen es sich nicht schlecht gehen. Aufräumen und alles etwas sauber halten kannten sie nicht. Zum Waschen und zur Erledigung ihrer persönlichen Bedürfnisse kamen sie zu uns ins Haus. Das war für uns sehr beängstigend, lästig und unangenehm. Aber sie waren ja die Siegermächte und da musste man das als Deutsche schon ertragen und hinnehmen. Tagsüber konnten sie sich auch ganz manierlich benahmen. Sie verschenkten schon mal was von dem, was sie zu essen hatten. Aber nachts konnte ihnen keiner über den Weg trauen.

Die Russen hatten zu dieser Zeit bereits alles, wo es etwas zu holen gab, eingenommen. Dazu gehörte auch das Dominium im Ort, die frühere Verwaltung von staatlichem Grundbesitz. Für die Einheimischen war dies das Schloss. Der Küchenchef, auch ein Russe, kam eines Tages zu meiner Mutter ins Haus.

Er verlangte, dass sie und Hilde die hohen Kellergewölbe im Schloss, die in der Mitte spitz zusammenliefen, weißeln sollten. Um Kalk und Handwerkszeug müssten sie sich selbst kümmern. Meine Mutter und Hilde wagten nicht, diese Arbeit abzulehnen. Vor Schikanen wären sie dann nicht sicher gewesen. Sie erhofften sich aber auch, für ihre Arbeit etwas zu essen zu bekommen. Die, die zu dieser Zeit noch etwas hatten oder sich einfach nahmen, was sie brauchten, waren die Russen.

Meine Mutter und Hilde entschlossen sich also, die Arbeit anzunehmen. Kalk gab es im Schloss. Pinsel waren im ganzen Dorf nicht zu finden. Meine Mutter fand einen alten Rosshaarbesen, der schon fast bis aufs Brett abgekehrt war. Hilde hatte einen noch etwas besseren Handfeger gefunden.

Ein Ukrainer, der auch im Schloss arbeitete, brachte einen Tisch. Darauf wurde eine hohe Stehleiter gestellt und dann ging es an der höchsten Stelle los mit dem Streichen. Hilde war die Größere und stieg die Leiter hinauf. Meine Mutter musste diese festhalten, so gut es nur ging. Von dem Handfeger lief mehr Kalk an Hildes Armen herunter, als sie an die Decke streichen konnte. Der Rest tropfte auf meine Mutter. Überall war der Kalk, nur nicht dort, wo er hinsollte, nämlich an der Decke.

Den Küchenchef störte es nicht, wie das Ganze ablief. Er fand vielleicht sogar Gefallen daran. Einmal meinte er: „Wenn nicht gut, dann noch mal streichen." Es dauert einige Tage, bis der Kellerraum fertig war. Dann kam noch der Heizungsraum dran. Sogar sonntags musste gearbeitet werden. Als alles fertig war, gab es abends eine Schüssel Quark. Er war von Magermilch in einer Milchkanne gekocht worden und somit zäh und steinhart. Zuhause wurden noch Kartoffeln dazu gekocht. Das war dann der Lohn für tagelange schwere und schmutzige Arbeit.

Nachdem es vor der Flucht geheißen hatte, dass wir voraussichtlich wieder heim kommen würden, hatte Herr Teuber, noch bevor wir damals weggingen, geschlachtet, eingeweckt und alles in einer Grube im Schuppen vergraben. Meine Mutter hatte darin auch eine Kiste, etwa 100 cm x 50 cm x 60 cm groß, mit einem Pelzmantel von meinem Vater, ihrem Brautkleid sowie anderer Wäsche und Eingewecktem untergebracht. Doch von all diesen Sachen war nach der Rückkehr nichts mehr zu finden. Ein polnisches Dienstmädchen, das nicht flüchten musste, hatte das Versteck mitbekommen und es, als wir weg waren, verraten.

Die Not war zu dieser Zeit ausgesprochen groß. Wir hatten nichts zu essen und es gab auch nichts zu kaufen. Aber Geld hätten wir ja auch keins gehabt. Meine Mutter und Hilde versuchten deshalb, eine Arbeit für etwas Essen auf dem Dominium, das ja von den Russen besetzt war, zu bekommen. Das war zwar keine Zwangsarbeit, aber ausgenutzt wurde die Notlage der Bediensteten schon.

Frühmorgens hieß es unter anderem Hof kehren und Stall ausmisten. Der Mist wurde von den beiden und noch einigen anderen Frauen auf einen kleinen Lastwagen aufgeladen und von einem polnischen Arbeiter aufs Feld gefahren. Die Frauen mussten auch mit aufs Feld, aber zu Fuß. Dort wurde alles mit einer Hacke wieder runtergezogen und verteilt. Dann ging es auf Schusters Rappen wieder zurück.

Wenn Klee und Gras gemäht wurde, mussten die Frauen auf einem großen Leiterwagen zum Aufladen mitfahren. Das war auch eine körperlich sehr schwere Arbeit. Meine Mutter weigerte sich deshalb einmal, mitzufahren. Da hätte sie beinahe die Peitsche des polnischen Aufsehers zu spüren bekommen. Frau Teuber, die tagsüber auf mich aufpasste, empfahl deshalb meiner Mutter, mich zur Arbeit mitzunehmen, in der Erwartung, dass sie dann nicht mehr so schwere Arbeit tun müsste.

Die Rechnung ging nicht ganz auf. Meine Mutter durfte zwar auf dem Hof arbeiten und musste nicht mehr mit aus Feld, die Arbeit war aber auch nicht immer leicht und auf mich wurde nicht sehr viel Rücksicht genommen.

In der Scheune musste meine Mutter beispielsweise beim Dreschen helfen, was großen Staub verursachte. Ich vertrieb mir währenddessen meine Zeit ohne Aufsicht auf dem Hof. An meinem dritten Geburtstag wurde meine Mutter in einem Nebengebäude zum Kartoffelschälen eingeteilt. Ich lag währenddessen auf einem großen Brett, war mit einem Sack zugedeckt und schlief.

Mittags gab es meistens Kartoffelsuppe. Am Tag vorher wurden die Vorbereitungen getroffen. Hierzu gehörte zum Beispiel das Sammeln eines vollen Wäschekorbes von Sauerampfer auf den umliegenden Wiesen. Der Lohn für die tägliche Arbeit war für meine Mutter immer gleich: Magermilch und Trockenquark.

Herr Teuber wurde immer zum Kühe schlachten geholt. Er hatte dies nicht gelernt, aber er wurde dazu gezwungen. Als Landwirt hatte er ein bisschen Ahnung, wie das ablief. Für seine Arbeit durfte er das Darmfett behalten. Meiner Mutter gab er immer etwas davon. Sie briet es aus und machte Brotaufstrich daraus. Brot war aber Mangelware. Von den Brotscheiben, die es mittags zur Kartoffelsuppe zu essen gab, versteckte meine Mutter ab und zu eine Scheibe in ihrer Bluse.

Eines Tages bemerkte das ihr Chef und sagte ihr, dass sie sich satt essen, aber nichts mitnehmen dürfe. Aus der Not heraus versuchte meine Mutter aber doch auch danach immer wieder, etwas Brot mitzunehmen. Sie trocknete es im Backrohr und hatte somit einen kleinen Vorrat für eine Brotsuppe oder ein anderes einfaches Essen zu Hause.

Am Dienstag, dem 24. Juni 1945, sollte die Gerste auf dem Feld gemäht werden. Es regnete in Strömen. Hilde und die übrigen Frauen waren deshalb eher als sonst nach Hause gegangen. Meine Mutter war noch auf dem Gut und musste Kartoffeln fertig schälen. Ich war auch bei ihr. Als wir am späten Nachmittag heimgingen, kam Hilde uns aufgeregt entgegen und rief: „Bleibt nur, das Dorf ist voller Polen, die wollen uns verschleppen!" Wir liefen zurück zum Gut und suchten Zuflucht in der Scheune. Herr Teuber, der an diesem Tag auch länger gearbeitet hatte, bemerkte uns. Er wurde ungeduldig und sagte: „Wir müssen heim und sehen, was los ist!"

Es war etwa 18.00 Uhr, als wir daheim ankamen. Frau Teuber hatte schon ihren Handwagen gepackt. Polen waren bereits in unserer Wohnung gewesen. Etliches, so auch die Brotreste, die meine Mutter ins Backrohr des Ofens zum Trocknen gelegt hatte, lag in der Wohnung verstreut. Es war die Nachricht verbreitet worden, dass alle, auch diejenigen, die bei der ersten Flucht nicht mitkonnten, zum Beispiel Alte, Gebrechliche und Kranke, um 20.00 Uhr auf der Straße sein müssten und aus ihrer Heimat vertrieben werden sollten.

Ohne die Jalta-Absprachen der Alliierten zu beachten, nämlich die Grenzabsprachen einer neu zu errichtenden polnischen Regierung der nationalen Einheit abzuwarten, räumte Stalin eigenmächtig der Regierung Osobka-Morawitz alle Verwaltungsbefugnisse in den eroberten Gebieten bis zur Oder-Neiße-Linie ein.

Nun begann eine Odyssee. In Schlesien setzte die erste ungeregelte Vertreibungswelle ein. Auf den Konferenzen von Teheran und Malta hatten die Alliierten beschlossen, die Deutschen aus den Gebieten östlich der Demarkationslinie zu entfernen. Meine Mutter und ich waren deutsche Staats- und Volkszugehörige. Wir hatten unseren Wohnsitz außerhalb der Bundesrepublik Deutschland, der Sowjetzone oder Berlin. Infolge des verlorenen Zweiten Weltkrieges wurde uns somit das Recht genommen, weiterhin in Schlesien zu bleiben. Dies hatte plötzlich auch für meine Mutter und mich unvorhersehbare Auswirkungen.

Die Gesamtzahl der noch im Sommer 1945 im polnischen Herrschaftsgebiet lebenden deutschen Staatsangehörigen wird auf 5 650 000 geschätzt. Nach der Massenflucht vor der Roten Armee im Winter und Frühjahr 1945 hatten sich noch etwa 4 400 000 deutsche Zivilisten östlich der Oder und Neiße befunden. Unter ihnen waren auch viele von den Umsiedlern, den Volksdeutschen, die Hitler seit 1939 ins Deutsche Reich zurückgeholt hatte.

Sie hatten ihre seit Jahrhunderten angestammten Heimatgebiete und ihre soziale und kulturelle Eigenart als Balkan-Deutsche, als Bessarabien-Deutsche usw. und ihr Hab und Gut nach dem Einschmelzungsprozess im Großdeutschen Reich verloren. Meine Mutter und ich gehörten zu denen, die nach der Flucht im Februar 1945 hoffnungsvoll und in friedvoller Absicht noch einmal in die Heimat nach Schlesien zurückgekehrt waren und jetzt die Folgen der polnischen Vergeltungspolitik zu spüren bekamen.

In den zurückliegenden Monaten wurden viele Polen, die sich nach ihrer Vertreibung 1939 im Osten unter anderem im Distrikt

Lemberg angesiedelt hatten, von den Russen vertrieben, nachdem diese ehemaligen sowjetischen Gebiete 1944 durch die Sowjets von den Deutschen zurückerobert worden waren.

Schlesien sollte nach Vorstellung der Siegermächte wieder polnisch werden und somit kamen die meisten vertriebenen Polen zurück nach Schlesien. Polen kamen an und Deutsche waren noch nicht weg. Sie sollten aber raus aus Schlesien. Es kam immer wieder zu Überfällen durch die Polen und zu großen Auseinandersetzungen unter den Menschen.

Viele Deutsche kamen deshalb in Massenlager, die früher von den Nationalsozialisten errichtet worden waren. Die Führer der Sowjets, der Amerikaner und der Engländer hatten beschlossen, dass es unter anderem in Polen und in der Tschechoslowakei keine Minderheiten mehr geben dürfe. Diese seien immer Zündstoff für Konflikte und für Kriege gewesen. Deshalb kam es noch schneller, als man zunächst annahm oder es wahrhaben wollte, zu der großen Vertreibungswelle.

Bedeutsam für das Schicksal der deutschen Bevölkerung wurde beispielsweise auch die Aufstellung einer Bürgermiliz, die bei allen Maßnahmen des „Ministeriums für die wiedergewonnen Gebiete" als Exekutive tätig war, das heißt Verhaftungen vornahm, Vermögen und Wohnungen der Deutschen einzog und sie an Polen vergab usw.

Der aus Kriegs- und Besatzungszeit angestaute Hass und die offizielle Vergeltungsanweisung der Staatsorgane führten zu Schikane und Terrorisierung. So heißt es unter anderem im

Manifest des Politischen Komitees der Nationalen Befreiung vom 22. 07. 1944: „... Die Stunde ist gekommen, um die Leiden und Qualen, die verbrannten Dörfer und vernichteten Städte, die zerstörten Kirchen und Schulen, die Treibjagden auf Menschen, ... an den Deutschen zu vergelten."

Meine Mutter war gerade dabei, mir die Schuhe zu wechseln. Die, die ich anhatte, waren vom Regen stark durchnässt. Da kam plötzlich ein Pole ins Zimmer und durchsuchte meine Mutter von Kopf bis Fuß nach Uhren, Schmuck oder sonstigem Wertvollen. Aber meine Mutter hatte nichts an sich versteckt.

Auf dem Küchenschrank stand ein Bild von meinem Vater in Uniform. Als der Pole dieses sah, schrie er meine Mutter in polnischer Sprache an: „Two'mezczyzna ma strzelac' Polska." Er meinte, dass mein Vater auf Polen geschossen habe. Meiner Mutter und mir saß die Angst im Nacken. Die polnischen Soldaten waren unberechenbar und hätten sich nichts weiter gedacht, wenn sie Deutsche wie hier jetzt meine Mutter und vielleicht auch mich erschossen hätten.

Meine Mutter packte nun auf die Schnelle die wichtigsten Dokumente und Papiere, einige Fotos und was an Essbarem noch da war zusammen: ein Glas Darmfett, etwas Zucker und die getrockneten Brotstückchen. Auch einige der wichtigsten Habseligkeiten, die meine Mutter zum Anziehen für sich selbst und für mich unterwegs brauchte, wurden im Kinderwagen verstaut.

An ihm hingen an einer Schnur noch ein paar Taschen und einige Töpfchen und Deckel, um sich unterwegs vielleicht mal was zu essen zubereiten zu können. Oben auf dem Kinderwagen hatte meine Mutter noch einen Platz für mich vorgesehen.

Die grausamen Kriegsereignisse führten zum deutschen Zusammenbruch. Hitlers Leben endete im Bunker der Reichskanzlei am 30. 04. 1945 durch Selbstmord. Am 07. 05. 1945 um 2.41 Uhr erfolgte in Eisenhowers Hauptquartier in Reims die Unterzeichnung der bedingungslosen Kapitulation durch den Chef des Wehrmachtsführungsstabes, General Oberst Jodl.

Die Menschenverluste in Kampfhandlungen mit den an Verwundungen und in Gefangenschaft gestorbenen Soldaten beliefen sich auf nahezu 16 Millionen Tote und Vermisste. Davon entfielen etwa 3,5 Millionen auf das Großdeutsche Reich.

Die Verluste der Zivilbevölkerung werden in Europa und Asien bis auf 30 Millionen geschätzt. Die Kriegskosten sollen sich auf 1 500 Milliarden US-Dollar belaufen. Davon sollen auf das Großdeutsche Reich 273 Milliarden entfallen.

Vertreibung durch die Polen

Aus der Heimat ins Nirgendwo – Juni 1945

Die Vertreibung aus Schlesien im Jahr 1945 als Folge des Ausganges des Zweiten Weltkrieges begann für uns am Dienstag, dem 24. Juni 1945, 20.00 Uhr. Drei Tage zuvor hatte ich meinen dritten Geburtstag.

Alle Bewohner aus Gassendorf, dem Ort, wo wir wohnten, standen mit ihrem Hab und Gut, das sie noch hatten und wozu sie in der Lage waren, es mitzunehmen, an einer Kreuzung in der Mitte des Dorfes. Es war schmerzhaft, wenn man sah, wer alles von diesem schweren Schicksal betroffen war.

Beispielsweise eine Frau, klein und zierlich, über 80 Jahre alt, mit deren etwa 60-jährigen Tochter und ihren fünf Enkelkindern im schulpflichtigen Alter. Die Mutter dieser Kinder war bei der Geburt des sechsten Kindes gestorben. Der Großvater der Kinder war auch schon verstorben. Den Vater der Kinder hatten die Russen verschleppt.

Diese Familie gehörte zu denjenigen, die bei der Bedrohung durch die Russen im Februar 1945 zu Hause geblieben waren. Die, die damals nicht flüchteten, waren meist Kranke und ältere Menschen. Jetzt aber hatte man keine Wahl. Alle wurden nun aus ihrer Heimat vertrieben. Bei denen, die nun auf der Straße standen und aus einem Bauernhaus stammten, hatten sich die Polen das Vieh in der zurückliegenden Zeit bereits angeeignet.

Nur vereinzelt standen noch Bauernhoftiere mit auf der Straße. So hatte beispielsweise eine Familie ein kleines Kalb dabei.

Es war schwer zu verstehen, dass die Zeit hier in Schlesien nun endgültig ein Ende haben sollte. Hier, wo man doch zu Hause war. Jetzt musste man Abschied nehmen von allem, was einem gehörte, was man sich erarbeitet und geschaffen hatte und was einem lieb geworden war, ohne auch nur zu wissen, wohin es gehen sollte und was mit einem geschehen würde.

„Es waren herzzerreißende Szenen, viele weinten und in den Gesichtern sah man Verzweiflung und Hilflosigkeit. Vertrautes hinter sich zu lassen, das tat sehr weh. Das Leid und Entsetzen lässt sich nicht in Worte fassen", schrieb meine Mutter in ihrem Tagebuch. Weiter konnte man lesen: „Am liebsten hätte der eine oder andere von denen, die hier auf den Befehl zum Abmarsch warteten, diesen Weg nicht mehr mit angetreten und im Baggersee, der an unseren Ort angrenzte, seinem Leben ein Ende gesetzt."

Doch die Wartenden dachten an die Kinder und einige junge Mädchen, die dabei waren und noch ihre Hilfe benötigten. Auch die Verbundenheit untereinander und die Sehnsucht nach ihren Männern und Söhnen, die aus dem Krieg noch nicht zurückgekehrt waren, hielten sie davon ab, diesen Wunsch umzusetzen.

Zu lesen im Tagebuch meiner Mutter war in diesem Zusammenhang noch: „Wir waren etwa zwanzig Personen. Das Stoßgebet: ‚In Gottes Namen!' gab uns die Kraft, den schweren Weg anzutreten."

Drei polnische Soldaten, mit Gewehren und Gummiknüppeln ausgerüstet, sogenannte „Austreiber", übernahmen an diesem Abend das Kommando. Sie trieben uns wie eine Viehherde aus unserer Gemeinde. Wir waren für sie wie Freiwild. Die Kinder und somit auch ich, vor drei Tagen gerade drei Jahre alt geworden, konnten nicht begreifen, was mit uns geschah.

Durch das Laufen und nachdem der Tag langsam zu Ende ging setzte bei uns Kindern als Erstes die Müdigkeit ein. Meine körperlichen Kräfte ließen nach und meine Augen fielen vor Erschöpfung und Müdigkeit zu. Unsere Nachbarin, Frau Littmann, hatte oben auf ihren Handwagen Federbetten geladen. Sie erlaubte meiner Mutter, dass ich mich auf ihren Wagen legte.

Das tat mir sehr gut. Im Nu war ich in einen tiefen Schlaf versunken. Meine Mutter schrieb in ihren Aufzeichnungen, dass ich total erschlagen auf dem Rücken gelegen sei und meine Arme und Beine kraftlos seitwärts herunterhingen. Auf unserem Kinderwagen hätte ich keine Ruhe gefunden, zumal ja alle paar Meter ein Rad abging, das meine Mutter mit ihrem Fuß immer wieder andrücken musste.

Wir gehörten zur ersten Welle der anlaufenden Austreibungen. In Schlesien betraf dieses Schicksal etwa 300 000 Menschen. „Der Vorgang lief jeweils nach dem gleichen Schema ab. Die Ortschaften wurden besetzt. Den Deutschen, denen man nur die Mitnahme eines dürftigen Stücks Handgepäck gestattete, wurde innerhalb kürzester Fristen der Abmarsch befohlen und sodann wurden sie in Marschkolonnen zu den Grenzflüssen getrieben." (Zitat aus Informationen zur politischen Bildung 143/1970)

Dieses Vorgehen war ein Verstoß gegen das Abkommen der Konferenz von Potsdam vom 2. August 1945. Hier wurde ausdrücklich festgelegt, „dass die Überführung der deutschen Bevölkerung, die in Polen, der Tschechoslowakei und Ungarn zurückgeblieben sind, nach Deutschland in ordnungsgemäßer und humanitärer Weise erfolgen soll".

Noch ehe der alliierte Kontrollrat weisungsgemäß die gerechte Verteilung dieser Deutschen auf die einzelnen Besatzungszonen prüfen und einen Ausweisungsplan ausarbeiten konnte, gingen die polnischen Behörden den Deutschen gegenüber rücksichtslos, menschenverachtend und skrupellos vor. Sie trieben nach der ersten Vertreibungswelle weitere 400 000 Deutsche an die Oder-Neiße-Linie, und zwar mit einem genauso brutalen und inhumanen Vorgehen wie bei uns.

Das Schicksal von uns Deutschen, die aus Schlesien vertrieben wurden, hing von den Grenzen des wieder zu errichtenden polnischen Staates ab. Stalin beanspruchte die Beibehaltung der im Hitler-Stalin-Pakt vom 23. August 1939 festgelegten sowjetisch-polnischen Grenze. Dafür wurde Polen im Westen großzügig mit deutschen Gebieten entschädigt. Stalin war für die Oder-Neiße-Linie und hat sich gegenüber den Westmächten, die die Oder-Grenze nicht haben wollten, durchgesetzt. Die polnische Regierung war damit auch einverstanden. Die Westmächte konnten lediglich erreichen, dass die polnische Westgrenze erst in einem Friedensvertrag endgültig festgelegt würde.

Unser Weg ging zunächst nach Lobendau, einem Nachbarort von Gassendorf. Es wurde bereits dunkel. Die Kinder waren unruhig und sehr müde. Deshalb versuchten die wenigen älteren Männer, die bei uns noch dabei waren, die drei Polen dazu zu bewegen, Nachtquartier an einer passenden Stelle zu machen.

In Lobendau angekommen, wurden wir wie eine Herde Schafe in eine nahegelegene Scheune getrieben. Wir waren froh, dass genügend Stroh da war, wo wir uns niederlegen konnten. Obwohl wir erst ein paar Stunden auf der Straße hinter uns hatten, waren wir erschöpft und total entkräftet. Das war auch kein Wunder. Wir hatten doch nur arbeitsreiche Tage ohne etwas Vernünftiges zu essen hinter uns.

Neben der Scheune befand sich ein kleines Bauernhaus. Hier fanden meine Mutter und einige andere Frauen einen runden Eisenofen. Mit Stroh und Holz wurde schnell etwas Feuer angeschürt, um Wasser zu kochen. Wer etwas dabei hatte, rührte sich etwas hinein, zum Beispiel Mehl, um eine Mehlsuppe zu kochen.

Richtig schlafen konnte keiner. Nachts schlichen die drei polnischen Soldaten immer wieder durch die Scheune. Sie waren zwar klein von Gestalt, aber umso mehr sehr von sich eingenommen. Sie hielten Ausschau nach jungen Mädchen, um sich mit ihnen zu vergnügen. Wenn sie sich an eines heranmachen wollten, schrie dieses laut um Hilfe nach ihrem Kommandanten. Worauf die Soldaten wieder verschwanden.

Am nächsten Morgen ging es dann weiter, Tag für Tag, drei Wochen lang. Und das immer nach den Launen und dem Wohlwollen der drei polnischen Soldaten. Einmal in dieser Zeit hatten sie Essen aus einer Gulaschkanone für uns organisiert. Sonst musste sich jeder selbst darum kümmern, dass er etwas zu essen hatte.

Einige erkrankten unterwegs und mussten ohne Hilfe zurückbleiben, andere wieder konnten wegen körperlicher Schwäche nicht mehr weiter. Diese Menschen mussten sich dann nachkommenden Trecks wieder anschließen. Es kamen auch bei uns immer wieder Personen hinzu, die aus gleichen oder ähnlichen Gründen den Anschluss an ihre Gruppe verloren hatten.

Diese sogenannten „wilden Vertreibungen" unmittelbar nach Kriegsende gehörten zu den schlimmsten. Es kam unterwegs neben den Hungersnöten immer wieder zu Gewalttaten, Überfällen, Vergewaltigungen, Misshandlungen und deshalb auch zu vielen Todesfällen. Die Verstorbenen blieben dann einfach am Straßenrand liegen. Bestenfalls ließen die Polen zu, sie etwas zu verscharren oder hinter Büschen abzulegen.

In leer stehenden Gebäuden, Kellern, Scheunen und Ställen wurde nach etwas Essbarem gesucht. Doch es waren zu viele hungrige Menschen unterwegs und so musste man schon viel Glück haben, um noch etwas zu finden. Meine Mutter fand einmal in einem Häuschen einen Sack mit Viehsalz. In einem kleinen Töpfchen nahm sie sich etwas davon mit und musste sich dann beeilen, damit sie uns wieder einholte. Mich versetzte dieses kurzzeitige Alleinsein ohne meine Mutter immer in große Ängste.

Der Hunger wurde immer größer. So wurde auch alles gegessen, was erst halb reif auf den Bäumen hing oder in Gärten und auf Wiesen und Feldern wuchs, wie beispielsweise Stachelbeeren, Rhabarber und Sauerampfer. Da zu überleben, war schon fast ein Wunder. Zu diesen Missständen kam noch die fehlende Hygiene hinzu. Wochenlang konnte man sich nicht mehr richtig waschen, Zähne putzen oder Kleidung wechseln. Es juckte überall. Der Kopf war voller Läuse. Meine Mutter hatte glücklicherweise einen Staubkamm (sog. Läusekamm) dabei, der sich gerade in dieser Lage als sehr nützlich erwies.

Einige Zeit später wurde meine Mutter einmal schwer krank und ihr war sehr elend zumute. Sie hatte Salat gegessen, den Frau Teuber mit Essigpulver angemacht hatte. Es konnte aber auch andere Ursachen gehabt haben. Der Magen und der Darm bereiteten große Schwierigkeiten.

Glücklicherweise waren wir zu diesem Zeitpunkt für ein paar Tage in einem kleinen Bauernhof einquartiert. Das kam meiner Mutter in ihrer misslichen Lage zugute. Ihr Gesundheitszustand besserte sich langsam und sie kam wieder zu Kräften.

Mit dem Kinderwagen voran und mir meist oben drauf ging es dann weiter. Meine Mutter hatte zu tun, um den Wagen und mich zu schieben. Wie sich zeigte, war sie doch noch sehr schwach und gesundheitlich angegriffen. Nur schwer schaffte sie es, den Anschluss an ihren Treck zu halten.

Die Polen trieben uns einige Kilometer bis zu einem kleinen Dorf, das in der tschechisch besetzten Zone gelegen haben muss. Es hieß nämlich, dass die polnischen Soldaten künftig nicht mehr bestimmen würden, wie es mit uns weiter ginge. Sie würden uns, so hatte es bisher immer geheißen, in Richtung der Oder-Neiße-Linie vertreiben. Nun waren sie plötzlich weg. Sie hatten uns auf tschechisch verwaltetem Gebiet zurückgelassen.

Wir mussten wohl im nördlichen Sudetenland angekommen sein. Dieses Gebiet war nach Kriegsende an die Tschechoslowakei angegliedert worden. Hier bestimmten nun die Tschechen, was mit den Deutschen, die hier wohnten oder bis hierher vertrieben wurden, geschehen sollte. Wie lange wir nun hier noch bleiben sollten und was auf uns zukommen würde, wusste keiner. Wir mussten aber davon ausgehen, dass, nachdem wir uns auf tschechisch verwaltetem Gebiet aufhielten, die Vertreibung noch nicht zu Ende war.

Viele Deutsche, die hier im Sudetenland zu Hause waren, hatten ihre Wohnungen und Häuser schon verlassen. Jeder von uns Vertriebenen aus Schlesien suchte nun erst mal nach einer vorübergehenden Bleibe. Meiner Mutter, mir, einem weiteren Kind und noch sechs Erwachsenen gewährte eine deutsche Frau in ihrem kleinen Haus Unterkunft. Darüber freuten wir uns sehr. Die Frau hatte selbst drei Kinder zwischen zwölf und fünfzehn Jahren, zwei Buben, das älteste Kind war ein Mädchen. Uns neun Personen gab die Frau zwei kleine Zimmer. Ihr Entgegenkommen war einfach großartig. Auch wenn es sehr eng zuging, so waren wir doch froh und dankbar, nicht im Freien sein zu müssen.

Diese Frau hatte Zuckerrüben organisiert und daraus Sirup gekocht. Dann hatte sie noch Kartoffeln im Keller und Getreidekörner, die sie mahlte und für das Essen verwendete. Sie gab uns von allem, was sie hatte. In diesem Ort gab es auch noch einen Pfarrer und einige deutsche Bewohner. Einmal mussten wir uns in Reih und Glied vor einer Art Marktstand aufstellen. Es gab pro Person ein Viertel Pfund Pferdefleisch.

Meine Mutter und noch einige, die noch nicht zu alt dazu waren, gingen in Gruppen tagsüber in den Wald oder auf die Felder und suchten nach Beeren und Pilzen bzw. Kartoffeln, Rüben und Getreideähren. Früh morgens vor halb sechs ging es immer los. Da hieß es ganz besonders aufpassen, denn überall konnten Minen liegen. So waren wir immer froh, wenn abends alle wieder gesund zurückkamen und möglichst viel Essbares gefunden hatten.

Frau Littmann und meine Mutter wechselten sich tageweise ab, damit immer eine Bezugsperson bei uns Kindern war. Allein konnten die Frauen sich nicht weg wagen. Es war gut, dass in unserer Gruppe auch zwei ältere Männer waren. Die Gefahr, von Polen und hier in der Gegend auch von Tschechen überfallen zu werden, war zu groß. Deshalb versteckte sich die Tochter der Frau, die uns aufgenommen hatte, nachts immer in einem Verschlag unter dem Bett ihrer Mutter.

Das Sudetenland wurde nach dem Münchner Abkommen von 1938 von der Tschechoslowakei unter dem Druck von Hitler abgetrennt und an das Deutsche Reich angegliedert. Die Räumung der tschechischen Bevölkerung erfolgte daraufhin innerhalb von zehn Tagen und die Ablösung der tschechischen Regierung an die Sudetendeutschen wurde in einer Frist von vier Wochen vollzogen. Wenn man das weiß, kann man sich vorstellen, mit welchem Hass und mit welcher Genugtuung nun die Tschechen auf die Vertreibung von uns Deutschen warteten.

Zwischen Mai 1945, dem Zeitpunkt der Beendigung des Zweiten Weltkrieges, und November 1945 fanden Massenvertreibungen vor allem aus den Randgebieten durch tschechoslowakische Verwaltungsbeamte und die Revolutionsgarde (die sich auch Partisanen nannten, eine paramilitärische Organisation) bei gleichzeitigem Massenterror im ganzen Lande statt. Dies hatte auch für uns Deutsche, die zufällig hier gelandet oder von den Polen gewollt hier ausgesetzt worden waren, schlimme Folgen.

Am Abend des neunten Tages unseres Aufenthaltes kam die Hauswirtin ganz aufgeregt, klopfte an unsere Türen und rief: „Die Tschechen sind im Ort. Morgen früh müssen wir alle raus aus dem Dorf. Frau Gröger, kommen Sie. Machen wir uns alle noch was zu essen. Wir wissen ja nicht, was uns erwartet."

Alle Fenster wurden, wie auch schon während des Krieges an allen anderen Orten, verdunkelt. Es sollte von außen nichts bemerkt werden. Licht gab es ja keines und so saßen die Hauswirtin und meine Mutter vor dem offenen Ofentürchen. Das Feuer im Ofen leuchtete ihnen beim Kartoffelschälen. Die Kartoffeln wurden dann noch gekocht und zu Kartoffelsalat verarbeitet. Bevor es dann weiter ging, gab es noch mal was Vernünftiges zu essen.

In der Frühe des nächsten Tages mussten dann alle wie angekündigt auf die Straße. Dies betraf auch alle deutschen Bewohner des Dorfes, in dem wir uns vorübergehend aufgehalten hatten. Es waren nicht mehr allzu viele. Manche hatten noch ein Pferdegespann dabei, andere nur einen kleinen Leiter- oder Kinderwagen oder ein Fahrrad mit Hartgummibereifung.

Ein Kommando der Tschechen trieb uns im Ort zusammen. Wie eine Herde von Tieren zogen wir von dannen. Die Vertreibung ging in Richtung der sowjetischen Besatzungszone, der späteren Deutschen Demokratischen Republik, den heutigen neuen Bundesländern, bis zur Neiße.

Eigentlich hätten uns die Polen auf dem direkten und kürzeren Weg dahin vertreiben können, nämlich von Schlesien nach Sachsen, also von Osten (Liegnitz) nach Westen (Görlitz), ohne noch mal über das im Süden liegende Sudetenland zu müssen. Warum sie es nicht taten, lässt sich nur erahnen. Vielleicht wollten sie, dass wir die hasserfüllte Einstellung der Tschechen zu uns Deutschen auch noch zu spüren bekämen.

Unterwegs zerbrach einer Frau ein Rad von ihrem Handwagen, auf den sie ein paar Säcke aufgeladen hatte. Zwei Säcke, davon einer mit ihren Federbetten, ließ sie zurück im Straßengraben. Die Schwiegermutter unserer Nachbarin, eine hochbetagte Frau, hatte am Tag vor dem Abtransport noch die Blaubeeren gekocht, die wir die letzten Tage im Wald gesucht hatten. Nachdem wir nicht viel zu essen hatten, wollte sie diese natürlich nicht zurücklassen. Unterwegs wurden sie ihr dann doch zu schwer und so landeten sie am Straßenrand. Es tat sehr weh, von dem wenigen Essbaren, was wir noch besaßen, nichts mehr mitnehmen zu können.

Am Nachmittag kamen wir an einer unüberschaubar großen freien Fläche an. Sie war kaum bewachsen und das Gras und die Pflanzen waren von der Sommersonne weitestgehend vertrocknet. Hier standen schon viele Wagengespanne, Kinder- und Leiterwagen, Fahrräder und so manches andere lag ungeordnet und wild herum. Wir erfuhren recht schnell, was los war.

Viele Flüchtlinge waren schon vor uns hier angekommen. Ihnen hatte die tschechische Revolutionsgarde noch das abgenommen, was sie selbst brauchen konnte. Und das war so gut wie alles. Da stand und lag schon in großen Mengen viel Brauchbares herum. Von ihren noch verbleibenden Sachen durften diese Flüchtlinge nur so viel mitnehmen, wie sie selbst zu tragen imstande waren. Alles andere mussten sie zurücklassen.

So erging es auch unserem Ortsbauernführer mit seinem behinderten Sohn, der noch ein Pferdegespann dabei hatte. Sein Wagen war voll beladen. Auch er durfte nur noch mitnehmen, was er tragen konnte. Nachdem sein Sohn, der geistig behindert war, noch mal zu den Tieren wollte, er hatte die Pferde sehr gern, wurde er von einem uniformierten Tschechen mit der Peitsche weggejagt. Das anzusehen, war schon erschütternd und für den Vater sicher auch sehr schmerzhaft.

Am Ende der freien Flur war eine Holzbrücke; sie führte über die Neiße. Dort mussten wir mit unserer wenigen Habe, die wir noch hatten, hin. Es war ein Notübergang in die sowjetische Besatzungszone. Am Flussufer stauten sich schon Massen an Menschen. Die sowjetischen Besatzungseinheiten am Westufer ließen die Kolonnen nur zögernd in die sowjetische Besatzungszone.

Wir sahen: Noch etwas rüstige Männer sowie Mädchen und junge Frauen wurden hier auf tschechischer Seite zurückgehalten. Wie wir erfuhren, sollten sie angeblich die abgenommenen Sachen ordnen und für den Abtransport fertig machen.

Nachts, so erzählte man uns, seien immer wieder Menschen, die von den Tschechen festgehalten worden waren, aus Verzweiflung über die Neiße geschwommen, um den Tschechen und ihrer Willkür zu entkommen. Manche seien dabei auch ertrunken.

Tatsächlich, so wurde uns später bekannt, gab es einen geheimen Befehl des sowjetischen Verteidigungskommandos, dass alle Deutschen, die im arbeitsfähigen Alter waren und die Grenzstellen Richtung Westen erreichten, als Zwangsarbeiter in die Sowjetunion kommen sollten.

Unsere Gruppe blieb nicht verschont. Hilde, das Dienstmädchen von Teubers, musste zurückbleiben. Da half kein Bitten, kein Flehen und kein Weinen. Die anderen von uns ließen sie auf die Brücke. Nach langem Warten sind wir dann drüben angekommen.

Jetzt waren wir in Sachsen auf sowjetisch besetztem Gebiet. Wir wurden zu einem nahegelegenen Haus beordert und mussten uns dort in Reih und Glied aufstellen. An einem Fenster bekam nun jeder einen Passierschein ausgehändigt. Wenn jemand nicht wusste, wo er hin wollte, wurde er von Amtes wegen an einen beliebigen Ort in der Sowjetischen Besatzungszone (SBZ) geschickt.

Die SBZ war entsprechend der Jaltaer Konferenz von den Siegermächten des Zweiten Weltkrieges in vier Zonen eingeteilt worden. Zur SBZ, auch unter Ostzone bekannt, gehörten die mitteldeutschen Länder Sachsen und Thüringen, die Provinz Sachsen-Anhalt, große Teile der Provinz Brandenburg sowie Mecklenburg und Vorpommern. 1949 wurde die SBZ das Staatsgebiet der neu gegründeten Deutschen Demokratischen Republik (DDR).

Berlin wurde 1945 zunächst in drei Sektoren eingeteilt: den der Vereinigten Staaten von Amerika (USA), den von Großbritannien (GB) und den der Sowjetunion. Die USA und GB traten später einen Teil ihrer Zone an Frankreich ab. Diese vier Siegermächte bildeten nun den Alliierten Kontrollrat als seinerzeitige höchste Autorität in Deutschland.

Auf Vorschlag von Herrn Teuber entschieden wir uns bei der Passierscheinausgabe, in Sachsen zu bleiben. Ziel war, wieder nach Großnaundorf zu gehen. Dort waren wir ja bereits drei Wochen nach unserer Flucht im Februar 1945 bis März 1945. Dies kam uns jetzt zugute. Nachdem wir schon einmal dort gewesen waren, wussten wir, die Bauern und Handwerker des Ortes könnten uns sicher gut als Arbeitskräfte brauchen. Wir hofften, dass sie uns auch jetzt wieder aufnehmen würden.

Die Menschen in Sachsen hatten noch ihr Zuhause. Die Häuser und Anwesen waren vom Kriegsgeschehen kaum beschädigt. Es gab kleine Geschäfte mit den notwendigsten Lebensmitteln, aber auch Handwerksbetriebe wie beispielsweise Schuster, Schneider, Schreiner, Sattler und Schmiede. Arbeitskräfte brauchte man auch auf den Bauernhöfen mit stattlicher Tierhaltung und großer Land- und Waldwirtschaft.

Bevor es weiter ging, machten wir Pause auf der Wiese am Straßenrand. Wir hielten erst mal richtig inne und versuchten zu verstehen, was mit uns geschehen war. Richtig gelöst von aller bisherigen Last waren wir nicht. Hilde war festgenommen worden. Das stimmte uns besorgt und traurig. Wir hatten doch so lange Zeit gemeinsam vieles durchgestanden.

Zuletzt nun diese Trennung. Wir beteten zu Gott, dass er Hilde beschütze und wieder zu uns führe. Wir, das waren meine Mutter und ich, Herr und Frau Teuber, Frau Littmann, ihr fünfjähriger Sohn Günther und ihre Schwiegermutter.

Es waren sicherlich 200 Kilometer, die wir bis jetzt gemeinsam hinter uns hatten. Ein Zurück gab es nicht mehr. Das Schicksal wollte es so. Wir waren weit weg von unserem Zuhause in Gassendorf, von Schlesien, unserer Heimat.

Heimat, das waren der Ort und die Landschaft, in die wir hineingeboren worden waren, der Ort, wo die frühesten Erlebnisse stattfanden, die uns in unserer Kindheit und in der Jugend prägten. Heimat war für uns auch dort, wo wir uns zuhause und geborgen fühlten. Jetzt wurde vor allem denen, die älter waren als ich, nach und nach klar, dass sie ihre Heimat, den Ort, aus dem sie vertrieben worden waren, endgültig verloren hatten. Fragen kamen auf!

Würden wir wieder eine Heimat finden? Was würde uns in Großnaundorf in Sachsen erwarten? Würden sie uns wieder aufnehmen?

Wir waren in einer sehr schwierigen Lage, waren körperlich geschwächt, abgemagert, hungrig und durstig und besaßen nur noch das, was wir auf dem Leibe hatten und das, was wir tragen konnten.

Hinzu kam die Ungewissheit, ob mein Vater noch am Leben war. Er fehlte meiner Mutter und mir doch sehr. Er war ab 03. Januar 1943 als vermisst gemeldet. Wir hatten aber immer noch Hoffnung, dass er doch noch lebte und wir uns auch wiedersehen würden. Das half meiner Mutter, diese schwere Zeit durchzustehen und nicht aufzugeben. Nachdem wir uns etwas ausgeruht und unsere Gedanken ausgetauscht hatten, machten wir uns etwas zuversichtlicher auf den Weg.

Die Leute, die noch Mehl dabei hatten, suchten unterwegs Bäcker auf. Dort konnten sie das Mehl umtauschen und bekamen Brot dafür. Wer etwas zu tauschen hatte, der kam schon durch. Wir hatten nichts mehr. Der Hunger quälte vor allem uns Kinder. Als wir an einem Bäckerladen vorbei kamen, nahm meine Mutter mich und den fünfjährigen Nachbarsjungen an die Hand und ging mit uns hinein, um für uns Kinder um eine Scheibe Brot zu betteln.

Das war für meine Mutter ein schwerer Weg und es wurde für sie einer der schwärzesten und schmerzhaftesten Tage in ihrem Leben. Die Bäckersfrau meinte zu meiner Mutter:

„Liebe Frau, ich habe schon viel weggeben, ich kann Ihnen nichts mehr geben", obwohl noch reichlich Brot in den Regalen lag. Meiner Mutter blutete das Herz, als sie mit uns Kindern wieder aus dem Laden rausgehen musste, ohne eine Scheibe Brot für uns bekommen zu haben.

Zwischenzeitlich waren Wolken aufgezogen und es fing an zu regnen. In dem kleinen Dorf, in dem wir waren, entdeckten wir ein unbewohntes Haus. Nachdem wir nicht nur hungrig, sondern auch müde waren, blieben wir hier. In einer Grube im Hof fanden wir Kartoffeln. Frau Littmann hatte noch ein wenig Mehl dabei. Zum Umtauschen gegen Brot beim Bäcker reichte es nicht. Deshalb wurden die Kartoffeln gekocht. Frau Littman knetete daraus mit ihrem Mehl vermengt einen Teig, um etwas Brotähnliches in dem Kachelofen, der in einem der Räume stand, zu backen.

Unsere Sachen, die wir anhatten, waren schon halbe Lumpen. Sie waren kaputt, verschwitzt, nass und schmutzig. In der Nähe des Kachelofens wurde eine Schnur aufgespannt und so konnte unsere Kleidung etwas auslüften und trocknen. Wir schliefen auf dem Fußboden auf Stroh. Die Müdigkeit war so groß, dass wir rasch einschliefen.

Hier blieben wir zwei Tage. Dann ging es, mit unserem Ziel vor Augen und voller Hoffnung, weiter. Bis nach Großnaundorf waren es noch etwa 100 Kilometer. Unterwegs regnete es, mitunter stark und auf freier Strecke. Wir mussten stehen bleiben und uns notdürftig mit einer Plane zudecken. Dann wurde das Wetter wieder freundlicher. Die Sonne meinte es sogar manchmal zu gut. Es war dann so warm, dass man es kaum auf der Straße aushalten konnte.

Einmal nahm uns auf unserer letzten Etappe eine Familie in ihrem Haus für eine Nacht auf. Sie gab uns Kartoffeln, die wir bei ihnen auch kochen durften. Frau Teuber hatte unterwegs Krautblätter gefunden. Diese wurden auch gekocht. Aus beidem zusammen bereitete meine Mutter einen guten Kartoffelsalat. Das war wieder mal ein vorzügliches Essen. Oft gab es nur das, was auf Wiese, Feld und im Wald wild wuchs und essbar erschien. Wichtig war, überhaupt etwas Brauchbares gegen den Hunger und als Magenfüller zu finden.

Unterwegs fragten sich meine Mutter, die Littmans und die Teubers immer wieder, ob die Bauern in Großnaundorf uns wieder aufnehmen würden. Mit dieser Ungewissheit sowie der Angst vor den russischen Soldaten, die hier ja als Besatzungsmacht überall unterwegs waren, führte unser weiterer Weg in Sachsen von einem Ort in der Nähe von Zittau über Bautzen und Pulsnitz nach Großnaundorf.

Voller Hoffnung, aufgenommen zu werden, kamen meine Mutter und ich in den ersten Augusttagen 1945 bei Magers an. Herr und Frau Mager staunten sehr, als sie die Haustür öffneten und uns sahen. Mit uns hatten sie nicht mehr gerechnet. Wir waren ihnen aber in bester Erinnerung geblieben, ließen sie uns wissen. Sofort boten sie uns an, in ihr Haus zu kommen. Sie waren uns gegenüber sehr freundlich und aufgeschlossen. Gleich bekamen wir zu essen und zu trinken. Ohne Vorurteile wurden wir wieder bei ihnen aufgenommen und durften bleiben.

Die Teubers fanden vorübergehende Aufnahme bei Eisolds am Bauernhof gleich neben den Magers. Bei ihnen waren sie ja bereits drei Wochen im Februar 1945 nach der Flucht gewesen. Um eine feste Anstellung bei ihnen zu bekommen, war der Hof jedoch zu klein. Aber sie konnten bei ihnen bleiben, bis sie eine Anstellung als Knecht und Magd bei einem größeren Bauern im Nachbarort Lomnitz bekamen.

Nicht verstehen konnten wir die Littmanns. Sie wollten nicht hier in Sachsen bleiben und zogen weiter, ohne zu wissen wohin. Von ihnen hörten wir nichts mehr. Damit nahm die Vertreibung, die am 24. Juni 1945 begonnen hatte, für meine Mutter und mich nach sieben Wochen ein gutes Ende. Gott sei es gedankt!

Eine schreckliche Bilanz

Die Vertreibung

Im Laufe des Jahres 1946 erfasste die Vertreibung aus Polen etwa 2 Millionen Menschen. Erst die dritte Welle vollzog sich in etwas besser organisierter Form. Nach der Unterbrechung durch den strengen Winter 1946/47 kam sogar noch eine vierte Welle in Gang. Die ca. 500 000 davon Betroffenen waren bis dahin zur Zwangsarbeit in Polen und im sowjetisch besetzten Teil Ostpreußens eingesetzt worden. Die letzte Welle führte zur Räumung der Lager und zur Vertreibung weiterer bisher in Landwirtschaft und Bergbau eingesetzter Deutscher.

Aus der neuen CSSR, dem ehemaligen Sudetenland und der heutigen Tschechei nahmen diese Einzelvertreibungen, wie wir sie auf dem letzten Stück durch die Tschechen vor der sowjetisch besetzten Zone erlebten und erfahren mussten, erst ab dem 19. 01. 1946 ein Ende.

Ab diesem Zeitpunkt verließen, so wie es die Potsdamer Beschlüsse vorsahen, bis zum 27. 11. 1946 insgesamt mehr als 1 000 Eisenbahntransporte mit durchschnittlich jeweils 1 200 Sudetendeutschen ihre Heimatgebiete. Mit einem dieser Transporte wurden auch meine Großeltern und die Halb- und Stiefgeschwister meiner Mutter aus dem Sudetenland ausgesiedelt. Nach November 1946 fanden nur mehr einzelne Transporte, später nur noch Familienzusammenführungen statt.

Von den etwa 3,3 Millionen Sudetendeutschen wurden etwa 2,9 Millionen direkt oder indirekt vertrieben. Nur ca. 200 000 blieben in der neuen CSSR. Etwa 225 000 kamen während der Vertreibung in der Tschechoslowakei um.

Die Zahl der Deutschen, die in Ostdeutschland, Ostmittel- und Südosteuropa durch die Flucht vor der Roten Armee und später durch die von den neuen Machthabern durchgeführte Vertreibung ihre Heimat verloren, beläuft sich auf 12 Millionen; 2 Millionen von ihnen kamen während oder infolge von Flucht und Vertreibung ums Leben.

Nicht zu vergessen sind die über 300 000 Kinder, die durch die Vertreibung nach dem Krieg ihre Eltern und Angehörigen suchten, oder die Kinder, die verschleppt wurden, verschollen sind, und die mehreren Millionen Deutschen, die vornehmlich aus den westlichen Reichsgebieten wegen der alliierten Bombenangriffe evakuiert werden mussten und somit auch aus ihrer Heimat entwurzelt wurden.

Diese Bombardements waren bereits seit Mai 1940 auch auf zivile Ziele ausgedehnt worden. Sie bewirkten bis Kriegsende verheerende Zerstörungen: Etwa 1,35 Millionen Tonnen Bomben hatten die Alliierten auf Deutschland und 650 000 Tonnen auf besetzte Gebiete abgeworfen, davon mehr als die Hälfte auf Städte.

Etwa eine halbe Million Menschen kamen dabei ums Leben. Allein 35 000 bei den Flächenbombardements auf das mit Flüchtlingen überfüllte Dresden im Februar 1945. Ebenso fanden im Februar 1945 bei einem Großangriff auf Berlin 22 000 den Tod. Insgesamt waren 131 deutsche Städte von den gezielten Angriffen betroffen.

Eine schreckliche Bilanz. Sie macht deutlich, welcher Not und welchem Leid diese Menschen, die flüchten mussten oder vertrieben wurden, ausgesetzt waren. Diese Zahlen können jedoch die tatsächlichen Nöte, Sorgen, Ängste, die Trauer und menschenverachtenden und menschenunwürdigen Geschehnisse, die sie ertragen und durchstehen mussten, nicht wiedergeben und verschweigen, welche Kraft, Zuversicht sowie Entschlossenheit und welchen Lebenswillen sie dazu gebraucht haben.

Nur die Hoffnung gibt der Gegenwart eine Perspektive, heißt es. Diese Hoffnung half vielen, das aussichtslos Erscheinende in dieser schlimmen Zeit weiter durchzustehen. Vielleicht war auch ich durch mein Dasein für meine Mutter eine Verpflichtung, um nicht aufzugeben.

Stationen nach dem Krieg

Großnaundorf in Sachsen

1945 bis 1952

Unser neues Zuhause nach der Vertreibung aus Schlesien wurde Großnaundorf.

Es war Anfang August 1945, als meine Mutter mit mir in Großnaundorf in Sachsen ankam und wir bei Magers aufgenommen wurden.

Ankunft in Großnaundorf

Frau Mager war eine kleine, schmächtige, sehr gütige, bescheidene, eifrige und sparsame Bäuerin. Alle durften Lenchen zu ihr sagen. Herr Mager hieß Alfred. Er war größer als seine Frau, stark und kräftig, aber nicht übergewichtig. Herr Mager hatte eine sehr angenehme Ausstrahlung, war geduldig, verfügte über eine ruhige Art, war sehr arbeitsam, aber auch streng, fleißig und wie auch seine Frau auf Ordnung und Sauberkeit bedacht.

Wohngebäude der Magers von der Rückseite;
im Hintergrund das Auszugshaus

Die Magers hatten einen großen Bauernhof, eine riesige Flur mit Wiesen und Äckern und besaßen ausgedehnte Wälder mit gesundem Baumbestand und viel Wild.

Das Anwesen war sehr zweckmäßig gebaut. Von der Hauptstraße kommend ging es durch eine breite Einfahrt, die rechts und links von hohen Linden begrenzt war, in einen großen quadratisch angelegten Hof. Dieser war an den vorderen beiden Seiten umgeben von Blumen- und Gemüsegärten.

An der linken Seite stand vorne das Wohngebäude der Magers, ein zweigeschossiges Wohnhaus. Im Erdgeschoss befanden sich eine große Wohnküche, ein gemütlicher Wohnraum mit Kachelofen und mehrere Nebenräume, beispielsweise eine Milchküche, in der gebuttert, Buttermilch und Quark herge-stellt wurden. Ein schönes, bis zur Decke gefliestes Bad befand sich im Keller. Die Schlafräume lagen im Obergeschoss. Hier bekamen meine Mutter und ich ein großes, freundliches und helles Zimmer mit zwei Betten, einem Kleiderschrank, einem Tisch mit zwei Stühlen und mit einem kleinen Kachelofen.

Lenchen und
Alfred Mager

An dieses Wohngebäude waren die Stallungen für etwa zwanzig Schweine, fünfzehn Kühe, einige Kälber, Rinder und zwei Bullen angebaut. Dahinter lagen ein Gebäude für die Grünfutterzufuhr und die Strohtenne. In dieser befanden sich auch die Ställe für etwa zwanzig Hasen, einige Meerschweinchen, zahlreiche Hühner mit den dazugehörigen Nestern für das Legen der Eier, einen Hahn sowie für Enten und Gänse.

An der rechten Seite der Hofeinfahrt schloss sich an den Garten auch ein einstöckiges Wohngebäude an, das sogenannte Auszugshaus. In ihm wohnten zwei Familien.

An dieses Auszugshaus grenzten Garagen für Bulldozer und Maschinen sowie der Stall für vier bis fünf Pferde. Gegenüber der Hofeinfahrt lagen eine zweigeschossige Scheune mit einer großen Tenne für Heu und Stroh, die Getreidemühle und etliche Nebenräume, die die links- und rechtsliegenden Bauten miteinander verbanden. Die Gebäude des Bauernhofes ergaben somit eine U-Form. In diesem Verbindungsbau, der Scheune, befand sich eine Durchfahrt zu den Ländereien, die direkt an das Rückgebäude anschlossen. Von hier aus ging es über eine große freitragende Rampe, unter der alle landwirtschaftlichen Hilfsgeräte wie beispielsweise Pflüge und Eggen verstaut wurden, zu den Heu-, Stroh- und Getreidelagerräumen im Obergeschoss der Scheune.

Alles war sehr sauber und in gutem Zustand. Die Magers hatten gesundes und gepflegtes Vieh und für die damalige Zeit einen modernen und gut erhaltenen Maschinenpark. Magers Bauernhof gehörte zu den größten landwirtschaftlichen Anwesen in Großnaundorf.

Großnaundorf liegt in einer Niederung am Fuße des Keulenberges. Dessen Kamm ist an der höchsten Stelle 413 Meter hoch und bildet die Nordgrenze der Großnaundorfer Flur. Das Dorf selbst liegt etwa 200 Meter über dem Meeresspiegel.

Großnaundorf war ein etwas langgezogener Ort. Er bestand zu einem Drittel aus landwirtschaftlichen Gebäuden und zu zwei Dritteln aus anderen Häusern. Er hatte eine eigene Gemeindeverwaltung, eine evangelisch-lutherische Kirche mit Friedhof sowie eine Volksschule, ein Freibad und viele handwerkliche Betriebe. In der Gemeinde wohnten seinerzeit etwa 400 Personen. Sie gehörten fast ausschließlich der evangelisch-lutherischen Konfession an.

Neben den Bauern waren unter den Einwohnern unter anderem die Berufsgruppen Maurer, Tischler, Schlosser, Steinarbeiter, Bäcker, Zimmerleute, Dachdecker, Klempner, Schmiede, Fleischer, Handweber, Textilarbeiter, Elektriker, Maler, Lehrer, Kaufleute und Händler vertreten. Die Menschen hier arbeiteten bei den ortsansässigen Landwirten als Knechte und Mägde, in Handwerksbetrieben am Ort oder in der näheren Umgebung.

Dass der Name des Ortes so viel bedeutet wie „Neudorf", ist angeblich absolut sicher, nachdem man im Volksmund nicht Naundorf, sondern Neundorf sagte. Der Name geht wohl auf Nuwendorff, Nawendorff und Neuendorff zurück. Das heutige Großnaundorf wurde urkundlich erstmals 1309 erwähnt.

Ich durfte Kind sein

Hier bei Magers in Großnaundorf waren wir nach unserem Aufenthalt im Februar 1945 gerne wieder aufgenommen worden. Seitdem hatte sich politisch doch einiges verändert. An dem Tag, als wir nun ankamen, waren sehr viele russische Soldaten im Ort. Auch auf dem Hof hatten sie sich niedergelassen. Es herrschten große Ängste unter der Bevölkerung. Die Russen nahmen sich alles, was sie brauchten und was sie haben wollten. Als kleiner Knirps war mir das alles nicht so bewusst. Ich fühlte mich trotzdem in meiner neuen Umgebung und bei Magers rasch heimisch, vertraut und angenommen.

Viel dazu beigetragen hat Herr Mager. Nach Herrn Teuber und Herrn Jungfer war er für mich auch eine Art Vaterersatz. Er schloss mich schnell in sein Herz. Das tat mir gut. Ich durfte Onkel Mager zu ihm sagen und mochte ihn sehr. Auf dem ganzen Anwesen war es mir erlaubt, mich frei und ungezwungen zu bewegen. Da gab es keine Langeweile. Es gab viele Spielmöglichkeiten und immer wieder etwas Neues zu entdecken. Da waren auch noch einige Kinder in meinem Alter in der Nachbarschaft.

Mein bester Freund war Klaus. Er wohnte mit seinen Eltern und seiner Schwester in einem Haus nicht weit von uns. Klaus war ein Jahr jünger als ich und etwas kleiner. Wir verstanden uns prächtig. Streit kannten wir nicht. Wir waren sehr oft beim Spielen zusammen. Meist bei uns. Hier hatten wir viel Platz und Abwechslung. Bedenkenlos konnten wir auf dem großen Hof Ball spielen, durch die Ställe tollen, von der Wiese hinterm Haus Löwenzahn holen und die Hasen füttern. Im Schuppen und in der Scheune hatten wir die Aufgabe, wenn wir es wollten, in den Legenestern der Hühner, die sich an den verschiedensten Stellen befanden, die Eier zu suchen, die die frei laufenden Hühner gelegt hatten. Aber auch auf den Maschinen im Geräteschuppen konnten wir uns zu schaffen machen und zum Beispiel Bulldozer fahren spielen. Wir durften auch mit Schaufel und Hacke buddeln und uns beschäftigen, dort, wo freies Erdreich war, oder uns mit Brettern Freisitze und kleine Hütten bauen.

Zusammen mit
meinem Freund Klaus
bei Magers im Hof

Was uns nicht erlaubt war, war das Zuschauen, wenn die Kühe vom Bullen oder Pferde von Hengsten gedeckt wurden. Dies geschah in einem dafür gebauten Stand im Freien. Und wie das so ist, was verboten ist, reizt bekanntlich am meisten. Wir hatten dann immer den größten Spaß, nicht nur am Zusehen, sondern auch daran, dass uns niemand bemerkt hatte. So schlichen wir uns auf eine höher gelegene Rampe oder die Tenne in der Scheune, konnten von oben alles beobachten und hatten unser Vergnügen.

Nachdem wir mit den Tieren auf dem Bauernhof aufwuchsen, wussten wir natürlich auch, wie die andern Tiere ihren Nachwuchs bekamen. Wir machten uns da keine großen Gedanken und konnten miterleben, wenn die kleinen Kälbchen, Fohlen oder Ferkelchen auf die Welt kamen. Viel Freude hatten wir auch mit den jungen Kätzchen oder mit den Hasen, wenn sie in ihrem Stall für den Nachwuchs Nester bauten und dann die neugeborenen Häschen heranwuchsen. So war es auch mit Küken bei den Hühnern, den Enten, Gänsen oder Tauben.

Herr Mager nahm mich auch mit, wenn es mit den Pferden oder dem Bulldozer aufs Feld zum Ackern, Säen und Ernten oder in den Wald ging. Wenn ich Lust hatte, durfte ich auch beim Füttern der Tiere mithelfen oder bei der Stallarbeit und beim Kühemelken dabei sein. Oft war meine Mutter auch in der Nähe. Sie arbeitete ja auf dem Hof mit. Für Stallarbeit wurde sie grundsätzlich nicht eingeteilt. Nur dann, wenn mal Not am Mann war.

Es gefiel mir auch, wenn ich mit Tante Lenchen, Frau Mager, zusammen war. Sie zeigte mir, wie gebuttert und Buttermilch gemacht wurde. Die gab es dann auch immer gleich zum Probieren. Das war was Feines, so richtig frisch, mit kleinen Butterrestchen drin. Die gewonnenen Butterstücke wurden in sehr dekorativen Holzformen zu kleinen eckigen oder runden Kunstwerken gepresst. Da bekam ich dann auch mal ein gutes Butterbrot außerhalb der festen Mahlzeiten. Gebuttert wurde über eine Zentrifuge, das war eine Schleuder mit einem rotierenden Trommelsieb.

In Erinnerung geblieben ist mir auch Edith. Sie war ein hübsches Mädchen mit blonden Haaren und wohnte mit ihren Eltern im Auszugshaus von Magers. Geboren wurde sie etwa in der Zeit, als ich eingeschult wurde.

Wir verstanden uns trotz des Altersunterschiedes prächtig. Für mich war sie wie eine kleine Schwester, zumal meine Mutter und ich ja später, wie ich bereits ausgeführt habe, bei ihnen im Auszugshaus wohnten. Sie hatte zwei Puppen, mit denen sie gerne spielte. Ich dagegen beschäftigte mich lieber mit meinem Pferdestall aus Holz den dazugehörigen Tieren. Wenn Klaus und ich Ball spielten oder wir im Winter zum Skifahren gingen, war Edith immer gern dabei. Womit wir auch gerne spielten, waren die Tiere, die wir uns aus den landwirtschaftlichen Zeitungen von Magers ausschneiden durften. Sie wurden mit Mehlkleister auf Karton aufgeklebt und nach unten umgeknickt. Dadurch konnten sie stehen. Kleine Schachteln wurden zu Ställen und Scheunen umfunktioniert und so hatten wir die schönsten Bauernhöfe. Außer selbst gebastelten Sachen gab es nur wenig Spielzeug.

Mit Edith
beim Spielen
auf dem Hof
bei Magers

Gut verstanden habe ich mich auch mit Anita vom Nachbarhaus auf der gegenüberliegenden Straßenseite. Sie hatte ein
sehr lebendiges Wesen und war im Alter zwischen mir und
Edith. Anita hätte von ihrer Art her auch ein Junge sein können und war lieber mit Buben zusammen als mit Mädchen.
Gerne war ich auch bei ihr zu Hause. Der Grund dafür war:
Sie hatte viele gekaufte und wertvolle Spielsachen. Auf dem
Dachboden standen unter anderem eine große Modelleisen-
bahn, ein aufstellbares Theater mit Kulissen und dem Kas-
perl, der Gretel, der bösen Hexe und vielen anderen Spielfi-
guren. Es war immer ein Erlebnis, wenn ich dort sein und mit
Anita spielen durfte. Dann hatten sie auch noch ein schönes

Winterspaß bei Magers im Hof; mit dabei Edith und Anita

Auf geht es mit meiner Mutter zur Ski- und Schlittenfahrt.

großes Gartenhaus in einem riesigen Garten. Da konnte man sich auch so richtig austoben.

Einmal waren wir so ins Spielen vertieft und hatten gar nicht gemerkt, dass es schon dunkel geworden war. Wenn es dunkel wurde, musste ich immer daheim sein. Da war meine Mutter sehr streng. Es wurde bei Magers auch pünktlich gegessen. Folglich kam ich an diesem Tag zu spät nach Hause. Die Magers hatten schon zu Abend gegessen. Alles war auch schon aufgeräumt.

Nach jedem Hauptessen, also auch abends, gab es warme Mehlsuppe. Da war auch immer welche übrig. Lenchen, Frau Mager, hätte schon für mich eine Ausnahme gemacht und mir noch was zubereitet. Meine Mutter erlaubte dies jedoch nicht. Ich musste hungrig ins Bett. Sie befürchtete, dass darüber gesprochen würde, wenn wir uns nicht an die vorgegebene Ordnung hielten, andere es aber tun mussten.

In diesem Zusammenhang erinnere ich mich an ein Mittagessen. Vielleicht war es sogar am darauf folgenden Tag gewesen. Hungrig war ich auf jeden Fall. Von den Hauptspeisen, zum Beispiel Fleisch, gab es für jeden eine gleich große Portion. Bei Salaten, Kompott usw., natürlich auch Mehlsuppe, wurde meist mehr zubereitet. Als ich mein Hauptessen weggegessen hatte, war ich noch nicht richtig satt. Auf dem Tisch standen Apfelstückchen als Kompott, und darauf hatte ich so richtig Appetit. Deshalb ließ ich mir meinen Teller voll machen. Nach dem ersten Versuch merkte ich jedoch, es waren keine Äpfel, sondern es war Sellerie. Damit hatte ich nun absolut nicht gerechnet, und so viel davon zu essen, war auf gar keinen Fall nach meinem Geschmack.

Was nun geschah, empfand ich als sehr brutal. Ich musste meinen Teller mit Sellerie leer essen, darauf bestand meine Mutter. Wer zuerst nicht genug bekommt, muss dann auch aufessen, war ihre Devise. Das war einer meiner längsten Nachmittage.

Ich saß allein und ganz verlassen an dem großen Tisch. Es müssen Stunden vergangen sein, bis ich fertig war. Fertig war ich im wahrsten Sinne des Wortes. Sellerie schaute ich über ein Jahrzehnt nicht mehr an, von essen ganz zu schweigen.

Tagsüber war ich oft auf mich allein gestellt, nämlich immer dann, wenn meine Mutter mit aufs Feld musste. Und das war zeitweise jeden Tag der Fall. Ich war dann mit anderen Kindern zusammen oder bei Magers. Herr Mager nahm mich, wenn er mit seinem Fuhrwerk unterwegs war, auch meistens mit. Ich wäre vielleicht einmal ein ganz guter Landwirt geworden. Die Arbeit auf dem Hof machte mir Freude. Ich spielte oft mit den anderen Kindern, als wären wir die Bauernfamilie. Meine Mutter musste mir zwei Zuggespanne aus breiten Stoffbändern nähen, so wie sie den Pferden umgehängt wurden. Die bekamen zwei von uns Kindern umgehängt. Sie waren in unserem Spiel dann die Pferde.

Magers hatten einen kleinen Handwagen, den wir auch benutzen durften. Der war noch geeigneter. Neben der Deichsel waren zwei Waagscheite für uns angebracht, an die dann die

Zuggeschirre angehängt werden konnten. Dann ging es hinaus auf das Feld. Damit haben wir dann auch Kartoffeln, Getreide und Heu aufgeladen und heimgefahren. Oder es wurde Gras geholt, um die kleineren Tiere wie Stallhasen anschließend zu füttern. Im Grunde genommen spielten wir die Arbeit der Großen nach.

Unser Leben seinerzeit

Ab August 1945 verdiente meine Mutter den Lebensunterhalt für uns beide auf dem Bauernhof der Familie Mager durch Hof- und Feldarbeit. Es war körperlich schwere Arbeit, meist nur im Freien, und das bei jedem Wetter. Hier arbeitete sie zunächst ohne Lohn für das tägliche Essen, Trinken und Wohnen.

Schon morgens früh bei Sonnenaufgang wurde aufgestanden. Wenn die Jahreszeit keine andere Arbeit vorsah, ging es hinaus auf die Äcker zum Steine auflesen. In Körben wurden sie zusammengetragen und anschließend auf den Feldwegen verteilt. Während der Getreideerntezeit fand die Hauptarbeit auf dem Feld statt. Wenn das Getreide mit der Hand gemäht wurde, musste meine Mutter es nach dem Mähen zusammenraffen und zusammenbinden. Dann hieß es auch aufladen. Immer zwei Garben mussten mit der Gabel auf einmal genommen werden. Beim Hafer bestand eine aufgestellte Getreidepuppe aus acht Garben. Diese mussten alle auf einmal mit der Gabel angestochen und aufgeladen werden. Besonders anstrengend war es, wenn der Wind ging, denn dann kam zum Gewicht noch die Schwierigkeit, das Gleichgewicht zu halten.

Auch während der Heuernte ging es flott zu. Dann wurde, wenn es das Wetter erlaubte, auch an Sonntagen gearbeitet. Der Pfarrer gab dazu in der Kirche von der Kanzel seinen Segen und seine Zustimmung. Was die schwere Arbeit auf dem Feld etwas auflockerte und worauf sich ein jeder freute, war die gute Brotzeit. Einige Kannen Tee, aus eigenem Anbau zubereitet, selbst gebackenes Brot, hausgemachte Butter und eingemachte Wust standen immer bereit.

Das Korn war das längste Getreide. Es wurde auf der Tenne noch mit dem Dreschschlegel gedroschen. Für das andere Getreide hatten die Magers eine Maschine. Die Aufgabe meiner Mutter war, die Garben aufzubinden und auf den Dreschtisch zu legen. Danach waren am Dreschvorgang noch zwei Personen im Einsatz.

Von den Magers wurde auch Raps angebaut und im Winter zu Rapsöl verarbeitet. Das erfolgte auf die einfachste Weise, indem die Saat auf einem Brett durch zwei Eisenstäbe in kleinen Mengen durchgerissen wurde.

Im Winter gab es jedoch auch viel zu tun. Nachmittags, wenn nichts anderes anstand, mussten von den geschlachteten Gänsen die Federn geschlissen werden. Magers hatten auch eine kleine Schafherde. Die Schafe wurden zweimal im Jahr geschoren, und während der Wintermonate galt es dann, das Schaffell zu Wolle zu spinnen. Die Arbeiten auf dem Hof waren so organisiert, dass zu allen Jahreszeiten etwas zu tun war.

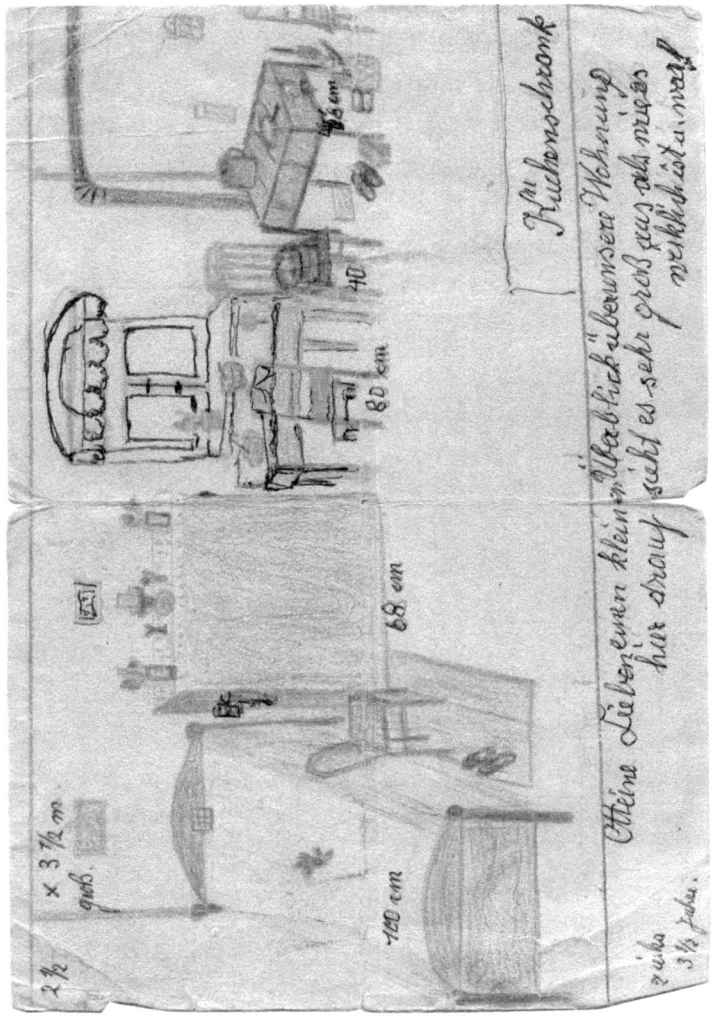

Skizze von unserem Zimmer im Auszugshaus

1947 veränderten sich unsere Lebensumstände. Magers brauchten nun unser bisheriges Zimmer für ihre Adoptivtochter. Das konnten wir auch gut verstehen. Es war ja ihre Tochter, die zwischenzeitlich erwachsen geworden war. Es lag nahe, dass sie ihre Interessen berücksichtigen mussten. Wir mussten nach etwa zwei Jahren aus dem Wohnhaus des Bauern in einen winzigen Raum im Auszugshaus umziehen.

Auszugshaus-Rückseite mit Blick aus unserem Zimmer –
Fenster oben in der Mitte

Unsere neue Unterkunft war nur zweieinhalb mal drei Meter groß. Links neben der Tür stand ein Bett, an der Wand hing ein Kleiderrechen. Die linke Wand war damit schon ausgefüllt. Neben der Tür auf der rechten Seite stand ein schmaler Küchenschrank und daneben ein kleiner eiserner Kohleherd. In der vom Eingang gesehen gegenüberliegenden Wand war ein

Fenster. Davor standen ein kleiner Tisch, 80 cm x 80 cm groß, und zwei Stühle. Daneben war gerade noch Platz für eine hochgestellte Wäschetruhe, die wir als Kleiderschrank benutzten.

Nun musste meine Mutter selbst für unseren Lebensunterhalt sorgen. Glückliche Umstände verhalfen meiner Mutter zu einer stundenweisen Beschäftigung als Hilfskraft in einer Stellmacherei in Großnaundorf. Zum Leben reichte es so recht und schlecht.

Im Herbst durften die Flüchtlinge, also auch wir, auf den Feldern Ähren von Getreide nachlesen und die Körner beim Bäcker gegen Mehl und Brot eintauschen. Auch auf den abgeernteten Kartoffelfeldern konnten wir nach zurückgebliebenen Kartoffeln im Acker suchen und diese für den Winter einlagern.

Von den Bäumen (u. a. Linden, Holunder) und auf den Wiesen (u. a. Kamille, Brennnessel) wurden Blüten und Blätter gepflückt bzw. gesammelt, danach getrocknet und für das kommende Jahr für die Teezubereitung verwendet. Es ging auch mit dem Leiterwägelchen hinaus in den Wald zum Tannen- und Kiefernzapfen- sowie Kleinholzsammeln, zum Heizen für den Winter und zum Kochen.

Ich hatte immer das Gefühl, dass Herr Mager mich nach wie vor mochte. Aber der Platz in ihrem Haus reichte nun doch nicht mehr aus. Sie konnten keine eigenen Kinder bekommen und so hatten sie sich vor achtzehn Jahren entschlossen, ein Kind zu adoptieren. Die Adoptivtochter war mittlerweile zwanzig geworden. Deshalb dürfte es ihr lieber geworden sein, mich und meine Mutter nicht mehr bei sich und ihren Eltern im Haus zu haben.

Als Bub mit fast fünf Jahren hatte man schon ein Gefühl dafür. Sie schimpfte immer wieder über meine Mutter, beispielsweise wenn sie sich mit den beiden Mägden, die Magers noch hatten, unterhielt. Angeblich würden sie dann über sie reden. Oder es passte ihr nicht mehr, wenn wir mit bei ihnen am Tisch saßen. Wir gehörten ja nicht zu ihrer Familie. Das nahm dann noch zu, als sie einen festen Freund kennengelernt hatte. Er war ein ganz patenter Kerl. Ihn störte unsere Anwesenheit überhaupt nicht.

Nachdem sie dann geheiratet hatten, führte es schließlich dazu, dass meine Mutter und ich Mitte 1954 ins Auszugshaus umziehen mussten. Natürlich hatte das zur Folge, dass meine Mutter auch nicht mehr bei Magers auf dem Hof mithelfen durfte. Wir wohnten jetzt im Auszugshaus mit anderen Mietern zusammen. Die gingen ihrer Arbeit nach und gehörten nicht zum Hofpersonal.

Meine Mutter arbeitete primär für unser Dasein. Das war das, was man den Flüchtlingen beim Bauern zubilligte. Sie für ihre Arbeit besonders zu entlohnen, war nicht üblich. Auf jeden Fall waren wir durch ihre Arbeit, wenn auch mit einem geringen Lohn, krankenversichert. So war es eben. Ich möchte mich darüber auch nicht beschweren. Meine Mutter hat das auch nie getan. Uns war es bis dahin in Anbetracht der damaligen Verhältnisse gut ergangen und wir waren auch zufrieden. Wahrscheinlich hat meine Mutter, wenn besondere Arbeit anstand, auch mal ein paar Mark von den Magers geschenkt bekommen. Das weiß ich nicht so genau. Ganz ohne Geld konnte man auch bei freier Kost und Unterkunft nicht leben. Nachdem meine Mutter bereits verstorben ist, kann ich sie dazu und zu manch anderem noch Wissenswertem im Nachhinein nicht mehr fragen.

Wir mussten uns nun um uns selbst kümmern und sehen, wie wir durchkamen. Die Magers schickten uns nicht ganz weg. Sie schätzten meine Mutter und wussten, was für eine zuverlässige, fleißige und ordentliche Arbeitskraft sie an ihr in den vergangenen zwei Jahren gehabt hatten. Außerdem verspürte ich, dass mich die Magers nach wie vor wie ihren eigenen Sohn mochten. Herr Mager meinte uns gegenüber, dass er die Beiträge zur Krankenversicherung, wenn wir weiter bei ihnen im Haus geblieben wären und meine Mutter für Essen und Wohnen gearbeitet hätte, nicht mehr für uns hätte bezahlen können. Deshalb habe er so handeln müssen.

Für mich war es eine gewaltige Umstellung, nicht mehr direkt bei Magers im Haus sein zu können. Wir waren doch bisher wie eine Familie gewesen. Über zwei Jahre hatten wir bei ihnen im Haus gewohnt, am Tisch mitgegessen, ihr schönes Bad benutzt, gehörten mit zu ihnen, waren dort ein- und ausgegangen, als wären wir bei ihnen daheim gewesen.

Das alles war natürlich auch für meine Mutter eine einschneidende Veränderung. Es schmerzte, kostete Kraft und war eigentlich diskriminierend, in eine kleine Kammer abgeschoben zu werden und keine Arbeit mehr zu haben. Diejenigen, die nicht über die tatsächlichen Gründe Bescheid wussten, hätten den Eindruck bekommen können, wir hätten uns etwas zuschulden kommen lassen. Erfreulich war, dass sich Magers anderen gegenüber diesbezüglich so äußerten, wie es wirklich gewesen war. Im Nachhinein betrachtet hatte es auch etwas Gutes. Wir wurden unabhängig und eigenständig. „Jeder Nachteil hat auch einen Vorteil", heißt es.

Das traf auch für uns zu. War es auch beengt und momentan noch so enttäuschend und trostlos, es war aber der Anfang in eine Eigenständigkeit. Wir waren jetzt für uns, hatten einen eigenen Bereich, unseren eigenen Hausstand: einen kleinen Tisch und drei Stühle, einer war zum Abstellen des Trinkwassers bestimmt und darunter stand der Abfalleimer. Dann hatten wir noch ein Bett, 90 cm mal 190 cm für uns beide, und eine hochgestellte Kommode als Kleider- und Wäscheschrank sowie einen kleinen eisernen Herd. Das war nun unser eigenes Reich, und war es noch so klein. Hier waren wir daheim, konnten uns bewegen, ohne Angst haben zu müssen, es könnte jemanden stören. Es konnte jedermann, der uns besuchen wollte, kommen, und wir konnten kommen und gehen, wie wir wollten. Jetzt hieß es aber auch, sich selbst zu versorgen, sich um so manches selbst zu kümmern, was wir bisher nicht hatten machen müssen.

Das bedeutete für meine Mutter unter anderem, sich selbst um Lebensmittel und unser Auskommen zu sorgen. Ohne Entgelt durch Arbeit meiner Mutter war das, was wir an Geld hatten, zum Leben zu wenig. Bisher hatte meine Mutter für mich an staatlicher Unterstützung dreißig Mark im Monat bekommen.

Jetzt, nachdem meine Mutter nicht mehr beim Bauern für Kost und Logis arbeitete, erhielt sie fünfzig Mark im Monat für mich. Damit mussten wir auskommen. Die Möbel waren geschenke und gebrauchte Sachen. Den kleinen Herd beispielsweise hatte Herr Mager auf seine Kosten von einem Mann im Dorf zusammenschweißen lassen. Und für das kleine Zimmer brauchten wir nichts an ihn zu bezahlen. Das war schon eine große Hilfe. Wir hatten ein Dach über dem Kopf und wussten, hier waren wir daheim. Trotzdem war dieser Neuanfang für uns sehr armselig und bescheiden. Aber es war ein Anfang, den wir, wenn alles so geblieben wäre wie es vorher war, nicht gehabt hätten.

So bekamen wir beispielsweise im Jahr maximal einen halben Ster Holz und zwei Zentner Brikett zu kaufen. Was wir sonst noch zum Heizen brauchten, mussten wir uns selbst im Wald zusammensuchen. Die Wälder waren alle wie leer gefegt. Die Bäume hatten nur selten noch ein trockenes Ästchen. Von einem Ast, der von unten erreichbar gewesen wäre, gar nicht zu reden. Auf den Waldböden war auch kaum Reisig zu finden.

Meine Mutter war immer mit ihrer Freundin, Frau Schubert, ebenfalls einer alleinstehenden Frau, unterwegs, um Holz, Reisig oder Tannen- und Kiefernzapfen (Putzeln) im Wald zu holen. Sie hatte eine lange Stange mit einem Reißhaken dabei. Damit gelang es doch, den einen oder anderen höheren trockenen Ast von einem Baum abzureißen. Meine Mutter hat das auch versucht, aber es war ihr zu schwer. Frau Schubert war auch nicht wesentlich größer als meine Mutter, aber sie jonglierte mit der Stange, die sie auf ihrem Oberkörper aufsetzte. Es war für sie auch ganz schön schwer, das Gleichgewicht zu halten.

Ein Erfolgserlebnis war es immer, wenn es ihr gelang, einen etwas stärkeren Ast vom Baum abzureißen. Manchmal war ich auch dabei. Meine Mutter und ich begnügten uns mit den Reisigästchen und Putzeln, die wir auf dem Boden fanden.

Im Wald war es nicht ungefährlich, überhaupt für Frauen. Die Angst, von russischen Soldaten überfallen zu werden, war sehr groß und verfolgte meine Mutter und Frau Schubert immer, wenn sie im Wald waren. Deshalb nahmen sie mich, weil etwas hätte passieren können, auch nur selten mit. Wenn der Herbst kam, fielen die trockenen Zapfen von den Kiefer-bäumen. Zu dieser Jahreszeit hieß es auch für mich im Wald Putzeln sammeln gehen. Das war etwas, was mir durchaus auch Spaß machte. Da sah man rasch den Erfolg seiner Arbeit. In Kartoffelsäcken wurden sie nach Hause transportiert. Unter-wegs waren wir mit einem Leiterwagen von Frau Schubert. Erst später hatten wir auch einen eigenen.

Frau Schubert und meine Mutter mit ihren Leiterwägen nach dem Holzsammeln im Wald

Den Leiterwagen hatte meine Mutter in einer Stellmacherei, einem kleinen Familienbetrieb in Großnaundorf, gekauft. Dieser Anlass führte, nachdem gerade viel Arbeit anstand, dazu, dass meine Mutter stundenweise in der Stellmacherei eingestellt wurde. Sie fertigten dort überwiegend Rodelschlitten und Skier. Die Hauptaufgabe meiner Mutter war, mit Glasscherben Verzierungen in die Skier einzuziehen und sie zu polieren. Sie verdiente 70 Pfennig in der Stunde. Als Vergleich: Ein Kilogramm Butter kostete zu dieser Zeit zehn Deutsche Mark.

Dieser Betrieb gehörte einer für seinerzeitige Verhältnisse wohlhabenden Familie. Sie wohnte in einem eigenen Haus mit angebauter Werkstatt. Ihre Wohnung war vornehm eingerichtet. Geldsorgen kannte sie nicht. Sie hatte eine gut erzogene zehnjährige Tochter. Die Mutter war früher an der französischen Grenze in der seinerzeitigen Bundesrepublik Deutschland zu Hause gewesen. Dort stand auch das Elternhaus, in dem ihre Geschwister wohnten.

Mindestens einmal, und zwar im Herbst zur Weinlese, fuhr die Mutter mit ihrer Tochter für mehrere Wochen in den „Goldenen Westen". Sie besaß hier eigene Weinberge. Das führte dazu, dass sie meine Mutter bat, als sie einige Zeit bei ihnen gearbeitet hatte, sich während ihrer Abwesenheit etwas um ihren Haushalt zu kümmern, für ihren Mann mal was zu kochen, die Wäsche zu waschen, die Hühner zu versorgen usw.

Das war schon ein großer Vertrauensbeweis, den sie meiner Mutter und mir, denn ich war ja auch hin und wieder mit dort, entgegenbrachte. Wir bekamen auch immer wieder Holzabfälle.

Die mühselige Arbeit wie früher, im Wald Holz zu sammeln, war dadurch nicht mehr so oft erforderlich.

Was aber blieb, war das Blaubeerenpflücken in den Sommermonaten. Zusammen mit Frau Schubert ging meine Mutter in der Früh um halb fünf in den Wald. Bis zur Mittagszeit mussten sie wieder zu Hause sein. Dann wurden nämlich die Beeren von den mit aufgenommenen Blättern gereinigt. Der volle Zehn-Liter-Eimer kam in den Rucksack, und mit dem Fahrrad ging es dann wieder sieben Kilometer durch den Wald über Lomnitz nach Ottendorf. Hier gab es ein Geschäft, das die Beeren abkaufte, wenn sie noch am Tag des Pflückens bis nachmittags um drei angeliefert wurden. Reich konnten wir dadurch nicht werden. Wichtig war nur, etwas Geld zu verdienen. Die Zeit, die man dazu brauchte, war unwesentlich.

Ich war mittlerweile eingeschult worden und musste darauf achten, pünktlich aus dem Haus zu kommen. Das Aufstehen machte mir keine Schwierigkeiten. Ausgeschlafen hatte ich immer. Abends gingen wir ja „mit den Hühnern ins Bett", wie man so schön sagt, wenn man früh schlafen geht.

Wir Kinder kannten uns auch alle recht gut. Entweder vom Kindergarten oder einfach so durch die Dorfgemeinschaft. Manchmal bekam ich es schon zu spüren, ein Flüchtlingskind bzw. ärmeres Kind zu sein. Meine Kleidung beispielsweise war zwar immer sauber, aber ganz einfach, und viel zu wechseln hatte ich nicht. Lange Hosen besaß ich zum Beispiel keine. Das Geld für Stoff und Nähen durch den Schneider reichte nur für kurze Hosen. Im Winter wurden stattdessen zusätzlich lange Strümpfe angezogen. Meine Mutter strickte mir Pullover, Mützen, Handschuhe, Socken und alles, was man aus Wolle so machen konnte. Wirklich schöne, geschmackvolle Sachen mit hübschen Mustern und altersgemäß. Wolle, sogar reine Schafwolle war das, was zu bekommen war. Die Bauernfamilien hatten eigene Schafe und spannen die Wolle selbst auf dem Spinnrad.

Davon, in der Stadt fertige Kleidung zu kaufen, konnten meine Mutter oder ich nur träumen. Bei den Kindern der Großbauern, Geschäftsleuten und Funktionäre war das schon anders. Die Tochter der Familie, die die Stellmacherei hatte, trug zum Beispiel sogar Markensachen aus dem Westen und genoss das sichtlich.

Im Gegensatz zu ihren Eltern. Vor allem ihr Vater war sehr bescheiden und arbeitsam, wohlwollend und keinesfalls von sich eingenommen. Deshalb fühlte ich mich auch sehr wohl, wenn ich mal bei ihnen sein konnte und zusehen durfte, was meine Mutter bei ihnen arbeitete. Manchmal bekam ich von ihm auch gezeigt, was und wie sie alles in dem Betrieb so fertigten. Das war für mich in dieser Zeit sehr interessant.

Das Verhältnis zu Magers hatte sich verändert. Wir, meine Mutter und ich, verstanden uns aber durchaus noch ganz gut mit ihnen. Das Miteinander war von beiden Seiten korrekt und höflich, aber es war nüchterner, nicht mehr so warmherzig und persönlich wie früher. Gerade das war etwas, was mir längere Zeit fehlte. Herr Mager war doch für mich ab 1945 zu einem Vaterersatz und zu einer Bezugsperson geworden, zu der ich sehr viel Vertrauen entwickelt hatte.

Maßgeblich, dass dies nun nicht mehr so sein konnte, war, dass wir nicht mehr mit ihnen zusammen wohnten, von ihnen unabhängiger geworden waren, meine Mutter sich in vieler Hinsicht neu orientieren hatte müssen, ich älter geworden war, in die Schule ging, sich andere Interessen entwickelt hatten und das Schicksal mir wieder eine Bezugsperson schenkte, die für mich bis zu meinem dritten Lebensjahr sehr bedeutsam und wichtig gewesen war.

Es war an einem Wochenende, meine Mutter und ich waren im Hof damit beschäftigt, unsere Schuhe zu putzen. Da sahen wir auf der Dorfstraße einen fremden Mann mit einem Sack auf dem Rücken daherkommen. Als er dann noch zu uns in den Hof hereinkam, waren wir gespannt und voller Erwartung, wer das wohl sein könnte. Zu dieser Zeit, es war 1948, war es immer noch der Fall, dass Männer aus der Gefangenschaft kamen, die nach ihren Angehörigen suchten.

Gedanken an meinem Vater kamen da natürlich bei mir und meiner Mutter sofort auf. Aber wieso hätte er uns in Großnaundorf suchen sollen? Zuletzt hatten wir uns doch in Schlesien gesehen. Und er war ja in Stalingrad als vermisst gemeldet. Dort zu überleben, das war doch nach all dem, was man gehört hatte, sehr unwahrscheinlich. Es war aber wieder enttäuschend, dass es nicht mein Vater war.

Trotzdem freuten wir uns sehr, als wir erkannten, wer da kam: Es war Herr Jungfer! Er war in den letzten Kriegsjahren stets mit uns zusammen und unser Begleiter gewesen, bis er mit Herrn Teuber und Herrn Littmann nach der Flucht am 2. Mai

1945 auf dem Rückweg von Sachsen nach Schlesien von polnischen Soldaten verschleppt worden war.

Was er erzählte, war schon eine besondere Fügung Gottes. Er war aus der Zwangsarbeit in Polen nach dem Westen abgeschoben worden und hatte zweimal versucht, zurück nach Schlesien hineinzukommen, das ja nach dem Krieg polnisch geworden war, um uns zu suchen.

Doch die Grenzposten wiesen ihn jedes Mal kategorisch ab. Die Szenen und die menschlichen Schicksale, die sich nach seinen Berichten wegen dem Wunsch nach Familienzusammenführung an der Grenze abgespielt hatten, mussten erschütternd gewesen sein.

Nachdem er an der Grenze zu Schlesien, Gott sei Dank, von den Polen nicht durchgelassen wurde, beschloss er, sich nach Großnaundorf zu Magers aufzumachen. Er hoffte, von ihnen vielleicht etwas über unseren Verbleib zu erfahren. Dass wir bei Magers waren, das hätte er sich nicht zu erträumen gewagt.

Wir hatten uns aus den Augen verloren, als wir nach der Flucht auf dem Weg von Sachsen zurück nach Schlesien in unsere Heimat waren. Doch die spätere Vertreibung führte uns alle drei wieder nach Großnaundorf. Sich dann nach all den Wirren des Krieges dort wiederzutreffen, grenzte schon an ein Wunder.

Obwohl ich, als Herr Jungfer verschleppt worden war, nicht einmal drei Jahre alt gewesen war, verspürte ich bei seiner jetzigen Rückkehr noch eine vertraute Beziehung zu ihm und dass mir seine Nähe mit seiner liebevollen, fürsorglichen und verständlichen Art angenehm war. Das war etwas Wunderbares für mich, gerade jetzt, nachdem das Verhältnis zu Herrn Mager, der mir auch immer sehr nahe gestanden war, sich gewandelt hatte.

Zusammen mit
Herrn Jungfer,
einem für uns sehr
wertvollen Menschen

Aber wiederum: Ohne die Hilfe von Herrn Mager hätte alles schlechter ausgesehen. Er erlaubte nämlich sofort, dass Herr Jungfer bleiben und auf dem Hof mitarbeiten durfte, bis sich für ihn etwas anderes finden würde. Das zeichnete Herrn Mager mit seiner menschlichen und einfühlsamen Art wiederum aus und wir waren ihm dafür auch sehr dankbar.

Herr Jungfer war von Beruf Straßenwärter und hatte vor dem Krieg in Schlesien auf dem Straßenbauamt in Liegnitz gearbeitet. Seine Wunschvorstellung war, möglichst wieder in seinem Beruf eine Beschäftigung zu finden. So machte er sich auf den Weg zum Straßenbauamt nach Pulsnitz, einer kleinen Nachbarstadt von Großnaundorf. Was er dann erlebte, konnte er kaum glauben. Er traf seinen früheren Vorgesetzten von Liegnitz, der in Pulsnitz beim Straßenbauamt arbeitete. Dieser verhalf Herrn Jungfer zu einer Beschäftigung bei seinem Arbeitgeber.

Bei seiner Arbeitsausübung etwas außerhalb von Pulsnitz wollte es der Zufall, dass er mit einer ihm fremden Frau ins Gespräch kam. Als sie von seinem Schicksal hörte, bot sie ihm zum Wohnen in ihrem teilweise zerstörten Haus auf dem Dachboden ein kleines, nur behelfsmäßig ausgebautes Zimmer an. Für Herrn Jungfer gab es da nichts zu überlegen. Er sagte sofort zu. Jetzt hatte er neben einer Arbeit auch ein eigenes Dach über dem Kopf. Darüber waren wir alle sehr glücklich.

Herr Jungfer war handwerklich sehr begabt. Keine Arbeit war ihm zu schwer. Werkzeug und Material waren vorhanden, nachdem der Mann seiner Vermieterin, Frau Kiank, eine eigene Schreinerei gehabt hatte. Er war vor seinem Haus von russischen Soldaten erschlagen worden. Für Frau Kiank war das ein schweres Schicksal. Hinzu kam, dass sie eine Tochter hatte, um die sich nun allein kümmern musste. So war Frau Kiank Herrn Jungfer dankbar für seine Hilfe.

Über Herrn Jungfer bekamen auch meine Mutter und ich Kontakt zu Frau Kiank. Es entwickelte sich ein freundschaftliches Verhältnis. Sie hatte hinter ihrem Haus auch einen großen Garten mit vielen Blumen, Stauden sowie einigen Bäumen und die Möglichkeit, Gemüse und Kartoffeln anzubauen. Für mich war es immer ein besonderes Erlebnis, während der Erntezeit dort sein zu können. Die wunderbaren großen süßen Stachelbeeren, die riesigen saftigen Pfirsiche und die fleischigen Tomaten, frisch gepflückt gegessen, waren immer ein besonderer Genuss. Außerdem machte es Spaß, zwischen den hochgewachsenen Sträuchern und Büschen umherzutollen.

Herr Jungfer besuchte uns öfters in Großnaundorf. Es waren nur sieben Kilometer. Da kam er schnell mal mit dem Fahrrad vorbei. Ein Fahrrad zu besitzen, das war seinerzeit schon etwas Besonderes. Meine Mutter hatte auch ein gebrauchtes Fahrrad mit Hartgummibereifung. So fuhren wir gelegentlich auch zu ihm. In den Herbst- und Wintermonaten, wenn es passte, blieben wir schon mal eine oder zwei Wochen bei Frau Kiank und Herrn Jungfer in Pulsnitz. Für mich war das immer eine willkommene Abwechslung.

Herr Jungfer lebte sehr bescheiden. In seinem Zimmer standen zwei Betten, zwei Kisten, hochgestellt und mit einem Tuch zugehängt, das war der Küchenschrank. Dann gab es noch einen kleinen Ofen und ein paar zusammengebastelte Möbelstücke. Es war alles einfach, aber trotzdem gemütlich. Wir fühlten uns sehr wohl, wenn wir zusammen waren. Wichtig war auch: Er war zu mir wie ein eigener Vater.

Für meine Mutter war es sicher wohltuend, jemanden außer mir zu haben, mit dem sie sich mal aussprechen konnte. Da war ich sicher nicht immer der passende Ansprechpartner. Herr Jungfer mochte auch meine Mutter sehr gern und hätte sie wohl am liebsten geheiratet.

Meine Mutter wollte dies jedoch nicht. Da gab es ja auch noch die Gedanken an meinen Vater. Vielleicht auch wegen mir. Ich wäre nicht dafür gewesen. Dieses Thema konnte ich nicht ertragen. Von einer Heirat meiner Mutter wollte ich auch in den späteren Jahren nichts wissen. Herrn Jungfer beispielsweise schätzte ich so wie einen Vater, und seine liebevolle, warmherzige, kameradschaftliche und lehrreiche Art hätte ich nicht missen wollen. Aber dass er, obwohl er meiner Mutter gegenüber sehr zuvorkommend und hilfsbereit war, der Mann meiner Mutter hätte sein sollen, das wäre für mich unerträglich und unvorstellbar gewesen.

Vielleicht war es Eifersucht? Oder war es ein gewisser Besitzstand, den ich nicht verlieren wollte? Meine Mutter gehörte doch in erster Linie mir. Nach einer Heirat wäre das dann möglicherweise nicht mehr so gewesen.

Wir hatten meinen Vater in all den Jahren nicht vergessen. Immer wieder wurde von ihm gesprochen. Die Hoffnung, dass er noch leben könnte und wir uns doch noch einmal wiedersehen würden, hatten wir nie aufgegeben. Das trug sicher neben meinem hartnäckigen Widerstand doch auch wesentlich dazu bei, dass meine Mutter nicht mehr heiratete.

In dieser Frage hatte meine Mutter sehr großes Verständnis für meine Gefühlslage und mein kindlich-egoistisches Verhalten. Sie erlaubte mir da auch, ihr gegenüber trotzig und missgestimmt zu reagieren. Aber darüber hinaus musste ich schon gehorchen. Sie hatte mich in all den Jahren aus der Not heraus zu einem folgsamen Jungen erzogen. Ich musste höflich sein und wusste, dass ich nicht alles bekommen oder haben konnte.

Ich hätte es nicht gewagt, zuhause auch nur das Geringste zu nehmen, ohne vorher gefragt zu haben. Ich erinnere mich, Würfelzucker war seinerzeit etwas Besonderes. Bonbons, Kekse, Schokolade und dergleichen gab es so gut wie nicht oder sie waren für uns unerschwinglich. Wenn ich ein Stückchen Würfelzucker haben wollte, musste ich vorher fragen. Das Danken war dann, wenn ich etwas bekam, eine Selbstverständlichkeit. Und wenn mein Wunsch mal nicht zu erfüllen war oder ihm nicht nachgegeben wurde, hatte ich das auch ohne großes Nachfragen zu verstehen und zu respektieren. Beleidigt sein, wenn ich etwas nicht bekam, das kannte ich nicht.

Die Grundtugenden Gehorsam, Anpassung, Bitten und Danken sowie Rücksichtnahme auf andere waren für mich von Kind an wichtige Gebote. Ich habe das absolute Folgenmüssen und die gnadenlose Strenge seinerzeit nur selten als Strafe empfunden. Ich kannte es nicht anders und es gab im Gegensatz dazu ja auch vieles Erfreuliches und Schönes, was mich froh und heiter stimmte.

Meine Mutter war gerade in den Jahren meiner Kindheit vom Wohlwollen und der Hilfe anderer Menschen abhängig und auf diese angewiesen. Sie musste sich immer allein um alles kümmern und war allein verantwortlich, wenn es um mich ging. Und so war das auch dafür ausschlaggebend, dass ich relativ streng erzogen wurde. Für meine Mutter war die Zeit der Abhängigkeit von anderen, wenn es beispielsweise um Wohnung, Arbeit und unseren Lebensunterhalt ging, als Alleinerziehende nicht einfach und sicher oft sehr sorgenreich, hoffnungs- und ausweglos.

An den Wochenenden gab es immer etwas Abwechslung, wenn wir mit Herrn Jungfer zusammen waren. Das sollte auch an meinem fünften Geburtstag, einem Samstag, so sein. Doch dazu kam es leider nicht. Fünf Tage vorher, nämlich am 16. Juni 1947, kam eine junge Frau aus Pulsnitz und berichtete, dass Herr Jungfer erkrankt sei und nicht kommen könne.

Wir machten uns gleich auf den Weg. Meine Mutter mit ihrem Hartgummifahrrad und ich hinten drauf. Als er uns sah, freute er sich sehr. Wir erschraken. Er sah todkrank aus. Seine Hauswirtin, Frau Kiank, hatte sich schon um ihn gekümmert. Er hatte Durchfall und sehr starke Schmerzen im Bauchbereich. In der Nacht vorher hatte er als Straßenwärter die Kirschbäume bewachen müssen, dabei einige Kirschen zu viel gegessen und war danach am Straßenrand vor Müdigkeit eingeschlafen.

Die Medikamente, die er vom Arzt verordnet bekommen hatte, führten zu keiner Besserung. So ging meine Mutter am Samstag, meinem Geburtstag, am frühen Morgen um fünf Uhr noch mal zum Arzt. Doch dieser war in Urlaub. Sie lief daraufhin zu einem Flüchtlingsarzt, einem Arzt, der speziell für die Flüchtlinge zuständig war, der gleich mitkam.

Es konnte nur noch eine Einweisung ins Krankenhaus helfen. Der Flüchtlingsarzt vermutete Ruhr und befürchtete, dass Herrn Jungfer nicht mehr geholfen werden könnte. Zwei Sanitäter waren bald zur Stelle. Sie transportierten ihn auf einem langen Kastenwagen, mit einer Plane zugedeckt, ins Pulsnitzer Krankenhaus. Der Arzt spritzte eine Kochsalzlösung. Doch jede Hilfe kam zu spät. Herr Jungfer verstarb noch am gleichen Tag.

Ich durfte während dieser Zeit bei Frau Kiank bleiben. Wir waren alle sehr traurig. Meine Mutter kümmerte sich noch um die Beerdigung. Obwohl sie seine beiden Brüder verständigt hatte, war keiner zur Beisetzung gekommen. Erst einige Zeit später kamen sie und Herrn Jungfers Schwägerin, um sich als Erben die Sachen von Herrn Jungfer abzuholen.

Meine Mutter kostete dies alles sehr viel Kraft. Um das schwere Schicksal während des Krieges und nun in den Jahren danach durchstehen zu können, holte sich meine Mutter diese Kraft und Zuversicht aus ihrem tiefen christlichen Glauben, dem täglichen Gebet und, wenn es möglich war, im Gottesdienst in der Kirche. Aber auch die Gottesmutter, die Heilige Maria, verehrte sie sehr. Um ihre Fürsprache und Hilfe bat sie täglich.

Wenn meine Mutter oder ich nicht gerade mal erkrankt waren, verging kein Sonntag, an dem wir nicht in die Kirche zu einem katholischen Gottesdienst gingen. Großnaundorf und überhaupt Sachsen waren überwiegend evangelisch und es gab fast ausschließlich protestantische Gotteshäuser. So auch in Großnaundorf.

An einem Sonntag im Monat war hier Heilige Messe für Katholische. An den übrigen Wochenenden fand der Gottesdienst abwechselnd immer in einem anderen Nachbarort statt. In Großnaundorf waren wir noch etwa zwanzig katholische erwachsene Personen und sechs Kinder, die regelmäßig die Gottesdienste besuchten.

Erinnerungsfoto: Unterwegs zum
Sonntags-Gottesdienst in Heckendorf

Auf Grund des Alters oder wegen eines körperlichen Gebrechens wurden es nach und nach immer weniger, die auswärts mit zur Kirche gehen konnten. 1951 war es dann nur noch ein harter Kern von acht bis zehn Personen, zu dem auch meine Mutter und ich gehörten, die auswärts am Sonntag einen katholischen Gottesdienst besuchten. Unterwegs musste man schon sehr wachsam sein. Gerne versteckten sich russische Soldaten im Wald, im Gebüsch oder in den Getreidefeldern und es kam immer wieder zu Überfällen. Um etwas mehr Sicherheit zu haben, war es wichtig, dass bei uns Kirchgängern immer ein paar Männer mit dabei waren.

Wenn nicht der Pfarrer zu uns nach Großnaundorf kam, ging es zu Fuß abwechselnd nach Heckendorf, das waren zwei Kilometer, oder noch zwei Kilometer weiter durch den Wald nach Lomnitz. Am weitesten, nämlich sieben Kilometer, hatten wir es nach Pulsnitz. Eine katholische Pfarrei gab es für die ganze Region nur noch in Königsbrück. Dorthin waren es über acht Kilometer. Hierher kamen wir nur an besonderen Kirchenfesten.

Durch das politische Regime in der DDR gab es unter den Einheimischen auch immer mehr Bürger, die nicht an Gott glaubten, Atheisten waren. Sie traten in die Partei ein und versuchten, sich durch ihr demonstrativ nichtreligiöses Verhalten Sympathien und persönliche Vorteile zu verschaffen. Sie scheuten auch nicht vor Schikanen und Repressalien uns gegenüber zurück. Das abendländische Kulturgut, der Glaube an den dreifaltigen Gott und an Jesus Christus oder überhaupt an eine Religion war von der kommunistischen DDR-Führung unerwünscht. Wer sich noch dazu bekannte, musste mit Benachteiligungen im täglichen Leben, zum Beispiel in der Schule, am Arbeitsplatz oder beim Kauf von begrenzt verfügbaren Gütern rechnen. Trotz dieser Machenschaften und entgegen der politischen Bestrebungen in der DDR, sich zu einem Leben ohne Gott zu bekennen, wurde ich von meiner Mutter zum christlichen Glauben erzogen.

Im Kindergarten, den ich in den letzten beiden Jahren vor der Schulzeit besuchte, ging es noch neutral zu. Die Frage, ob man zu einer kirchlichen Vereinigung gehörte, kam da nicht auf. Unsere Erzieherin war groß, hatte langes, lockiges, dunkelblondes Haar und eine herzliche und angenehme Art. Bei den gemeinsamen Festen, Wanderungen oder Ausflügen waren so weit wie möglich auch unsere Mütter dabei. Manchmal ging es den ganzen Tag in den Wald hinaus. Wir bauten uns aus Moos Häusergrundrisse mit Wohn-, Koch- und Schlafräumen. Diese Räume dienten unserem Aufenthalt. Wir aßen da unsere mitgebrachten Brotzeiten oder hielten darin unseren Mittagsschlaf.

Mit dabei als Gruppe waren wir auch auf den Dorffesten. Wenn diese mit einem Umzug verbunden waren, saßen wir meist auf einem Heuleiterwagen, der von zwei Pferden gezogen wurde. Wir Buben hatten weiße Hemden an, die Mädchen, wenn es ging, weiße Kleider. Alles war immer sehr festlich und hat viel Spaß gemacht. Wir waren sechzehn Kinder im gleichen Alter in unserer Gruppe, davon fünf Jungen. Unter ihnen war auch Sebastian. Er wurde später mein bester Schulfreund.

Alle unsere Verwandten lebten in der Bundesrepublik Deutschland. Das wusste auch der Inhaber der Stellmacherei, bei dem

Feste und Feiern

meine Mutter gearbeitet hatte. Nachdem seine Frau schon öfters in Westdeutschland gewesen war, kannte er sich mit der Vorgehensweise, um aus der DDR besuchsweise in die BRD ausreisen zu können, etwas aus. Er ermunterte meine Mutter immer wieder, doch mal ein Gesuch zu stellen.

Meine Mutter machte sich dann auch eines Tages auf den Weg. Erst sieben Kilometer zu Fuß bis Pulsnitz und dann weiter mit der Bahn zur Russischen Kommandantur nach Kamenz.

Dort beantragte sie für uns beide einen Interzonenpass. Sie musste zunächst viele Fragen beantworten, bevor ihr Antrag von den Russen angenommen wurde.

Wir freuten uns sehr, als wir im Februar 1948, dem Jahr, in dem ich im September in die Schule eintrat, für drei Wochen in den Westen fahren durften. Unsere Ziele waren Heßdorf bei Erlangen in Nordbayern und Oberratting bei Ammerang, südlich von München in Oberbayern.

Es war meine erste Reise mit der Bahn. Der Zug war voll besetzt. An der Grenze zur Bundesrepublik Deutschland, in der DDR BRD genannt, mussten alle aussteigen. Der Zug stand oben auf einer hohen Böschung. Dies war im Niemandsland, einem Gebiet, das staatsrechtlich herrenlos war, von niemandem besiedelt, gepflegt oder bewirtschaftet wurde.

Die Menschen mussten jetzt in diesem Bereich nach unten gehen. Es regnete und die Böschung war sehr glitschig und matschig. Unten vor und in dem Tunnel staute es sich. Es ging nur schleppend voran und zeitweise gar nicht weiter. Durch die mehreren hundert Menschen, die hier unterwegs waren, entstand ein fürchterliches Gedränge. Meine Mutter und ich standen an der rechten Wandseite des Tunnels. Zwei Männer stützten sich mit ihren Armen oberhalb von mir gegen die Wand. Wenn die beiden nicht gewesen wären, die Massen hätten mich kleinen Knirps erdrückt.

Das Schlimme bei der ganzen Sache war dann auch noch der Qualm, den der Wind von oben nach unten in den Tunnel drückte. Dieser kam von der Dampflokomotive des Zuges, der uns gebracht hatte und der ja oberhalb von uns stand. Unten angekommen ging es durch diesen langen finsteren Tunnel auf die andere Seite. Es war nichts zu sehen außer dem Licht am anderen Ende des Tunnels. Endlich waren wir dort angekommen. Hier stand der Zug in Richtung Westen schon für uns bereit. Ein Zug mit vielen Waggons. Angst, keinen Platz zu bekommen, brauchten wir somit nicht zu haben. Der Umsteigevorgang dauerte über zwei Stunden.

Es waren unbeschreibliche Glücksgefühle, als wir endlich im Zug saßen. Jetzt waren wir noch im Niemandsland, bis die Tore vor dem Zug sich öffneten und die Fahrt aus dem Land, das niemandem gehörte, weiterfuhr in Richtung „Goldener Westen". Ich freute mich riesig, meine Großeltern, Onkel und Tanten nach der langen Zeit wiederzusehen. Nach mehrmaligem Umsteigen kamen wir spät am Abend in Erlangen an. Es war schon finster. Eine Busverbindung nach Heßdorf gab es nicht. Bis dahin waren es noch etwa zehn Kilometer. Ein Militärwagen mit kleinen vergitterten Außenfenstern brachte uns an unser Ziel.

Wir hatten es geschafft, waren aber auch geschafft, als wir in Heßdorf in der Nähe von Erlangen ankamen. Hier im Ort lebten Mariechen, die Schwester meiner Mutter, und ihr Ehemann Konrad bei ihren Schwiegereltern. Nun galt es noch, das richtige Haus zu finden. Straßenbeleuchtung gab es nur vereinzelt. In der Dunkelheit fragten wir uns dann durch. Das war kein Problem. Mariechen und Konrad kannte in diesem kleinen Dorf ein jeder. Es dauerte nicht lange und wir standen vor dem Haus, das wir suchten.

Außen war alles dunkel. Die Haustür stand offen, obwohl es tiefer Winter war. Wir wussten, sie wohnten im Obergeschoss. Eine knarrende Holztreppe führte nach oben. Es gab kein Licht im Hauseingang. Wir fühlten einen Türrahmen und eine Wohnungstür, die mit Stroh dick aufgepolstert war. Endlich fanden wir den Türdrücker und die Tür öffnete sich. Die Freude der beiden Geschwister über ihr Wiedersehen war sehr groß. Wir wurden von meiner Tante und meinem Onkel herzlich aufgenommen und ich war froh, das erste Stück unserer Reise geschafft zu haben.

Nach etwa einer Woche begleitete uns Tante Mariechen auf unserer Weiterfahrt. Ab Erlangen ging es mit der Bahn zu meinen Großeltern nach Oberratting. Es war ein eisiger Wintertag. Es schneite, was es nur konnte. Wir mussten mehrere Male umsteigen, um hinzukommen. Die Züge waren so voll, dass die Menschen sogar auf der Plattform vorne und hinten am Waggon im Freien standen. Da musste eine Zeit lang auch meine Mutter vorlieb nehmen. Mich und Mariechen hatte man noch nach innen geschoben. Diese Fahrt war bei Gott kein Vergnügen. Aber das Gefühl, im Westen zu sein und meine Großmutter, die Onkel und Tanten wiedersehen zu dürfen, gab uns die Kraft, das alles durchzustehen.

Das Wiedersehen war eine unbeschreibliche Freude, insbesondere für meine Mutter und meine Großmutter. Das Verhältnis zu meinem Stief-Großvater war nicht so herzlich. Aber er akzeptierte uns und unser Dasein. Mariechen waren wir sehr dankbar, dass sie uns bis hierher begleitet hatte. Ohne sie wäre die fast vierhundert Kilometer lange Bahnreise mit mehrmaligem Umsteigen für uns sicher sehr schwierig gewesen.

Über eine Woche lang waren wir zusammen. Die Zeit verging, wie konnte es anders sein, viel zu schnell. Es waren wunderbare Tage. Dann war es so weit. Der Abschied war für mich ja nicht so schwer. Ich hatte es da besser. Meine Mutter war ja bei mir. Anders war es bei meiner Mutter. Sie musste ihre Mutter zurücklassen. Ob sie sich jemals wiedersehen würden? Das fragten sie sich beide.

Unterwegs und an der Grenze war es wie auf der Hinfahrt. Kälte, Schnee und voll besetzte Züge. Dann kam noch hinzu, wir mussten im Niemandsland, dem Land zwischen der BRD und der DDR, das niemandem gehört, oben auf der Böschung zur DDR in eisiger Kälte lange im Freien ausharren. Der Zug aus dem Osten, der uns abholen sollte, war noch nicht da, als wir aus dem Westen ankamen. Doch letztendlich ging es weiter. Es war schon spätabends, als wir wieder in Pulsnitz ankamen. Hier erwartete uns noch ein über eine Stunde langer Fußmarsch, bis wir es endgültig geschafft hatten und wieder zu Hause waren.

Am 1. September 1948 trat ich in Großnaundorf in die Volksschule ein. Obwohl wir es uns damals wohl kaum leisten konnten, hatte ich von meiner Mutter auch eine Schultüte bekommen.

Ich musste da hinter anderen Kindern nicht zurückstehen. Das war auch später immer so, wenn es zu meinem Vorteil oder für mich als Kind wichtig war.

In unserer Schulklasse hatte man einen Baum mit starken Ästen aufgestellt. An ihm wurden die Schultüten aufgehängt.

Mein erster Schultag

Meine Schule
in Großnaundorf

Das war schon mal ganz originell und machte uns auch Spaß. Wir waren zehn Jungs und elf Mädchen. Unser Lehrer war etwa vierzig Jahre alt, groß und schlank, hatte ein verschmitztes freundliches Lächeln im Gesicht, eine hohe Stirn und schon etwas lichtes Haar. Gern trug er ein helles Sakko, eine dunkle Hose und immer eine Krawatte. Wir waren eine prima Klasse. Zwar waren nicht alle gleichermaßen begabt, das störte ihn jedoch nicht. Dafür waren wir so, wie er sich uns wünschte: diszipliniert, folgsam, höflich und natürlich aufmerksam und lernfreudig. Wir merkten sehr schnell, dass er all seine Schüler mochte.

Er verstand es, mit jedem so umzugehen, dass alle sich auf die Schule freuten und wir uns untereinander auch gut verstanden und miteinander zurechtkamen. Es war nicht jeder Freund mit jedem, aber wir waren eine gute Klassengemeinschaft. Wenn einer etwas leistungsschwächer war, das eine oder andere Fach ihm nicht so lag oder einer mal falsche Antworten gegeben oder Fehler gemacht hatte, wurde er nicht ausgelacht oder von der Gemeinschaft ausgegrenzt und allein gelassen.

In der Schule fühlte ich mich sehr wohl. Bei den Lehrkräften zählte es, wenn man anständig und gut erzogen war, Disziplin und Freude am Lernen hatte und sich gut in die Klassengemeinschaft einfügte. Tugenden wie beispielsweise Gehorsam, Anstand, Pflichtgefühl und Anpassung hatte meine Mutter mir immer wieder vorgelebt und anerzogen. Das kam mir während meiner Schulzeit in der DDR sehr zugute. Ich ging gern in die Schule und kann mich an schulische Probleme nicht erinnern.

Meine 1. Klasse im September 1948 in Großnaundorf;
10 Buben und 11 Mädchen

Ich kam in der Schule sehr gut zurecht. So war es in der 1.
Klasse und auch in den Jahren danach. Von Anfang an saß ich
mit Sebastian zusammen. Das hatte sich zufällig am ersten
Schultag so ergeben. Wir verstanden uns sofort prima. Vor
der Schulzeit kannten wir uns zwar aus dem Kindergarten,
hatten aber sonst wenig Kontakt miteinander. Sebastian kam
aus einem intakten Elternhaus. Sein Vater war selbstständiger
Schuhmachermeister. Seine Mutter war nicht berufstätig. Er
hatte noch einen älteren Bruder.

Mit dem Lernen hatten Sebastian und ich keine Schwierigkeiten. Er gehörte zu den Besten in der Klasse und es ent-

wickelte sich eine intensive Freundschaft zwischen uns. Wenn es um die Schule und um das Lernen ging, waren wir sehr viel zusammen. Das störte auch seine Eltern nicht. Nachdem wir Flüchtlinge waren, war das nicht so selbstverständlich. Die Kontakte zu Sebastian belasteten auch nicht meine schon mehrjährige feste freundschaftliche Beziehung zu Klaus.

Das funktionierte eigenartigerweise hervorragend. Klaus und ich, wir waren die besten Spielkameraden. Wenn wir zusammen waren, wurde alles beredet, was uns außerhalb des Schulischen bedrückte, und es ging wirklich um Spiel und Spaß. Lernen für die Schule war nie ein Thema, wenn ich mit Klaus zusammen war. So ist es auch in all den Jahren danach geblieben.

Sebastian und ich dagegen waren Schulfreunde. Er wohnte am Ortsrand. Sein Schulweg führte bei uns vorbei, wo wir uns trafen und dann gemeinsam weitergingen. In der Schule waren wir auch mit den anderen zusammen, aber es gab doch so manche schulischen Probleme, Sorgen und Fragen auszutauschen, die man nur einem guten Schulfreund anvertrauen oder mit ihm bereden und klären konnte. Ebenso war es, wenn es ums Lernen ging oder Hausaufgaben anstanden. Dazu gehörten auch Werk- und Bastelarbeiten. Bei Sebastian zu Hause stand uns dafür alles zu Verfügung, was wir brauchten.

Am 02. September 1951 ging ich mit noch einem Jungen und mit zwei Mädchen aus Großnaundorf in Königsbrück zur Ersten Heiligen Kommunion. An diesen Tag kann ich mich noch sehr genau erinnern. Königsbrück war ein russischer Militärstandort. Überall sah man russische Soldaten, Militärfahrzeuge und Panzer. Die Kirche und das Pfarrhaus waren bis auf den Zugangsbereich von einem hohen Bretterzaun umgeben. Ringsherum lag ein russisches Kasernengelände. Die Soldaten, bei denen wir ja unmittelbar vorbei mussten und die uns mit kritischen Blicken nachsahen, erschienen uns unberechenbar.

Obwohl ich ja nicht allein war, kam immer große Angst bei mir auf. Tun sie mir etwas? Nehmen sie jemanden von uns fest? Vielleicht meine Mutter? Sie waren doch die Besatzungsmächte. Man verspürte auch, dass sie die Sieger und Machthaber waren. Es kam durchaus auch zu beleidigenden Äußerungen und zu Spott uns „Kirchgängern" gegenüber. Dann saß uns auch noch wegen eines Erlebnisses, das wir unterwegs gehabt hatten, die Angst im Nacken.

Der Gastwirt Hübner aus Großnaundorf hatte sich bereit erklärt, uns vier Kommunionkinder und unsere Angehörigen mit seinem Lastwagen von Großnaundorf in das etwas mehr als acht Kilometer entfernte Königsbrück zu fahren. Auf der Ladefläche hatte er an beiden Seiten an den Bordwänden Bretter angebracht, auf denen wir saßen. Lange Strecken ging die Fahrt durch den Wald.

Dann geschah das, wovor alle Angst hatten. Einige russische Soldaten kamen mit über ihr Gesicht gezogenen Gasmasken und mit Gewehren aus dem Gebüsch und hängten sich, während Herr Hübner weiterfuhr, vorne beim Fahrer auf die außen am Fahrerhaus angebrachten Trittbretter und hinten an den Lastwagen. Am Ende des Waldes hielten sie uns an, zwangen uns abzusteigen und die letzten Kilometer zu Fuß zu gehen. Herrn Hübner befahlen sie, mit seinem Auto zurückzufahren. Das tat er dann notgedrungen auch.

Wir waren sehr erleichtert, dass wir nun weiter durften. Das waren reine Schikanen. Offensichtlich wollten sie uns Angst einjagen und verhindern, dass wir rechtzeitig in die Kirche kamen. Wir waren frühzeitig weggefahren und sind dann zu Fuß gerade noch zur rechten Zeit zum Gottesdienst eingetroffen.

Ich hatte eine kurze dunkelblaue Hose an. Für eine lange hatte der Stoff nicht gereicht, den meine Mutter auf Bezugsschein bekommen hatte. Ein Schneider aus dem Ort hatte mir dann

Mein Kommunionstag
in Königsbrück

272

die Hose genäht. Er hatte mir auch eine abgetragene Jacke von einem anderen Kind aus dem Ort geändert. Dazu hatte ich lange dunkle Wollstrümpfe aus einem Geschäft in Großnaundorf an und ein Paar geschenkte schwarze Schuhe.

Damit war ich nach viel Mühe meiner Mutter für die Erste Heilige Kommunion gut ausstaffiert.

Der Kommuniontag war auch damals schon für uns katholisch erzogene Kinder ein besonderer. Nach der kirchlichen Feier bekamen wir, die Kinder, im Nebenraum der Kirche Malzkaffee und Kuchen. Zu dieser Zeit mussten die Christen, die kommunizieren wollten, noch nüchtern sein, das heißt sie durften vorher weder etwas gegessen noch getrunken haben. Da tat das Frühstück schon gut.

Fototermin

273

Kommunionkinder
aus Großnaundorf;
neben mir
Hansi, Irmgard
und Monika

Vor dem Heimweg nach Großnaundorf waren wir noch beim
Fotografen. Ein Erinnerungsfoto an diesen Tag, den 2. September 1951, durfte nicht fehlen. Dann ging es die über acht
Kilometer zu Fuß zurück. Das war für alle sehr anstrengend,
zumal die Erwachsenen noch nichts gegessen hatten. Frau
Schubert kam dann noch mit zu uns nach Hause. Frau Mager
hatte meiner Mutter Milch, Mehl und Eier geschenkt, damit sie
ein paar Pfannkuchen machen konnte. Das war der Tag meiner
Ersten Heiligen Kommunion: erlebnisreich, anstrengend und
genügsam, aber im Herzen war ich zufrieden und glücklich.

In den ersten beiden Jahren nach der Einschulung verlief in
der Schule alles ohne politische Einflussnahme, zumindest
merkten wir Kinder das nicht. Doch in der Zeit danach wurden
von Seiten der Schule die Vorteile aufgezeigt, wenn Schüler
der FDJ, der Freien Deutschen Jugend, beitraten. Nachmittags

gab es organisierte Freizeit für Kinder und Jugendliche. Wer nicht dabei war, wurde zwangsläufig, gewollt oder auch nicht, Außenseiter innerhalb und außerhalb der Schule.

Die Lehrer motivierten uns Kinder, der FDJ beizutreten. Kam das nicht zustande, wurden die betreffenden Kinder dann ausgehorcht, warum die Eltern nicht zustimmen. Manchmal wurden auch die Eltern oder wie in meinem Fall die Mutter diesbezüglich angesprochen. Nach kurzer Zeit gab es dann kaum noch Kinder, die nicht zur FDJ gehörten. Die Leitlinie in der DDR war, sich den Vorstellungen der SED zu beugen oder vom gesellschaftlichen Leben ausgegrenzt zu werden.

Meine Mutter stimmte nicht zu. Ich durfte nicht zur FDJ. Das war keine leichte Zeit für mich. Anders wäre es für mich einfacher gewesen. Wenn ich in die Schule kam, hatten die Klassenkameradinnen und Kameraden ihre Themen. Ich konnte nicht mitreden und wurde dadurch zwangsläufig ausgeschlossen. Meine Mutter war dagegen, dass die Kinder gezielt parteipolitisch beeinflusst wurden. Sie versuchte mir zu erklären, dass es für mich vielleicht einmal von Vorteil sein könne, wenn ich nicht in der FDJ, die unter ideologischer Einflussnahme der Kommunistischen Partei, der KPD, stand, Mitglied gewesen wäre. Davon ließ sie sich von mir auch nicht abbringen. Da half kein Betteln und Jammern. Mit dem Versuch, sie zu überzeugen oder zu überreden, dass ein Beitritt gut für mich wäre, hatte ich keinen Erfolg.

Auch durch ermahnende und aufklärende Gespräche meines Lehrers, durch die Schulleitung und durch gemeindliche parteipolitisch geschulte Funktionäre ließ sich meine Mutter nicht einschüchtern, beeinflussen und umstimmen. Umso erstaunlicher war es, als wir im Januar 1952 vom örtlichen Kreis-Verwaltungsamt auf Antrag erneut eine Besuchserlaubnis zu meiner Großmutter, der Mutter meiner Mutter, in die Bundesrepublik Deutschland (BRD) bekamen.

Sachsen, wie es damals war

Ursprünglich war das Land östlich der Elbe von der Havel bis nach Böhmen von Sorben besiedelt. Der deutsche Kaiser Otto der Große teilte dieses Land etwa 970 in fünf Marken. Dies führte dazu, dass sich um das Jahr 1200 in diesen fünf Gebieten andere deutsche Stämme wie die Thüringer, Franken, Bayern und Sachsen ansiedelten. Den Ansiedlern wurde Land zugewiesen. Deshalb kam es dazu, dass ein Dorf von fränkischen, das nächste vielleicht von thüringischen Bauern bewohnt wurde und dazwischen vielleicht noch ein sorbisches Dorf war. Erkennen kann man diese Dörfer heute noch an den Endungen der Ortsnamen. Diejenigen, die mit ...dorf, ...bach, ...hain und dergleichen enden, sind deutschen, die mit ...itz, ...itch und dergleichen enden, wie Lomnitz, sind sorbischen Ursprungs.

Das Land Sachsen liegt nördlich des Elbsandstein-, Erz- und Lausitzer Gebirges. Es ist fast 17 000 qkm groß und hatte nach dem Zweiten Weltkrieg knapp 6 Millionen Einwohner, davon waren 83 % evangelisch und 8 % katholisch. Die Hauptstadt war und ist auch heute noch Dresden. Sachsen war ein Agrarland mit einer hochintensiven Landwirtschaft. Im Norden ist es reich an Bodenschätzen: Stein- und Braunkohle, Kupfer, Eisen u. a., darunter auch Uranerze. Sachsen hatte auch eine rege Industrie. Textilien im Raum von Chemnitz, im Vogtland und in der Oberlausitz Maschinenbau, Porzellan in Meißen. Buchgewerbe und Rauchwaren in Leipzig, Zigaretten in Dresden, Holzindustrie, auch Möbel und Spielwaren in den waldreichen Gebirgsgebieten.

1945 wurde Deutschland von den Siegermächten des Zweiten Weltkrieges USA, England, Frankreich und der Sowjetunion in vier Besatzungszonen aufgeteilt. Sachsen lag damals in der Sowjetischen Besatzungszone (SBZ), den heutigen östlichen Bundesländern. Die Freiheit der Deutschen in der SBZ wurde 1945 durch die Besetzung mit sowjetischen Truppen stark eingeschränkt. Oberste Gewalt in diesem Gebiet übte die Sowjetunion durch die Sowjetische Militäradministration in Deutschland (SMAD) aus. Diese gestattete auch sofort die Bildung antifaschistischer Parteien und Massenorganisationen. Sie sollten die verschiedenen Bevölkerungsgruppen in die Durchführung der Politik von SED und Staat einbeziehen und sie im Sinne der Ideologie des Marxismus-Leninismus beeinflussen.

Die sowjetische Besatzungsmacht nahm damit recht früh stark Einfluss auf das Geschehen in den besetzten Gebieten im Osten Deutschlands. Als Erstes bildete sich die Kommunistische Partei Deutschlands (KPD).
Dies geschah am 11. 06. 1945 über eine Einsatzgruppe der Sowjets, der sogenannten „Gruppe Ulbricht", die aus Moskau

bereits am 30. 04. 1945 eingeflogen worden war. Als weitere Parteien gründeten sich die Sozialdemokratische Partei (SPD), die Christlich Demokratische Union (CDU) und die Liberaldemokratische Partei (LDPD). Die Führung der KPD wollte mit Hilfe der Besatzungsmacht stärkste politische Gruppierung werden. Schließlich kam es am 22. 04. 1946 zu einer Vereinigung zwischen KPD und SPD zur Sozialistischen Einheitspartei Deutschlands (SED). Zentraler Programmpunkt dieser neuen Partei war der Weg zum Sozialismus. Dazu gehörte die Vergesellschaftung der Produktionsmittel wie auch die Umwandlung der kapitalistischen Warenproduktion in eine sozialistische.

Die wirtschaftliche Umwälzung in der SBZ begann im Herbst 1945 mit der Bodenreform. Alle Großgrundbesitzer mit Gütern über 100 Hektar sowie der Grundbesitz von aktiven Nazis und Kriegsverbrechern und solchen, die man dazu abstempelte, wurden entschädigungslos enteignet. Auf dem frei gewordenen Land von 2,1 Millionen Hektar wurden rund 200 000 Landarbeiter und Vertriebene aus den deutschen Ostgebieten als selbstständige Bauern angesiedelt; ebenso erhielten 125 000 landarme Bauern zusätzliches Land zur Aufstockung.

Durch die Bodenreform ging ein Besitz von rund 40 % der Bruttoproduktion in Volkseigentum über, 40 % waren noch vorwiegend im Besitz von Mittel- und Kleinbetrieben, die nicht enteignet worden waren, und 20 % der Bruttoproduktion entfielen auf die sowjetischen Aktiengesellschaften, in die vorwiegend das Eigentum von Staat, NSDAP und Wehrmacht überführt worden war.

Diese sozialistische Umgestaltung beschränkte sich nicht nur auf die politischen und wirtschaftlichen Bereiche, sondern beeinflusste nahezu alle Bereiche des gesellschaftlichen Lebens. Verwaltung, Bildungswesen und Justiz wurden so umorganisiert, dass sie mehr und mehr den Vorstellungen der SED entsprachen, und zwar in personeller und inhaltlicher Sicht.

Den Kriegsalliierten gelang es nicht, sich auf ein einheitliches deutschlandpolitisches Konzept zu einigen. Am 23. Mai 1949 erfolgte mit der Verkündigung des Grundgesetzes die Gründung der Bundesrepublik Deutschland in den damaligen Westzonen. Die Sowjets und die SED erkannten, dass in absehbarer Zeit eine Beherrschung ganz Deutschlands durch sie nicht mehr möglich sein würde. Es kam zur Ausrufung der Deutschen Demokratischen Republik, der DDR, die am 7. Oktober 1949 gegründet wurde.

Als „eine Form der Diktatur des Proletariats" wurde die „Volksdemokratie" eingeführt. Die Parteien und die Zwangsorganisationen wurden in der „Nationalen Front" geführt und durch die SED, die marxistisch-leninistische Partei, zusammengefasst. Ein Bündnis aller Klassen und Schichten sollte unter der Führung der SED den Aufbau des Sozialismus gemeinschaftlich bewirken. Politische Konkurrenz wurde als schädlich angesehen. Die Nationale Front stellte Einheitslisten zur Wahl der Volksvertretungen auf. Dadurch konnte die SED politisch die Macht vollständig übernehmen.

In den ersten Jahren nach dem Krieg mussten die Landwirte große Teile der jährlichen bäuerlichen Erträge an die russische

Besatzungsmacht abgeben. Ab 1952 drängte die SED zum Beispiel mit Hilfe der Steuerpolitik darauf, dass sich die privaten Handwerker in „Produktionsgenossenschaften der Handwerker" (PGH) zusammenschlossen. Gleichzeitig begann die SED mit dem Aufbau volkseigener „Landwirtschaftlicher Produktionsgenossenschaften" (LPG).

Die Bauern wurden angehalten, ihre Ländereien und die Viehhaltung in die LPG einzugliedern. Den Landwirten räumte man grundsätzlich ein, in den LPGs mitarbeiten zu können. Diese bestimmten letztendlich aber, wer hier arbeitete, und schafften an, was entsprechend der politischen Planwirtschaft mit welchem Erfolg zu machen war. Die Menschen, die hier arbeiteten, wurden wie Arbeitnehmer entlohnt. Auch in der Industrie regelte nicht der freie Markt das Geschehen. Hier bestimmte auch die politisch vorgegebene Planwirtschaft, was, wie, wann, in welcher Zeit und von wem gemacht werden sollte.

Die sozialistische Planwirtschaft wurde mit der Aufstellung des Zweijahresplanes 1949/1950 eingeführt; es folgte der erste Fünfjahresplan (1951–1955). Damit wurde die Zentralverwaltungswirtschaft aus der Kriegs- und Nachkriegszeit Deutschlands fortgeführt. Wer sich nicht dem Willen der Machthaber unterordnete oder zumindest anpasste, musste damit rechnen, dass er und seine Angehörigen dies bei der Ausbildung, am Arbeitsplatz und auch privat bei Anschaffungen, Reisegenehmigungen usw. zu spüren bekamen. Bereits bei den Kindern und Jugendlichen wurde erwartet, dass die Eltern sie als Mitglieder in der Freien Deutschen Jugend (FDJ) anmeldeten und deren Arbeit überzeugend unterstützten.

Die FDJ war das wichtigste Instrument der SED zur ideologischen Beeinflussung und politischen Mobilisierung der Jugend. Die FDJ erhob den Anspruch, alle Jugendlichen zu organisieren und im Sinne der SED und ihrer Ziele zu erziehen. Fast alle Schüler der 1. bis 7. Klassen waren als „Jungpioniere" in Pionierorganisationen, die 14- bis 25-jährigen Jugendlichen in FDJ-Gruppen organisiert.

Andere Massenorganisationen waren ferner der Demokratische Frauenbund Deutschlands (DFD), in dem sich vor allem berufstätige Frauen zusammenfanden, und der Deutsche Kulturbund (DKB), dessen Angebot bis zum Züchten von Tieren, Fotografieren und Briefmarkensammeln reichte. Personen, die ein parteipolitisches Engagement scheuten, wurden über diese Einrichtungen in einem von der Partei kontrollierten Betätigungsfeld erfasst.

Eine wichtige Organisation war auch die Gesellschaft für Sport und Technik (GST). In dieser Organisation wurden die Jugendlichen auf den Dienst in der Volksarmee und auf den Wehrsport in der DDR vorbereitet. Hinzu kam noch die am 07. 10. 1949 gegründete Nationale Front. Sie war ein Dachverband, der alle Parteien, Massenorganisationen und Verbände zusammenfasste, um sie unter Anleitung der SED zur Verwirklichung der Ziele der SED zu informieren und zu kontrollieren. Im Bedarfsfall war sie auch eine Massenaktivierungsorganisation über Parteien und Verbände hinaus.

Der tatsächliche Bürgerwille war nicht gefragt. Eine Partei, die Sozialistische Einheitspartei Deutschlands (SED), bestimmte monopolartig, in welche Richtung die Zukunft der DDR ging. Diese Partei beanspruchte es nicht nur, den Staat, sondern auch die Wirtschaft, ja das gesamte gesellschaftliche Leben zu bestimmen; ein System, das nur eine verpflichtende Weltanschauung kannte, das fast alle Bereiche des menschlichen Lebens zu lenken suchte; ein System, das auf dem Gemeinbesitz aller Produktionsmittel beruhte. Dieses System entsprach 1945 und auch in den späteren Jahren den Vorstellungen der überwiegenden Bevölkerung nicht.

Die Verfassung der DDR von 1949 war formal noch stark von Prinzipien der parlamentarischen Demokratie geprägt. In der Praxis wurde sie jedoch eindeutig im Sinne der marxistisch-leninistischen Weltanschauung und der kommunistischen Alleinherrschaft interpretiert und angewandt (1968 wurde dies auch Verfassungsinhalt).

Sachsen gehörte, als wir nach der Vertreibung im Juli 1945 hier ankamen, mit zur sowjetisch besetzten Zone Deutschlands, der späteren DDR. Wir standen am Beginn einer Zeit des politischen und gesellschaftlichen Umbruches in Deutschland, in den damaligen Besatzungszonen der Siegermächte aus dem Zweiten Weltkrieg, die von den vier Siegermächten besetzt waren.

Im westlichen Besatzungsgebiet und im Machtbereich der Sowjetunion entwickelten sich unterschiedliche politische Systeme. Auf der einen Seite ein demokratischer und sozialer Bundesstaat mit Parteienwettbewerb und abwählbaren Regierungen, mit pluralistischen Wert- und Zielvorstellungen

und Gewaltenteilung, einer Wirtschafts- und Gesellschafts-
ordnung, die auf privatem Besitz und der freien Verfügung
über Produktionsmittel beruhte und die Entwicklung der
Gesellschaft und der Wirtschaft dem freien Spiel der Kräfte
überließ. Auf der anderen Seite, wie bereits ausgeführt, die
Diktatur einer einzigen Partei.

Die Gegensätze zwischen den Zielen der Deutschlandpolitik
der Westmächte und der Sowjetunion bestärkten die USA in
der Absicht, nunmehr aus den westlichen Besatzungszonen
einen Weststaat zu schaffen und ihn in einen Zusammenschluss
Westeuropas einzubeziehen. Die Besatzungszonen im Westen
gliederten sich in die amerikanische Zone mit den Ländern
Bayern, Bremen, Hessen, Baden-Württemberg, die britische
Zone mit den Ländern Hamburg, Niedersachsen, Nordrhein-
Westfalen, Schleswig-Holstein, die französische Zone mit den
Ländern Baden, Rheinland-Pfalz und Württemberg-Hohen-
zollern und in die Besatzungszone Berlin (West).

Am 16. Januar 1952 fuhren meine Mutter und ich mit der Bahn
erneut nach dem ersten Mal im Februar 1948 besuchsweise
mit Genehmigung der DDR zu meiner Großmutter und meinem
Stief-Großvater von Großnaundorf in der DDR in die BRD.
Dieses Mal ging die Fahrt nach Trittenheim an der Mosel in
Rheinland-Pfalz, der früheren französischen Besatzungszone
in der Bundesrepublik Deutschland.

Dieser Besuchserlaubnis vom Januar 1952 war ein kontinuier-
licher Briefwechsel von herüben, der DDR, nach drüben, der
BRD und zurück, zwischen meiner Mutter und ihrer Mutter,

meiner Habicht-Oma, vorausgegangen. Bei der Erteilung einer Erlaubnis für einen Besuch in der BRD wurde von den Behörden bei uns in der DDR immer restriktiver vorgegangen. Es gab nur noch wenige Ausnahmen bei besonders begründeten Familienangelegenheiten.

Meine Mutter schrieb in ihren Aufzeichnungen: „Wenn die Not am größten, ist Gottes Hilfe am nächsten." Dieses Sprichwort bewahrheitete sich nun auch bei uns.

Meine Großmutter erkrankte plötzlich ernsthaft. Sie hatte starke Gallenbeschwerden. Eine Operation war wegen ihres schlechten Allgemeinbefindens nicht möglich. Wir mussten mit dem Schlimmsten rechnen. Die Sorge, dass wir uns nicht mehr sehen würden, war sehr groß. Wir erhielten ein ärztliches Attest über ihren Gesundheitszustand. Ihre Hausärztin hatte überzeugend geschildert, wie ernst es um meine Großmutter stand.

Meine Mutter machte sich sehr große Sorgen um ihre Mutter. Ihr Herzenswunsch war, sie noch einmal besuchen zu dürfen. Nun hieß es, schnell einen Antrag zu stellen. Durch dieses Attest kam bei meiner Mutter und mir Hoffnung und Zuversicht auf, vielleicht doch eine Besuchserlaubnis zu meiner Großmutter erhalten zu können.

Für meine Mutter war die Vorsprache bei der Kreisverwaltung in Kamenz ein schwerer Gang. Wir waren ja keine Parteifunktionäre und ich nicht in der FDJ. So musste sie bei der Antragstellung von der Sachbearbeiterin, in der Regel waren immer Frauen dafür zuständig, mit Schikanen und Demütigungen, auf jeden

Fall mit zynischen Bemerkungen, aber vielleicht sogar gleich mit einer mündlichen Absage rechnen. Es hatte sich herumgesprochen, dass man bei entsprechenden Anträgen selten Menschlichkeit und Mitgefühl von DDR-Behörden erfahren konnte.

Meine Mutter war wegen der Besuchserlaubnis zweimal dort. Hin und zurück war das immer fast eine Tagesreise. Es ging zu Fuß zunächst in das sieben Kilometer entfernte Pulsnitz und dann weiter mit der Bahn. Das erste Mal war vergebens, man nahm sie nicht einmal dran.

Als meine Mutter dort erneut ankam, war sie sehr aufgeregt. Sie musste aber erst mal über eine Stunde warten. Das war in diesem Fall sogar vorteilhaft. Die innere Unruhe verflog in der Zwischenzeit. Als sie dann an der Reihe war, sah sie, dass es keine Frau war, die wissen wollte, warum sie vorsprach, sondern ein Mann. In sehr höflichem Ton erklärte sie ihr Anliegen. Er hörte sich alles an. Sie musste dabei zu vielen Fragen Rede und Antwort stehen.

Dann sagte er nur: „Lassen Sie alles da. Sie bekommen Bescheid." Aber ob bzw. wann wir eine entsprechende Genehmigung erhalten würden, das erfuhr meine Mutter zu diesem Zeitpunkt noch nicht. Nur eines bekam sie von ihm mitgeteilt. Falls es klappen sollte, würde der Reisetermin sehr kurzfristig sein. Obwohl er nicht viel sagte, verspürte meine Mutter Verständnis und Wohlwollen.

Nun hieß es abwarten. Würde es klappen? Werde ich überhaupt mitfahren dürfen? Es war ja mitten im Schuljahr und keine Ferienzeit. Und wie würden die Verantwortlichen der örtlichen Gemeinde und meiner Schule dazu Stellung nehmen? Ich war zwar ein fleißiger Schüler und hätte sicher auch kein Problem, den Lernstoff für die Zeit, in der ich nicht da wäre, nachzuholen. Meine Mutter war auch im Dorf akzeptiert und hatte einen guten Leumund. Nur eins sagte man meiner Mutter nach: „Mit der Partei hat sie es nicht, von ihr will sie nichts wissen." Aber es gab keine Verdachtsmomente dafür, dass wir nicht mehr zurückkommen würden. Wie lange würde es dauern, bis wir Antwort bekämen? Alle möglichen Gedanken und Befürchtungen stellten sich bei uns ein.

Nach zwei Wochen bekam meine Mutter von der Gemeinde-verwaltung in Großnaundorf die Mitteilung, dass sie für uns beide den sogenannten Interzonenpass in Kamenz abholen könne. Am 14. 01. 1952 bekamen wir dann dort die schrift-liche Genehmigung, dass wir einen Tag später nach Schul-schluss die Reise antreten durften. Da blieb keine Möglich-keit, meine Großeltern rechtzeitig davon zu benachrichtigen.

Wir hatten damit die Erlaubnis, ab sofort für vier Wochen die DDR zu verlassen, um in die BRD zu fahren. Rucksack und Tasche waren nun schnell gepackt. Viel hatten wir nicht mit-zunehmen. Das wertvolle Tagebuch meiner Mutter nahmen wir leider nicht mit. Das war ein großer Fehler, wie sich später herausstellen sollte.

Was wir neben unserm Handgepäck mitnahmen, waren diese beiden Fotos für unsere Verwandten, zur Erinnerung an unseren Besuch.

Bei Magers
auf dem Hof vor
ihrem Wohnhaus

Am 15. Januar 1952 ging es zu Fuß bis zum fünf Kilometer entfernten Bahnhof nach Pulsnitz. Mit einem Bummelzug fuhren wir am frühen Nachmittag Richtung Grenze zur Bundesrepublik Deutschland. Die Sitzplätze waren schon fast alle belegt, als wir einstiegen. Im Zug ging es sehr beengt zu. Uns beiden war das alles egal. Eines war für uns sicher: Von Stunde zu Stunde kamen wir dem Westen näher.

Wir fuhren die ganze Nacht durch, mit nicht gerade hohem Tempo. Im Zug gab es kein Licht. Die Angst stand uns sicher im Gesicht. Seitenlehnen hatten die Sitzplätze nicht. Mit der einen Hand hielt meine Mutter mich fest und mit der anderen

Tasche und Rucksack, die auf dem Boden standen. So ging es bis zum Niemandsland.

Das war die Haltestelle an der Grenze zwischen der DDR und der BRD. Hier kamen wir in der Früh an. Es war noch dunkel. Der Zug, mit dem wir ankamen, stand unten. Jetzt ging es wie bei unserem ersten Besuch in der BRD durch einen Tunnel und auf der anderen Seite nach oben. Dort kam ebenfalls im Niemandsland der Zug in Richtung Westen. Es war sehr schlechtes Wetter, bewölkt und regnerisch. Der DDR-Zug hatte noch eine Dampflokomotive. Der Wind wehte stets den Rauch zu uns nach unten. Die Luft war stickig. Hinzu kam noch die Menschenmenge. Es war ein furchtbares Gedränge. Vor lauter Drücken und Schieben kamen wir kaum voran. Die Gefahr, erdrückt zu werden, war sehr groß. Als wir drüben ankamen, stellten wir fest, dass wir noch genügend Zeit gehabt hätten, denn wir mussten noch lange auf freier Strecke warten, bis der Zug in Richtung Westen einfahren durfte.

Nachdem wir uns im Niemandsland befanden, das nach allen Richtungen von der DDR abgeschirmt war, bedurfte es an der Grenze keiner Kontrollen. Alle konnten ja nur von dem einen in den anderen Zug. Es dauerte bestimmt zwei Stunden, bis die Fahrt in den Westen weiterging.

Jetzt war uns leichter ums Herz. Die DDR und die Strapazen lagen hinter uns. In gepflegteren Zügen kamen wir nach mehrmaligem Umsteigen hungrig und abgespannt, aber mit einem wunderbar befreiten Gefühl und mit großer Freude um 17.10 Uhr am Bahnhof in Trittenheim an der Mosel an.

An diesem Tag hätte keiner von uns beiden gedacht, dass wir nach der uns von den DDR-Behörden genehmigten Aufenthaltsdauer von vier Wochen nicht mehr nach Großnaundorf zurückkehren würden und hier in Trittenheim noch ein neues Zuhause finden konnten, in dem ich meine weitere Kindheit verbringen würde.

Trittenheim an der Mosel

1952 bis 1956

Hier in Trittenheim kamen meine Mutter und ich nach über einem Tag anstrengender Bahnfahrt, nach häufigem Umsteigen mit dem Zug am 16. Januar 1952 um 17.10 Uhr an, wo meine Großmutter jetzt lebte.

Es war für mich unbeschreiblich beeindruckend. Der Bahnhof lag moselabwärts auf der rechten Seite, am Fuße eines mit Weinbergen bestellten steilen Berghanges. Von hier aus führte eine Brücke auf die andere Seite zum Winzerort Trittenheim. Er lag am Flussufer und erstreckt sich bis hin auf die untere Anhöhe eines großen, nicht sehr hohen, lang gestreckten Berghügels. Dieser war wie eine Halbinsel oder ein Hufeisen vom Flusslauf der Mosel umgeben. Das von Trier aus, wo wir das letzte Mal umgestiegen waren, bis Trittenheim weite Moseltal war ab hier enger und von steileren und höher werdenden Weinberghängen umgeben.

Hier wohnten die Mutter und der Stiefvater meiner Mutter. Ihnen hatte meine Mutter geschrieben, dass wir für uns beide auf der Kommandantur in Kamenz in der DDR eine Besuchserlaubnis beantragt hatten, um sie besuchen zu können.

Dass wir heute kommen würden, hatten wir ihr aus zeitlichen Gründen nicht mehr mitteilen können. Sie telefonisch zu erreichen, das war seinerzeit noch nicht möglich. Meine Großmutter war deshalb sehr erstaunt und sprachlos, als wir plötzlich vor ihrer Tür standen.

Ihre Wohnung befand sich in einem von zwei Mehrfamilienhäusern, die von der Gemeinde für acht Flüchtlingsfamilien auf einer kleinen Anhöhe am östlichen Ende der Ortschaft gebaut worden waren.

Es war eine eingeschossige Bauweise mit einem etwas steileren Satteldach, das auch ausgebaut war. Hier unter dem Dach hatten meine Großeltern zwei Zimmer.

Bei ihnen wohnte auch Alfred, ein Bruder meiner Mutter, der in dem über 30 Kilometer entfernten Trier als Kürschner arbeitete und täglich zurückkam. In einem Raum war eine Wohnküche, in der auch eine Liege stand, und im anderen hatten sie das Schlafzimmer, in dem unter anderem drei Betten standen. Das WC befand sich auf dem Flur.

Vor einem der beiden
Flüchtlingshäuser,
im Vordergrund
rechts meine
Großmutter

Unser Aufenthalt im Westen war auf vier Wochen, für die Zeit vom 16. 01. bis 13. 02. 1952, begrenzt. Die Zeit verging wie im Flug. Bald war es so weit, wieder Abschied nehmen zu müssen. Meine Großmutter, der es wieder besser ging, unternahm während unseres Besuches alles Erdenkliche, damit wir hier bleiben durften. Sie bemühte sich bei der Gemeindeverwaltung sowie beim Flüchtlingsamt der Kreisverwaltung, beim Schulamt usw. Diese örtlichen Behörden konnten oder wollten sich nicht festlegen und ließen mit einer Entscheidung auf sich warten. Vielleicht hofften sie, dass wir doch rechtzeitig die BRD wieder verlassen würden.

Meine Mutter war deshalb sehr verunsichert. Es fiel ihr schwer, sich zu entscheiden. Das Ende der von der DDR genehmigten Besuchsdauer rückte immer näher. Meine Großmutter flehte uns förmlich an, auch wenn wir noch keinen genehmigten Aufenthalt hätten, nicht mehr in die DDR zurückzufahren. Hier im „Westen" hörte man von den schwierigen politischen Verhältnissen auf der anderen Seite Deutschlands. Viele Bürger der DDR hatten bereits die Gelegenheit genutzt und waren im sogenannten „Goldenen Westen" geblieben.

Der „Goldene Westen", wie man ihn im Osten nannte. Damit wusste ich als Zehnjähriger noch nicht viel anzufangen. Ich hatte ja keinen Vergleich. Mir ging es in der DDR doch gut. Auf dem Bauernhof bei Magers konnte ich mich frei bewegen und hatte viel Abwechslung. Ich war mit meinen Lebensbedingungen, so wie ich sie erlebte, zufrieden, hatte meine Freunde, die Schule machte mir Freude und ich fühlte mich eigentlich rundum ganz wohl. Ich kannte alles ja auch nicht anders.

Warum es sich aber trotzdem lohnte, im Westen zu bleiben und nicht in den Osten zurückzukehren, war für meine Mutter und insbesondere für meine Großmutter die Freiheit im Westen und die Sorge vor einer totalen Abschirmung der DDR von der Bundesrepublik mit der Folge, sich für lange Zeit nicht mehr besuchen und sehen zu können.

Meine Mutter hatte auch Bedenken, weil die Wohnverhältnisse bei meinen Großeltern doch jetzt schon mehr als beengt waren. Es gab keine Wohnung für jemanden, der „von drüben" kam. Auch keine Arbeit und somit kein Einkommen. Wir waren für die Einheimischen Fremde, Flüchtlinge. Das Essen bei meinen Großeltern war auch sehr knapp. Mein Stief-Großvater arbeitete im Weinberg.

Das Geld, das er verdiente, reichte kaum für seine Zigaretten und für das, was er sonst täglich nach seiner körperlich sehr schweren Arbeit für sich noch brauchte. Für ihn wurden wir bereits während unserer vierwöchigen Besuchsdauer zu einer von den Wohnverhältnissen und vom Finanziellen her fast unerträglichen Belastung.

Trotz aller Schwierigkeiten und ungelöster Probleme versuchte meine Großmutter immer wieder, meine Mutter zu überzeugen, dass es besser für uns sein würde, wenn wir hier blieben. Das war dann auch so, wie es uns die Geschichte bestätigte. Wir waren später froh, in Trittenheim „im Westen" geblieben zu sein.

Das Eingewöhnen war jedoch nicht leicht. In Trittenheim wurden wir zwar akzeptiert, so wie die anderen Flüchtlinge auch, die die Gemeinde schon nach dem Krieg hatte aufnehmen müssen. Die gesellschaftlichen Gegebenheiten und die Beziehungen zwischen den Menschen waren aber ganz anders als in Großnaundorf.

Die Menschen, die hier lebten, waren meist Winzer, hatten noch ihre sichere Existenz, ihr Hab und Gut, reichlich zum Leben und ihre Heimat. Der Krieg hatte nicht allzu viele Spuren hinterlassen. Wir waren hier Fremde, Unbekannte, Außenseiter. Mehr oder weniger geduldet.

In Großnaundorf war die Situation anders gewesen. Die zum Teil unmenschlichen Auswirkungen des Krieges bekamen dort auf Grund der sowjetischen Besatzung und durch deren Auftreten und Ausbeutung alle, also nicht nur die Flüchtlinge, sondern auch die Einheimischen deutlich zu spüren. Wir waren dort zwar auch Fremde, aber die politischen, kommunistisch geprägten freiheitlichen Veränderungen führten dazu, dass das menschliche Zusammenleben im engeren Kreis zu dieser Zeit hilfsbereiter und menschlicher war, als wir es hier im Westen empfanden.

In Großnaundorf hatten wir, auch wenn es armselig und bescheiden war, ein eigenes kleines Zuhause. Meine Mutter hatte Arbeit und zu hungern brauchten wir nicht. Ich fühlte mich bei Magers auf dem Bauernhof sehr wohl und kam in der Schule gut zurecht. Wir lebten in ärmlichen, aber geordneten Verhältnissen. Freunde, Bekannte und lieb gewonnene Menschen, die uns in Großnaundorf sehr nahe standen, fehlten uns nun. Viele für uns wertvolle persönliche Sachen, auch das Tagebuch meiner Mutter, besaßen wir nun nicht mehr. Wir hatten all dies zurücklassen müssen. Alles, was wir hatten, war ein kleiner Koffer mit Kleidung.

In den Jahren nach dem Krieg zeigte es sich, dass die Flüchtlinge sich ihrem Schicksal fügten. Sie machten mit Fleiß und Beharrlichkeit aus ihrer Situation das Beste. Staatliche Hilfe benötigten sie weitgehend nicht mehr. Zunehmend bekamen sie immer mehr Vertrauen in der Bevölkerung und wurden als gleichwertige Mitbürger anerkannt.

Das empfanden auch wir als Neuankömmlinge in Trittenheim nach einiger Zeit so. Meine Mutter war von Anfang an darauf bedacht, anderen Menschen gegenüber höflich, kontaktfreudig und hilfsbereit zu sein. Sie war auch zuverlässig bei allem, was sie tat, und dankbar für das, was sie bekam. Die Menschen, mit denen wir zu tun hatten, mochten uns deshalb, zumindest soweit wir das spüren konnten. Es war für mich auch sehr wertvoll, neben meiner Mutter noch andere Personen zu kennen, die mir gut gesinnt waren.

Die Entscheidung über unser Hierbleiben und einen eventuellen Neuanfang war für meine Mutter und für mich nicht leicht. Für meine Großmutter war das bei allen Schwierigkeiten, die sie wegen uns hatte und die sich möglicherweise auch für uns noch ergeben könnten, keine Frage. Für sie gab es stets nur eins: „Ihr dürft nicht mehr zurück!"

Letztendlich überzeugten die Argumente meiner Großmutter. Sie hatte in ihrem Leben auch schon sehr viel erfahren müssen und hatte ein gutes Gespür dafür, was die Entwicklung der politischen Verhältnisse in der DDR anlangte. Sie befürchtete, dass Werte wie Freiheit und Demokratie dort künftig stark eingeschränkt werden könnten. Die Angst, ihre Tochter und ihr Enkelkind vielleicht nie mehr sehen zu dürfen, war sehr groß. Sie ging davon aus, dass wir in Zukunft die Chance, besuchsweise in den Westen zu kommen, nicht mehr bekommen würden. Nun hing aber erst mal alles von der Frage ab: „Dürfen wir bleiben oder nicht?"

Hier bleiben zu dürfen war seinerzeit nicht einfach. Die Flüchtlinge, die unmittelbar nach dem Krieg gekommen waren, hatten sofort ihren Flüchtlingsausweis und ihr Aufenthaltsrecht bekommen. Bei uns war das nicht so. Man wollte nicht noch weitere Flüchtlinge in der Region. Folglich lehnte die Kreisbehörde unser Gesuch um eine Erteilung einer Aufenthaltsgenehmigung ab. Wir sollten nach Ablauf der von der DDR genehmigten Besuchsdauer von vier Wochen wieder zurück in die DDR.

Der Tag unserer Abfahrt rückte immer näher. Wir hatten uns zwischenzeitlich entschieden, hier zu bleiben. Aber nicht das Wollen, sondern das Dürfen war nun plötzlich maßgebend. Meine Mutter unternahm noch einmal einen Versuch. Sie sprach persönlich bei der Kreisbehörde vor, die unser erstes Gesuch abgelehnt hatte. Man sicherte ihr zu, unseren Antrag auf Erteilung einer Aufenthaltsgenehmigung nochmals zu prüfen. Die Entscheidung über unseren Aufenthalt lag nun ganz allein im Ermessen der Behörden. Und die taten sich offensichtlich schwer, sich für unseren Verbleib in der BRD auszusprechen.

Rechtlich hätte das kein Problem sein dürfen. Auch als DDR-Bürger waren wir Deutsche. Seit dem 23. Mai 1949 gab es das Grundgesetz für die Bundesrepublik Deutschland (GG). In der damaligen Präambel konnte man unter anderem lesen, dass diese Verfassung im Bewusstsein der Verantwortung vor Gott und den Menschen von dem Willen beseelt, die nationale und staatliche Einheit zu wahren, beschlossen worden sei und dass auch für jene Deutsche gehandelt werde, denen mitzuwirken versagt war. Also jene in der DDR.

Auf Grund unserer Situation hätte die BRD ja für unseren Lebensunterhalt aufkommen müssen. Eine ausreichende Lebensgrundlage, von der im Artikel 11 des GG bei der Freizügigkeit für alle Deutschen die Rede ist, war ja nicht gegeben.

Es fehlte an Arbeit. Man scheute auch die Probleme bei der Wohnraumbeschaffung und, nachdem meine Mutter mittel- und arbeitslos war, die Übernahme anfallender Kosten für Wohnung, Einrichtung, Haushalt, Kleidung und Lebensunterhalt.

Dass wir Deutsche waren, wurde ja auch nicht bestritten. Meine Mutter und mich mit den Problemen, die wir hatten, wollte man aber hier nicht aufnehmen. Die Kommune hätte uns ja, wenn wir hier blieben, Sozialhilfe bezahlen müssen. Da versuchte man lieber, uns dazu zu bewegen, wieder dorthin zu gehen, wo wir bisher gelebt hatten, wo ich in die Schule ging und wo wir polizeilich gemeldet waren, also zurück in die DDR.

Meine Großmutter hatte sich in diesen entscheidenden Tagen auch noch einmal persönlich mit ihrer ganzen Kraft leidenschaftlich, unnachgiebig und hartnäckig für uns eingesetzt. Nachdem sich ihre Gesundheit wieder gebessert hatte, ging sie fast täglich zu Fuß von Trittenheim in das drei Kilometer entfernte Klüsserath und wurde bei der Kreisbehörde vorstellig. Meiner Großmutter haben wir es zu verdanken, dass uns am Tag vor dem Abreisetermin (12. 02. 1952) die Aufenthaltserlaubnis erteilt wurde. Wir durften bleiben. Trittenheim wurde damit ab Montag, dem 11. Februar 1952, unser drittes Zuhause.

Moselregion und wie wir dort lebten

Jetzt waren wir Bürger der Bundesrepublik Deutschland und aus der Sicht der DDR Republikflüchtige. Daran dachten wir bald nicht mehr. Für uns begann nun ein neuer Lebensabschnitt in Trittenheim an der Mosel im Bundesland Rheinland-Pfalz.

Die Moselregion selbst ist eines der schönsten und beliebtesten Urlaubsgebiete in Deutschland. Sie bietet unzählige Sehenswürdigkeiten, unter anderem 13 Burgen, Kulturdenkmäler und eine einzigartige Landschaft. Trittenheim gehört zum deutschen Bundesland Rheinland-Pfalz. Dieses wird auch als deutsches Land am Rhein bezeichnet. Das Kernland besteht aus den drei früheren deutschen Kurfürstentümern Mainz, Trier und Pfalz. Die Hauptstadt ist Mainz. Fast alle Industrie- und Wirtschaftszweige sind in diesem Bundesland, vor allem aber in den großen Städten, vertreten. Die Höhen und Täler von

Hunsrück und Eifel sind nur wenig besiedelt. An den Tälern der Flüsse Rhein und Mosel stehen 70 % der deutschen Rebfläche, die etwa zwei Drittel der deutschen Weinmosternte erbringt.

Es gefiel uns in dieser wunderbaren Umgebung sehr gut. Aber nach Erhalt der Aufenthaltserlaubnis im Februar 1952 blieben leider Schwierigkeiten nicht aus.

Aus heutiger Sicht ist es völlig unverständlich, dass ich hier in Rheinland-Pfalz, in der Bundesrepublik Deutschland, ohne Nachweis einer Schulabmeldung aus der DDR keine Schule besuchen durfte. Es war auch ungewiss, was uns nach Erteilung einer Aufenthaltsgenehmigung möglicherweise sonst hier noch alles erwarten würde.

Ich durfte nicht in die Schule hier in Trittenheim gehen. Dazu hätte ich eine amtliche Abmeldung der Schulbehörde in Groß-naundorf benötigt. Ich war nämlich in der DDR entsprechend der Eintragungen in den amtlichen Papieren vom Schulbesuch nur beurlaubt worden, um besuchsweise nach Westdeutschland zu fahren. Es bestanden die Auflagen, den versäumten Unterrichtsstoff nach unserer Rückkehr nachzuholen, und dass ich in Westdeutschland keiner Schule zugeführt werden durfte. Daran hielt sich nun auch die für Trittenheim zuständige Schulbehörde. Das war ein Skandal! Heutzutage unglaublich und unvorstellbar.

In der Bundesrepublik Deutschland galten, obwohl ich doch Bundesbürger geworden war, auf einmal für mich DDR-Auflagen. Als ich hier die Schule besuchen wollte, hieß es, man darf nicht gleichzeitig an zwei deutschen Schulen angemeldet sein. Das war für uns total unverständlich und kein nachvollziehbares Verwaltungshandeln. Obwohl die DDR als deutscher Staat nicht anerkannt wurde, war es in der BRD also nicht möglich, hier seiner Schulpflicht nachzugehen, wenn man die Abmeldung von der Schule in der DDR nicht vorlegen konnte. Demzufolge wurde ich in die Volksschule in Trittenheim nicht aufgenommen, auch nicht als Gastschüler.

Im April 1952 bekam meine Mutter eine erste Antwort der Grundschule in Großnaundorf auf ihre mehrmaligen Schreiben. Auszugsweise hieß es dort: „Eine Abmeldung nicht erfolgen, da Sie ja mit Ihrem Sohn nur verreist sind und Sie keine gesetzliche Genehmigung zum Verlassen der DDR haben." Der Schulleiter fügte in seinem Schreiben noch hinzu: „Leider machen Sie mir Unannehmlichkeiten und ich habe für weitere Fälle daraus gelernt."

Die von der DDR genehmigte Besuchszeit war nun schon längst überschritten. Ein Zurück, auch aus dem Grund, dass ich in der Bundesrepublik Deutschland keine Schule besuchen durfte, gab es für uns nicht mehr. Die Unannehmlichkeiten und Repressalien, die wir, insbesondere meine Mutter, bei einer Rückkehr zu erwarten gehabt hätten, wären nicht auszudenken gewesen.

Bei meinen Großeltern konnten wir aber nicht länger bleiben. Die Wohnung war einfach zu klein und für fünf Personen viel zu beengt. Hinzu kam, dass mein Stief-Großvater uns nach diesen vielen Wochen auch los sein wollte. Irgendwo wenigstens ein

Zimmer für uns und Arbeit für meine Mutter zu bekommen war das, was wir uns wünschten und auch dringend brauchten.

Wegen eines Zimmers ging meine Mutter von Haus zu Haus. Aber niemand wollte uns in dieser Sache helfen. Die Einheimischen hatten grundsätzlich nichts gegen Flüchtlinge, aber bei sich selber wollte sie keiner haben. Deshalb hatte die Gemeinde nach dem Krieg auch zwei Häuser für sie gebaut. Die Flüchtlinge waren für sie eben ungewohnt und fremd. Es fehlte an Vertrauen, solange man sie nicht persönlich näher kannte. Das beruhte sicher auch auf Gegenseitigkeit.

Pfarrhaus und Schule von Trittenheim

Im September 1952 begann ein neues Schuljahr. Ich durfte endlich nach langer Unterbrechung wieder in die Schule gehen. Offensichtlich war es bei der bestehenden gesetzlichen Schulpflicht in der BRD nicht länger vertretbar, mir den Zugang zur Schule zu verwehren.

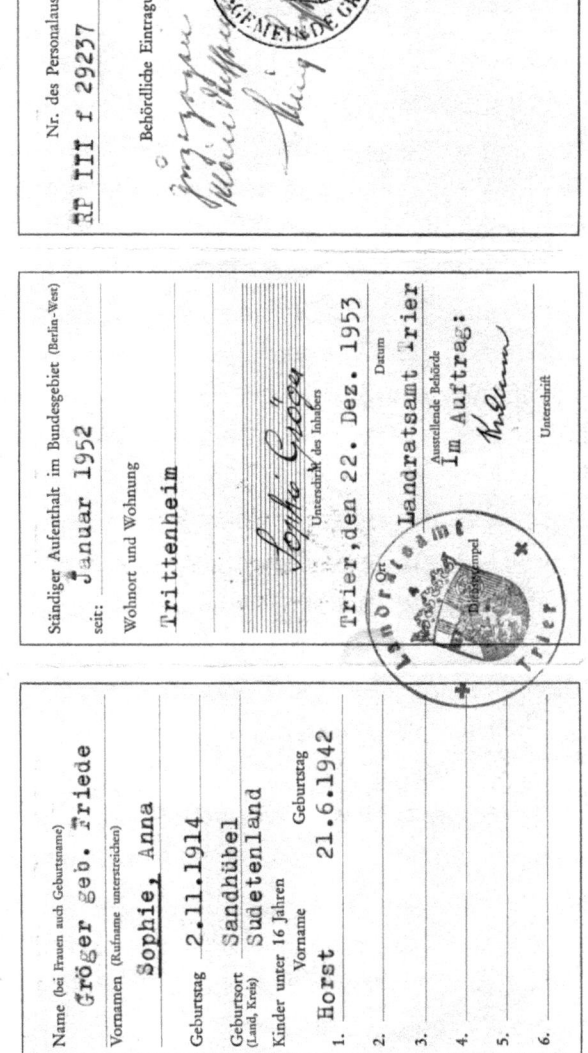

Nr. des Personalausweises

AP III f 29237

Behördliche Eintragungen

Ständiger Aufenthalt im Bundesgebiet (Berlin-West)

seit: Januar 1952

Wohnort und Wohnung

Trittenheim

Unterschrift des Inhabers

Sophie Gröger

Trier, den 22. Dez. 1953

Datum

Landratsamt Trier

Ausstellende Behörde

Im Auftrag:

Unterschrift

Name (bei Frauen auch Geburtsname)

Gröger geb. Friede

Vornamen (Rufname unterstreichen)

Sophie, Anna

Geburtstag 2.11.1914

Geburtsort Sandhübel
(Land, Kreis) Sudetenland

Kinder unter 16 Jahren

Vorname   Geburtstag

1. Horst   21.6.1942
2.
3.
4.
5.
6.

Flüchtlingsausweis

303

Nach und nach wurden auch die anderen bürokratischen Hürden für uns weniger. So bekam meine Mutter im Dezember 1953 einen Flüchtlingsausweis, in dem auch ich mit eingetragen war.

Arbeit hatte meine Mutter auch gefunden. Demzufolge bekam sie von der Sozialhilfeverwaltung in Klüsserath, einem Nachbarort von Trittenheim, die Zusage, bei Nachweis einer Wohnung einen Zuschuss für eine Mindestausstattung für uns zwei zu bekommen.

Von einem Weinbauern hatten wir zwischenzeitlich ein uraltes Schlafzimmer geschenkt erhalten. Ein Schreiner im Ort arbeitete es uns zu einem günstigen Preis um, sodass es wieder sauber, stabil und etwas zeitgemäßer war. Ebenso bekamen wir von einer älteren Frau ein gebrauchtes, schon ziemlich durchgesessenes Sofa geschenkt. Eines wie zu Urgroßvaters Zeiten. Hinten eine große geschwungene Lehne und seitlich je ein rundes Seitenteil. Aber eine Wohnung hatten wir immer noch nicht. Bei einem Winzer bekamen wir eine Kammer, in der wir die Möbel, bis wir eine Wohnung gefunden hatten, kostenlos zwischenlagern durften.

Eines Tages ging meine Mutter durch eine enge Seitenstraße und kam an einem kleinen Häuschen vorbei. Es war an eine Giebelseite einer zweigeschossigen Häuserreihe angebaut. Das Häuschen selbst war wesentlich niedriger als die anderen Häuser und bestand aus einem Erdgeschoss mit ausgebautem Dachgeschoss, das unbewohnt aussah.

Das kleine unscheinbare Häuschen

Meine Mutter hatte bisher nur Absagen erfahren und traute sich schon bald nicht mehr, nach einer Bleibe für uns zu fragen. So war es auch diesmal. Aber sie ging doch zur Haustür, klopfte und eine ältere Frau öffnete die Tür. Dazu kam aus dem hinteren Raum ein etwas gebeugter Mann mit Stock. Die Vorhänge in ihren Zimmern waren heruntergelassen. Alles wirkte duster und nicht sehr vertrauenserweckend.

Meine Mutter stellte sich trotzdem vor und kam auch schnell zu ihrem Anliegen. Was sie dann nicht fassen konnte, war, man bat sie herein und zeigte ihr im Dachgeschoss zwei Zimmer, die man über eine steile Holztreppe und eine Tür vom Flur aus erreichen konnte. Der Blick aus zwei winzigen Fenstern ging in den davor liegenden Garten. Alles war sehr einfach. Es gefiel meiner Mutter aber und sie wagte gar nicht zu hoffen, hier einziehen zu dürfen.

Dann war ihre Freude unvorstellbar groß. Das Ehepaar Frobe, so hießen die Vermieter, hatte ihr versprochen, uns aufzunehmen und uns diese beiden Zimmer zum 1. Oktober 1952 zu vermieten. Meine Mutter konnte gar nicht glauben, endlich eine Bleibe bekommen zu haben.

Nachdem wir nun eine Wohnung nachweisen konnten, bekamen wir von der Sozialhilfeverwaltung wie vereinbart einen Ofen und Kleinigkeiten für den Haushalt bis hin zu zwei Tellern, zwei Tassen, zwei Löffeln und zwei Messern. Die Kosten dafür wurden uns in Rechnung gestellt. Wir hatten diese später wieder zurückzuerstatten.

Nach und nach erweiterte sich unsere Wohnungseinrichtung. Am 5. Mai 1953 kaufte meine Mutter ein Radio. Das war unsere erste größere Anschaffung. Es war für uns schon etwas Besonderes, einfach großartig, Rundfunkunterhaltung zu haben. Für den 12. Mai 1953 waren uns vom Sozialamt ein Tisch und 2 Stühle versprochen worden. Meine Mutter kaufte, soweit es ihr finanziell möglich war, immer wieder etwas dazu. 1953: Küchenuhr 24 DM, Antenne für Radio 28 DM, Küchenschrank 50 DM. 1954: Gasherd mit Propangas.

Die Familie Frobe lebte in ganz einfachen und bescheidenen Verhältnissen. Die Einnahmen aus der Miete, es waren 15 DM im Monat, konnten sie gut gebrauchen. Von den Ortsansässigen wollte keiner viel mit ihnen zu tun haben, geschweige denn bei ihnen wohnen. Das erfuhren wir, als im Ort bekannt wurde, dass wir bei ihnen einziehen würden: Herr Frobe sei ein Nörgler, ein etwas schwieriger Mann, dem keiner etwas recht machen könne. Die beiden Frobes seien sehr eigen, scheuten angeblich jeden Kontakt zu anderen Bewohnern des Ortes. Die Fenster hätten sie immer geschlossen und mit Vorhängen verdunkelt, damit ja keiner hineinsehen könne.

Einige Trittenheimer waren aber neugierig, etwas über die Frobes zu erfahren. Weil sie gehört hatten, dass wir bei ihnen einziehen würden, wollten sie plötzlich mit uns sprechen und uns gute Ratschläge geben, ja uns sogar den Einzug ausreden. Eine andere Wohnung für uns hatte aber keiner. Wir ließen uns von dem Gerede derer, die uns nicht haben und uns nun alles miesmachen wollten, nicht beeinflussen. Offensichtlich gönnten sie den Frobes und auch uns nicht, dass wir bei ihnen einziehen wollten. Wir jedoch freuten uns darauf.

Unten hatten die Hausleute zwei Räume für sich. Oben war eine Dachkammer, in der ihr Sohn Werner seine Schlafstätte hatte. Daneben waren die zwei Dachzimmer mit schrägen Wänden, die sie uns zur Verfügung stellten. Das Haus war an einer Giebelseite an das danebenstehende höhere Gebäude angebaut. Um die anderen Seiten herum verlief der Garten. Über diesen erreichte man einen kleinen Schuppen, an den auch ein Plumpsklo angebaut war.

Herr Frobe hatte eine Beinverletzung. Um gehen zu können, brauchte er einen Stock. Er war manchmal schwierig und auch eigen. So durfte seine Frau beispielsweise tagsüber nicht die Übergardinen im Schlafzimmer zur Straße hin aufziehen. Deshalb erschienen die Fenster von außen auch immer verdunkelt. Frau Frobe dagegen war eine bescheidene und gutmütige Frau.

Sie ließen uns und insbesondere auch mir im Garten um das Haus herum viel Freiheit. Am 12. 6. 1953 bekam ich eine kleine Katze. Im Schuppen hinter dem Haus und im Garten davor durften wir uns sogar ein paar Hühner halten. Das war für mich als noch nicht ganz Dreizehnjähriger recht erfreulich. Meine Aufgabe war, sie füttern, und die gelegten Eier durften wir aus den Nestern holen und auch behalten. Das erinnerte mich ein bisschen an die Zeit auf dem Bauernhof bei den Magers in Großnaundorf. Natürlich hatte ich auch den Stall sauber zu halten. Das war mir nicht fremd und gehörte einfach dazu.

Wenn auch die Frobes im Dorf nicht so beliebt waren, wir kamen mit ihnen gut aus und fühlten uns bei ihnen sehr wohl. Wir konnten nur Angenehmes über Frau und Herrn Frobe berichten, wenn wir immer wieder auf sie hin angesprochen wurden. Ihr Sohn Werner heiratete am 2. Mai 1955 und wohnte danach nicht mehr bei seinen Eltern. Nur drei Monate später, am 7. August 1955, verstarb Herr Frobe. Nun war Frau Frobe froh, nicht allein im Haus sein zu müssen.

Trittenheim sagte uns als neues Zuhause mehr und mehr zu. Der Ort mit etwa 1 200 Einwohnern war überschaubar und landschaftlich schön mit Weinbau (343 ha) und Wald (496 ha) in eine Moselschleife eingebettet. Umgeben wurde der Ort von flachen Weingärten. Über eine Brückenverbindung war die gegenüberliegende Seite mit den Steilhängen der bekannten Weine „Trittenheimer Apotheke" und „Trittenheimer Altärchen" erreichbar, was teilweise recht beschwerlich für die Winzer war.

Die Landschaftsstruktur mit den umliegenden Moselhöhen, beispielsweise der Zummethöhe, führte zu einem milden und fast mediterranen Klima. Für viele Natur- und Kulturliebhaber ist Trittenheim noch heute Anziehungspunkt für jährliche Urlaubsreisen, Weinfahrten und Wanderungen.

Blick von der Zummethöhe auf Trittenheim

Die Brücke wurde 1909 errichtet und war eine der ersten Brücken an der Mittelmosel. Zwei danebenstehende Fährtürme erinnern an die frühere Verkehrstechnik am alten Moselübergang von Trittenheim.

Blick vom Hotel Zummethof auf die Moselschleife und auf Trittenheim

Oberhalb des Ortes steht noch heute in den Weinbergen die Laurentius-Kapelle (erweitert 1583). Auf dem Weg hinauf stehen Bildstöcke (Pestkreuze) von der Kreuzigung Christi (Kreuzweg). Diese wurden 1654 von mehreren Winzerfamilien gestiftet, nachdem eine Pestseuche im 17. Jahrhundert vorüber war.

Noch weiter auf der Höhe, mit herrlichem Blick auf das Moseltal, steht, beschattet von dichtem Niederwald, der „Hinkelstein". Er ist einer der wenigen in dieser Region erhaltenen Menhire – Zeugnis der Megalith-Kultur, die weit vor keltischer Zeit in ganz Westeuropa herrschte. Urkundlich erwähnt wurde Trittenheim erstmals 893.

In Trittenheim gab es auch alles zu kaufen, was man zum täglichen Leben brauchte, und die Menschen hier honorierten den Fleiß meiner Mutter. Sie akzeptierten und respektierten uns in zunehmendem Maße.

Zu diesen Menschen gehörte beispielsweise mein Klassenlehrer. Er schätzte besonders meine gute Erziehung und lobte mich sehr oft vor meinen Mitschülern für mein diszipliniertes, sehr anständiges, äußerst höfliches, freundliches und stets gut gelauntes Verhalten. Auch weil ich meine Hausaufgaben immer ordentlich und zuverlässig machte, bekamen meine Mitschüler in der Klasse zu hören, sie sollten sich an mir ein Beispiel nehmen. Mein Schul- und Lernverhalten war für mich nichts Besonderes. Wir waren in der DDR entsprechend erzogen worden.

Das Lob meines Klassenlehrers war leider nicht immer zu meinem Vorteil. Ich musste mir dann oft spöttische und verletzende Bemerkungen wie beispielsweise „Schönschauer, Lachhänschen, Verräter, Depp" oder ein „Hau ab" anhören. Auch wurde ich anfangs in den Pausen von der Gemeinschaft ausgeschlossen oder war in der Freizeit nicht erwünscht. Dies zeigte sich zum Beispiel, wenn die Jungens sich am Nachmittag zum Fußballspielen auf einer Wiese trafen und die Mannschaften festgelegt wurden. Ich war immer der, der als letzter übrig blieb. Wenn ich dann doch mitspielen durfte, gab es zum Gelächter und zur Freude aller mit Absicht auch mal einen kräftigen Schlag auf das Schienbein oder einen Tritt von hinten.

Eigenartigerweise ließ ich mich nicht ausgrenzen. Ich ging immer wieder auf meine Klassenkollegen zu. Was das Lernen betraf, tat ich mir in Fächern wie Rechnen, Deutsch und Sport leicht. Schwieriger war es für mich in Geschichte, Gemeinschafts- und Erdkunde. Das war größtenteils begründet wegen der in der DDR anders gelehrten Inhalte oder geografischen sowie gesellschaftlichen Gegebenheiten.

Mir kam zu Hilfe, dass mein Klassenlehrer ein Onkel von Harald, einem Mitschüler meines Jahrganges, der sechsten Klasse, war. Harald hatte das Sagen in der gesamten Klasse. Er wurde wohl mal privat von seinem Onkel angehalten, dass er, wenn Stimmung gegen mich aufkäme, positiv auf die Jungs einwirken solle. Damit hatte Harald kein Problem. Wir fanden auch zunehmend Vertrauen zueinander und wurden sogar gute Freunde. Das wirkte sich vorteilhaft für mich gegenüber meinen anderen, vor allem älteren Mitschülern aus.

In unserer Klasse waren der fünfte, sechste, siebte und achte Jahrgang zusammengefasst. Und das nur Buben. In unserem Jahrgang waren wir nur fünf Jungens. Neben Harald waren es Edwin, Hermann und noch ein Horst. Sie akzeptierten mich schnell und nahmen mich wohlwollend auf. Die Mädchen wurden gesondert in einem anderen Gebäudeteil der Schule, ebenso in zwei Klassen, unterrichtet. Bei der Schule handelte es sich um eine katholische Volksschule mit vier Klassen, zwei von der ersten bis zur vierten und zwei von der vierten bis zur achten.

Neben unserer Schule lag das Pfarrhaus. Nachdem es sich um eine katholische Schule handelte, lag es nahe, dass Religion auch zu den wichtigsten Unterrichtsfächern gehörte. Das führte dazu, dass der Pfarrer auch eine besondere Respektsperson bei uns Schülern war. Mir kam nun auch zugute, dass dieser Pfarrer mir gut gesinnt und interessiert war, mich in die Pfarrgemeinde zu integrieren.

Ich wurde Ministrant und durfte als Messdiener am 3. Oktober 1954 erstmals aktiv bei einem Gottesdienst dabei sein. Somit bekam ich auch außerhalb der Schule Kontakt zu meinen Mitschülern. Ich wurde hier schnell und kameradschaftlich aufgenommen. Wir waren eine lockere Gruppe, mussten Gebete auf Latein und Abläufe der kirchlichen Veranstaltungen lernen. Wir hatten auch viel Freude am Ministrieren, an der Mitwirkung bei der Gemeindearbeit, zum Beispiel beim Erstellen der schönen Weihnachtskrippe in der Kirche oder beim Aufbau der großen, kunstvoll mit Blumenteppichen geschmückten Altäre am Fronleichnamsfest.

Eine besondere Aufgabe von uns Messdienern war das Läuten der Kirchenglocken zu den festgelegten Tages- und Gottesdienstzeiten. Hierzu wurden wir vom Küster eingeteilt. Das Läuten der Glocken erfolgte noch über lange Seile, die im Kirchturm vom Glockengebälk bis zum ersten Podest im Kirchturm reichten. Wir hatten drei Glocken. Die größte wog einige Zentner. Um diese zum Läuten zu bringen, mussten wir schon zu dritt am Seil hängen. Gefährlich wurde es, wenn die Glocke aufhören sollte zu läuten. Mit dem Seil musste sie dann abgebremst werden. Einer hing da mit seinem ganzen Körper am Seil. Da entwickelte sich eine ganz schöne Zugkraft mit dem Betreffenden nach oben. Der musste dann aufpassen, nicht mit dem Kopf am darüber liegenden Podest anzustoßen.

Marien-Seitenaltar
in der Pfarrkirche
St. Clemens

Kath. Pfarrkirche
St. Clemens
(1790–1793)

Einige Zeit später durfte ich eine zweiwöchige Urlaubsvertretung für den Küster machen. Ich kannte mich mit allen Aufgaben in der Sakristei und den Vorbereitungen für den Gottesdienst schon ganz gut aus. Bereits morgens um sechs musste die Morgenglocke geläutet werden. Das frühe Aufstehen machte mir nichts aus. Meine Mutter trug ja die Tageszeitung aus und war da auch schon unterwegs.

Der Eingang in die Kirche erfolgte über eine Seitentür. Um dorthin zu kommen, ging es ein Stück über den Friedhof. Morgens vor sechs war es draußen noch dunkel. Am Anfang war es, obwohl ich keine Angst verspürte, schon gewöhnungsbedürftig. Wenn ich nach dem Öffnen der Seitentür die Kirche betrat, knarrten in der finsteren Kirche erst mal die dicken Bohlen des Holzfußbodens. Es leuchtete nur das „ewige Licht" in der Nähe des Hauptaltares. Dann ging es durch einen engen Aufstieg in den recht düster beleuchteten Glockenturm zum Sechs-Uhr-Morgenläuten.

Alles in allem war es eine wohltuende Erfahrung, die ich da machen durfte. Ich spürte, dass mich die Trittenheimer mochten, die Leute in den Geschäften, in die ich zum Einkaufen kam, beispielsweise bei dem kleinen Kolonialwarenladen am Anfang unserer Straße, beim Bäcker um die Ecke oder beim Metzger in der Ortsmitte.

Die Trittenheimer ließen uns auch immer mehr am gesellschaftlichen und kulturellen Leben teilnehmen. An Pfingsten war das Wein- und Heimatfest. Die Laurentius-Weinkirmes fand am zweiten August-Wochenende statt.

Daneben gab es Schul- und Sportfeste, aber auch eindrucks-
volle Kirchenfeste wie beispielsweise Fronleichnam (vier
große Altäre mit prächtigen Blumenteppichen) waren etwas
Besonderes.

Feierlich waren auch die festlichen Gottesdienste an Weihnachten in der Pfarrkirche St. Clemens (1790). Nicht fehlen
durften im Ort die im Advent liebevoll aufgebauten Weih-
nachtskrippen in der Kirche und in fast allen Häusern.

Einer der vier Altäre an Fronleichnam

Neben einigen Geschäftsleuten aus dem Handel und dem Handwerk lebten in Trittenheim bis auf ein paar wenige, und das waren fast ausschließlich Flüchtlinge und einige Zugezogene, nur Weinbauern mit ihren Familien. Da gab es kleinere, aber auch große Winzerhöfe und Weinkellereien mit Straußenwirtschaften, Probierstuben und Hotelanlagen. Bekannte Weinlagen waren, wie schon einmal erwähnt, das Trittenheimer „Altärchen" und die „Trittenheimer Apotheke" mit einer Rebfläche von insgesamt 350 ha.

Trittenheim ist Geburtsort des Abtes und Humanisten Johannes Trithemius (1462–1516) und des Schriftstellers Stefan Andres (1906–1970). Die Namensendung „heim" deutet auf eine fränkische Besiedlung hin. Der Ort wirkt entsprechend etwas anders als die älteren, meist in keltischer Zeit entstandenen Moseldörfer und ist einer der bekanntesten Wein- und Fremdenverkehrsorte an der Mosel.

Hier fehlte es auch nicht an Arbeitsmöglichkeiten. Meine Mutter fand Arbeit in einem Hotel mit Weinkellerei. Als Hilfskraft half sie im Weinberg mit, arbeitete in der Weinkellerei sowie als Haus- und Küchenhilfe. Die eine oder andere Mark verdiente sie sich zusätzlich mit Austragen von Illustrierten, Wochenblättern und dem Verkauf von einzelnen Haushaltsgegenständen wie Messern, Scheren usw. an der Haustür.

Ihr erster Arbeitseinsatz in der Weinkellerei war im Versand. Hier wurden die gefüllten und verkorkten Weinflaschen von Hand etikettiert, der Flaschenhals mit einer Handpresse verkapselt und anschließend versandfertig in Kartons verpackt.

Eine einzelne Weinflasche war ja nicht so schwer. Wenn man aber den ganzen Tag fortlaufend eine volle Weinflasche in den Händen hatte, war das ganz schön anstrengend für die Arme. Hinzu kam, dass man den ganzen Tag stand und somit am Abend geschafft war. Gearbeitet wurde 48 Stunden in der Woche, manchmal auch die Nacht durch bis in der Früh um fünf, bei einem Verdienst von unter einer Deutschen Mark pro Stunde.

Nach einem halben Jahr kaufte ihr Chef, es war der älteste von drei Brüdern, eine Etikettiermaschine. Bedienen sollte sie meine Mutter. Das war ein großer Vertrauensbeweis. Diese neue Maschine gab den Arbeitsrhythmus vor. Beide Hände waren ständig in Bewegung. Eine Flasche wurde von rechts abgenommen, aufgelegt und nach links hinten abgegeben. Und so ging es fortlaufend, manchmal stundenlang ohne Unterbrechung.

Die Weinflasche musste sachgerecht eingelegt werden und dann wurde über ein Fußpedal automatisch die Presse ausgelöst. Die Etikette und die Halsschleife wurden in einem Arbeitsgang aufgeklebt. Beim Auflegen durfte die Flasche keinesfalls verkantet werden. Dies hätte den Bruch der Weinflasche bedeutet.

Meine Mutter war aber gerne dort und war froh, diese Arbeit bekommen zu haben. Diese Automatisierung war 1952 in einer Weinkellerei schon eine große technische Neuerung und führte zur Einsparung von Arbeitskräften.

Neben ihrem Chef, der für Verwaltung, Haus und Hof sowie für das Hotel zuständig war, war ein Bruder für die Weinberge, ein weiterer Bruder für den Vertrieb und der ältere Sohn ihres Chefs für die Weinkellerei zuständig. Der jüngere Sohn war

Koch und eine Tochter Hotelkauffrau. Sie sollten nach beruflicher Erfahrung in anderen Häusern einmal das Hotel übernehmen. Um den Hotelbetrieb kümmerte sich derzeit neben ihrem Chef noch seine Frau.

Meine Mutter wurde nach und nach in allen Betriebsbereichen eingesetzt. Ihr Chef sagte immer zu ihr: „Frau Gröger, Sie sind mein Universal!" So musste sie beispielsweise vor Weihnachten mit der Chefin Weihnachtspäckchen für Verwandte und Freunde in der seinerzeitigen DDR, sie kam ursprünglich von Plauen, packen oder an Sonntagen im Hotel mithelfen.

Sie musste aber auch bei Sondereinsätzen mitarbeiten, zum Beispiel wenn durch die Mosel Hochwasser zu befürchten war. Da kam es schon mal vor, nachts bis früh um fünf arbeiten zu müssen, um Weinflaschen im Keller zu sichern und andere Vorkehrungen zu treffen oder nach einem Hochwasser die Weinflaschen vom Schlamm zu reinigen.

Einmal war ein Spediteur mit seinem Lastzug verunglückt. Da ging es darum, das Liefergut auszusortieren, zu reinigen, neu zusammenzustellen, zu etikettieren und einzupacken, damit die Bestellung mit einem anderen Lastzug möglichst ohne zu große Verzögerungen beim Kunden ankam. Natürlich wurde meine Mutter auch bei der Weinlese mit eingesetzt. Da wurde jeder gebraucht, der noch gut bei Fuß war und im Weinberg arbeiten konnte.

Nach gut einem Jahr in Trittenheim, es war im Frühjahr 1953, bekam meine Mutter Witwenrente zuerkannt. Diese war nicht sehr hoch, aber mit der Auflage verbunden, dass meine Mutter nur noch halbtags arbeiten durfte. Das gefiel ihrem jetzigen Arbeitgeber zwar nicht so recht, er hatte aber Verständnis dafür.

Meine Mutter verdiente sich noch nebenbei ein kleines Zubrot mit diversen versicherungsfreien Nebentätigkeiten, die sich im Laufe der Zeit ergeben hatten. Hierzu gehörten der Vertrieb (austragen, einkassieren, abrechnen) von Zeitschriften (z. B. „Mann in der Zeit", „Feuerreiter", „Burda", „Wiener Mode"), Waschprodukten (z. B. Waschpulver, Seifen), Haushaltswaren (z. B. Messer, Scheren) und Blindenwerkartikel.

Daneben hat meine Mutter ab 26. April 1954 bis 16. März 1956 ein Jahr lang die Tageszeitung „Trierer Landeszeitung" in Trittenheim für ihre Mutter werktäglich morgens zwischen fünf und sechs Uhr ausgetragen, monatlich einkassiert und mit dem Zeitungsverlag in Trier abgerechnet. Meine Großmutter hatte diese Tageszeitung vor ihr mehrere Jahre ausgetragen. Dies konnte sie aber nicht länger, nachdem sie in ihrer finanziellen Not durch Schulden bei der monatlichen Abrechnung des Zeitungsgeldes in Zahlungsverzug geraten war.

Meine Mutter und meine Großmutter mit den Zeitungs-Austragetaschen

Ihr Mann, mein Hagen-Stief-Großvater, brauchte meist seinen wöchentlichen Verdienst aus der schweren Weinbergarbeit, um seine Gasthausschulden bezahlen zu können. Für Haushaltsgeld ist da oft nichts oder nicht viel übrig geblieben. Für meine Mutter und für mich war es ein Bedürfnis, meiner Hagen-Großmutter in dieser schwierigen Situation zu helfen, nach all dem Guten, was sie 1952 zum Verbleib in der Bundesrepublik Deutschland für uns getan hatte. Die Einheimischen in Trittenheim wurden zunehmend vertrauter mit uns. Sie brauchten uns manchmal für Hilfsdienste und zeigten auch ihre Dankbarkeit. Zu den Ersten gehörte die Winzerfamilie eines Schulfreundes. Da half meine Mutter bei der Kartoffelernte, beim Kirschenpflücken und zehn bis fünfzehn Tage in der Zeit zwischen Oktober und November beim Traubenlesen. Außerdem half sie einer anderen Familie bei der Gartenarbeit. Auch bei den Schulfräuleins, zwei etwas älteren Lehrerinnen, die für die Mädchenklasse zuständig waren, war meine Mutter gern gesehen. Sie kümmerte sich hier um Arbeiten im Haushalt.

Bei einfachen Aufgaben half ich, so weit es mir möglich war, meiner Mutter. Im Laufe der Jahre ergaben sich zu vielen Menschen im Ort gute Kontakte und wir erfuhren Lob, Anerkennung und auch Hilfe. Da bekamen wir manchmal Obst, Gemüse, Kartoffeln, aber auch gut erhaltene gebrauchte Kleidung. Das war für uns in unserer armseligen und bescheidenen Lage sehr wertvoll und hilfreich. Dafür waren wir dankbar. Wir freuten uns, in Trittenheim angekommen und angenommen zu sein.

Die Trittenheimer gehören ja zu den freundlichen Moselanern die, wie es mundartlich heißt, „ihr Herz auf der Zunge tragen". Wichtig ist, dass man ihre „Sprooch" versteht, denn ihr Dialekt soll nicht nur Brauchtum, sondern auch Alltag sein.

Hilferuf aus Bayern

Das Gefühl, integriert zu sein, gab mir auch Sicherheit in der Zeit, als ich mit elf Jahren mehrere Wochen allein in Trittenheim war. Und zwar von Ende September bis Mitte November 1953. Meine Mutter war wegen der Geburt von Elvi, einer meiner Cousinen, bei meiner Tante Emmi in Traunreut in Oberbayern.

Sie hatte, bevor Elvi geboren wurde, einen Brief, einen Hilferuf von ihrer Schwester Emmi aus Traunreut in Oberbayern, bekommen. Diese erwartete ihr drittes Kind. Die anderen beiden, Ursula und Gerhard, waren gerade erst zwei und ein Jahr alt. Sie wohnten in einer Holzbaracke mit noch weiteren sechs Familien zusammen und hatten dort zwei Zimmer. Eins zum Kochen und eins zum Wohnen und Schlafen. Mit Gerhard, ihrem Ehemann, und Alfred, ihrem bzw. dem Bruder meiner Mutter, waren sie zu sechst.

Gerhard und Alfred mussten ihrer Arbeit nachgehen und sonst war keiner da, der sich um Emmi hätte kümmern können. Gesundheitlich war sie zu dieser Zeit auch geschwächt. Andere Verwandte, auch von Gerhards Seite, waren nicht bereit, zu helfen oder standen wegen eigener Verpflichtungen nicht zur Verfügung. Bereits vor der Entbindung, auch wenn es eine Hausentbindung wäre, musste einfach jemand für Emmi und die Kinder da sein. Auch in der Zeit danach, es handelte sich ja nicht nur um ein paar Tage, sondern um mehrere Wochen, würde meine Mutter von meiner Tante Emmi gebraucht werden.

Was sollte meine Mutter machen? Helfen, das war für sie keine Frage. Aber wie sollte es hier weiter gehen? Die eigene für sie so wichtige Arbeit in Trittenheim vielleicht zu verlieren, keinen zusätzlichen Verdienst zur geringen Rente zu haben, meine Versorgung während ihrer Abwesenheit, was war mit der Aufsichtspflicht (ich war ja erst elf Jahre alt) und wie könnte sie nach Traunreut kommen, um nur einiges anzusprechen. Fragen und Probleme, die in der damaligen Zeit nicht einfach zu beantworten und zu lösen waren.

Gleich am nächsten Tag führte der erste Weg meiner Mutter zu ihrem Chef. Sie hatte sehr gemischte Gefühle und wusste gar nicht, wie sie das Gespräch anfangen sollte. Wie würde er wohl reagieren? Würde er ihr für längere Zeit unbezahlten Sonderurlaub geben? Oder würde sie vielleicht sogar ihren Arbeitsplatz verlieren? Diesen hatte sie nur bekommen, weil der Schwiegersohn einer anderen Flüchtlingsfamilie, die mit meiner Hagen-Großmutter gut befreundet war, dort im Büro arbeitete und sich für meine Mutter verbürgt und ein gutes Wort eingelegt hatte. Bekäme er möglicherweise jetzt sogar Ärger?

Sie hatten sich ja auf meine Mutter eingestellt, sie gut eingearbeitet und rechneten mit ihrer Arbeitskraft. Meine Mutter wusste aber auch, ihr Chef war ein gütiger Mensch, der bisher auch immer Verständnis gehabt hatte, wenn mal etwas war oder nicht seinen gewünschten Gang ging. Zu ihm durfte man auch mit seinen Sorgen und Anliegen gehen. Er nahm sich Zeit, einen anzuhören, ohne gleich aufzubrausen oder wütend zu werden. Bei all diesen Gedanken war sie letztlich zuversichtlich, dass er ihr bei ihrem Anliegen entgegenkommen würde.

Und so kam es dann auch. Meine Mutter musste ihm nur versprechen, nicht länger weg zu bleiben als unbedingt erforderlich. Leicht wäre es für ihn nicht, den Arbeitsplatz für längere Zeit für meine Mutter frei zu halten, meinte er nur.

Ihr Chef wusste natürlich von sich aus gleich, dass meine Mutter noch ein Problem haben dürfte. Wie kommt sie von Trittenheim nach Oberbayern? Die Zugverbindungen waren damals noch sehr umständlich, hatten schlechte Anschluss- und lange Umsteigezeiten. Von Trittenheim nach Traunreut zu kommen, war damals nicht nur eine kleine Weltreise, sondern auch ganz schön teuer.

Meine Mutter war ganz überrascht, als ihr Chef sie fragte: „Und, Frau Gröger, wie kommen Sie dahin? Das dürfte doch nicht so einfach sein? Aber ich hab da eine Idee."

Er war gerade dabei, einen größeren Weintransport nach Bayern mit einem Nürnberger Spediteur zu organisieren. Er kannte den Spediteur persönlich und war sich sicher, dass dieser bereit sein würde, meine Mutter bis nach Nürnberg als „blinden Passagier" mitzunehmen. Er erklärte meiner Mutter noch, dass das eigentlich nicht zulässig sei, denn ihr Sitzplatz wäre nicht im Fahrerhaus, sondern auf einem mit Weinflaschen gefüllten großen Transportbehälter auf der Ladefläche unter der Abdeckplane. Das Fahrerhaus sei besetzt.

Seinerzeit musste neben dem Fahrer auch immer noch ein Beifahrer bei diesen langen Fahrten mit dabei sein.

Aber ihr Chef sagte dann noch: „Da drücken wir beide Augen zu und dann wird es schon gut gehen." Meiner Mutter verschlug es richtig die Sprache. Er hatte eingewilligt, dass sie wegbleiben konnte, und jetzt machte er sich auch noch Gedanken, wie sie dorthin kommen würde. Sie nahm dieses Angebot natürlich sofort an. Es machte ihr nichts aus, unter der Plane unbequem und beengt zu sitzen.

Nürnberg war als Zwischenstation ganz günstig. Ihre Halbschwester Mariechen wohnte in Kleindechsendorf, in der Nähe von Erlangen. Bis dahin waren es von Nürnberg aus noch etwa 40 Kilometer. Meine Mutter war zuversichtlich, mit einer öffentlichen Bahn- oder Busverbindung dorthin zu kommen. Am 28. September 1953 konnte die seinerzeit fast 600 Kilometer lange Fahrt nach Bayern losgehen. Der Lastkraftwagen war voll mit Weintransportbehältern beladen. Ein kleiner Zwischenraum hinter der Beifahrerkabine an der Außenseite war für meine Mutter frei gelassen worden. Mit Klopfzeichen sollte sie sich bemerkbar machen, falls unterwegs etwas sein sollte. Zusätzlich konnte sie durch zwei nicht verschlossene Schlaufen der seitlich an der Fahrerkabine befestigten Plane etwas frische Luft und Tageslicht bekommen. Meine Mutter hatte sich auch mit Essen und Trinken versorgt.

Um etwa zwölf Uhr mittags fuhren sie in Trittenheim weg. Welche Strecke bekam meine Mutter nicht mit. Es war für sie sehr unbequem und beengt. Das hatte sie aber vorher schon gewusst und sie nahm es gern in Kauf. Sie konnte doch dadurch das Fahrgeld nach Nürnberg sparen. Es ging zügig voran, Staus kannte man auf Straßen und Autobahnen seinerzeit kaum.

Doch dann, gegen Mitternacht, blieben sie plötzlich auf einem Autobahnparkplatz stehen. Sie mussten Halt machen, weil die Batterie und die Lichtmaschine nicht mehr genügend Energie für die Scheinwerfer erbrachten. Fahrer und Beifahrer befreiten meine Mutter aus ihrem „Verlies". Es tat nach dem langen beengten Sitzen ganz gut, Beine und Füße etwas zu vertreten und sich mal so richtig strecken zu können.

Sobald es hell geworden war, ging es weiter. Gegen acht Uhr morgens kamen sie in Nürnberg an. Sie setzten meine Mutter bei der Frau des Fahrers ab. Diese war schon informiert und erwartete meine Mutter. Es gab noch einen guten Kaffee und dann erklärte sie meiner Mutter, wie sie mit dem Bus nach Erlangen und von dort nach Kleindechsendorf käme. Sie gab ihr sogar noch Proviant und etwas Geld für die Weiterfahrt mit. Alles klappte, wie die Frau es meiner Mutter beschrieben hatte. Zunächst musste sie ein kurzes Stück bis zur Bushaltestelle laufen. Der öffentliche Bus fuhr dann bis in die Stadtmitte von Erlangen. Hier musste meine Mutter auf einen Postbus nach Weisendorf warten. Der fuhr tagsüber nicht so oft. Kleindechsendorf war von der Stadtmitte in Erlangen aus etwa zehn Kilometer entfernt und lag auf der Strecke nach Weisendorf.

Am frühen Nachmittag kam meine Mutter bei ihrer Halbschwester Mariechen an. Sie traf dort auch ihre jüngste Halbschwester Irene, die dort als Kindermädchen beschäftigt war. Meine Mutter blieb nur bis zum nächsten Tag. Von Erlangen ging es dann weiter mit dem Zug über Nürnberg, München und Traunstein nach Traunreut.

Als meine Mutter bei ihrer Schwester Emmi und ihrem Schwager Gerhard ankam, war das Baby schon geboren. Elvi kam am 24. 09. 1953 auf die Welt. Es gab viel zu tun. Nachts schlief meine Mutter auf einer Liege im Wohnraum. Neben ihr stand der Kinderwagen mit der Kleinen, die sich oft bemerkbar machte. Morgens war meine Mutter meist müder als am Abend vorher.

Elvi mit ihren
Geschwistern
Ursula und Gerhard

Während dieser Zeit war ich in Trittenheim weitgehend auf mich alleine gestellt. Die Mutter meiner Mutter, meine Hagen-Oma, die ich sehr mochte, und mein Stief-Großvater wohnten ja auch im Ort. Das war für mich sicher etwas beruhigend. Aber ich wollte nicht unbedingt bei ihnen sein, sondern lieber alleine bleiben und sie nur mal gelegentlich besuchen. Meine Oma schaute schon auch immer wieder mal nach dem Rechten. Ich fühlte mich in unseren beiden Zimmern und in dem kleinen Häuschen, wo wir wohnten, sehr wohl. Hier hatte ich auch einige Hühner und zwischenzeitlich auch ein paar Hasen, die zu versorgen waren. Frühstück und Abendessen machte ich mir selber. Zum Mittagessen ging ich zu einem unserer Metzger im Dorf, der mittags auch Essen zubereitete.

Elvi mit ihren
Eltern und
Geschwistern

Furcht oder Ängste kannte ich als Kind nicht. Doch eines Abends erschrak ich doch sehr. Draußen war es Nacht und es war sehr finster. Die Straßenbeleuchtung schimmerte nur sehr spärlich. Die Fenster im Zimmer standen offen. Es war noch sommerlich warm. Da plötzlich hörte ich ein lautes Schreien, Hilferufen und bitterliches Weinen. Es kam aus dem ersten Stock im Haus gegenüber, von Nachbarn, mit denen wir uns besonders gut verstanden. Es hatte dort einen Todesfall gegeben. Der Ehemann der uns nahestehenden Nachbarin war ganz plötzlich unerwartet in ihrem Beisein verstorben.

Zu der Zeit, als meine Mutter weg war, hatten wir wegen der Weinlese im Herbst schulfreie Tage. Langeweile gab es für mich da nicht. Ich half beim Traubenlesen bei einem Freund, der auch nur noch eine Mutter hatte und bei dem ich das Jahr über gelegentlich war. Während der Weinernte wurde es abends manchmal spät, bis ich nach Hause kam. Sie hatten nämlich ein paar Schweine, zwei Kühe, Hühner, Stallhasen und Katzen, die es nach der Weinlese noch zu versorgen galt. Außerdem wurde ausgiebig zu Abend gegessen. Die Trauben mussten auch immer noch gekeltert werden. Diese Familie hatte nur ein kleines Anwesen. Aber es gab so einiges zu tun, wo wir beiden Buben helfen konnten. Mir machte das Spaß. Die Mutter meines Freundes sah es auch gerne, wenn ich bei ihnen war.

Nach drei Wochen sollte meine Mutter wieder nach Hause kommen. Aber Emmi wurde plötzlich krank. Sie bekam eine Brustentzündung, es ging ihr gar nicht gut und sie brauchte weiter Unterstützung. Demzufolge entschloss sich meine Mutter, noch zu bleiben.

Zwischenzeitlich hatte ihr Chef sie über mich wissen lassen, wenn sie nicht in Kürze käme, müsse er ihre Stelle besetzen. Dies galt es zu verhindern. Ich schrieb ihr umgehend eine Karte, dass sie möglichst schnell zurückkommen solle. Elvi wurde, noch bevor meine Mutter heimfuhr, getauft. Meine Mutter hatte für eine kleine Feier daheim alles vorbereitet. Mit dabei waren neben der Familie der Pfarrer und die Hebamme.

Um ihre Arbeitsstelle nicht zu verlieren, kam meine Mutter am 16. 11. 1953 nach sieben Wochen von Bayern zurück. Der Alltag in Trittenheim hatte sie bald wieder eingeholt.

Erlebnisse besonderer Art

Obwohl wir noch nicht einmal zwei Jahre in Trittenheim wohnten, kannten mich die meisten der Einheimischen schon recht gut. Einmal über die Schulkameraden, auch durch die Mädchen an der Schule, und dann über meinen Dienst als Ministrant. Das tat mir in der Zeit, als meine Mutter bei ihrer Schwester in Traunreut war, besonders gut.

Ich war im Ort viel unterwegs und lernte Leute über das Austragen von Tageszeitungen und Illustrierten kennen. Ebenso über den Verkauf von Produkten wie kleineren Haushaltswaren (z. B. Messer) sowie von Putz- und Waschmitteln, die wir nebenbei an den Haustüren nach Bestellung vertrieben. Manche Wochenzeitungen mussten nur einmal in der Woche ausgetragen werden, beispielsweise „Mann in der Zeit", was wir am 1. Januar 1954 übernommen hatten, oder spezielle Mode- oder Schnittmusterhefte, die wir schon seit 9. Juli 1953 austrugen. Am Samstag gab es dann noch die „Welt am Sonnabend".

Einmal im Monat wurden diese Zeitungen und Hefte einkassiert. Fürs Bringen gab es da mal fünf oder zehn Pfennig zusätzlich. Einmal, es war der 3. März 1954, bekam ich zehn DM von einem größeren Winzerbetrieb geschenkt. Da war ich zunächst ganz verlegen und unsicher, ob das tatsächlich gewollt war. Das war ja so viel wie ein Tageslohn meiner Mutter. Das Geld, das ich zusätzlich bekam, gab ich meiner Mutter und es diente unserem gemeinsamen Lebensunterhalt. Von meiner

Mutter bekam ich fünfzig Pfennig Taschengeld in der Woche oder mal etwas extra bei besonderen Anlässen.

Ich hatte auch das Gefühl, dass die meisten Erwachsenen mich mochten, ganz gleich, wo ich war. Auf der Straße oder beim Einkaufen, ich wurde immer freundlich begrüßt und bekam oft ein Bonbon oder eine andere Kleinigkeit. Vielleicht hatten sie auch Mitleid mit mir oder auch mit uns, meiner Mutter und mir. Wir gehörten ja mit zu den Ärmsten im Dorf.

Meine Wünsche waren bescheiden. Ich konnte nicht alles haben, was die anderen sich leisten konnten, das wusste ich. Das war auch nie ein Thema und ich hatte damit auch kein Problem. Wir waren eben arm. Ich wusste aber auch schon als Kind, dass wir uns deshalb nicht zu verkriechen brauchten, uns nicht minderwertig fühlen oder vielleicht sogar schämen mussten. „Arm sein ist keine Schande", „Ohne Fleiß kein Preis" und „Bleibe ehrlich und strebsam, gönne jedem, was er hat und sei stets dankbar und zufrieden mit dem, was du hast", das hat mir meine Mutter schon frühzeitig immer wieder mit auf den Weg gegeben.

Was ich beispielsweise dringend zum Anziehen brauchte, das bekam ich meistens zu Weihnachten oder zu meinem Geburtstag. Das war auch an meinem 13. Geburtstag der Fall. Bereits ein paar Tage vorher, am 12. Juni 1953, gingen wir für mich ein Paar Schuhe kaufen. Sie kosteten 28,50 DM. Das war ganz schön viel Geld, wenn man bedenkt, dass meine Mutter in der Weinkellerei, wo sie arbeitete, eine DM in der Stunde verdiente.

An diesem Tag bekam ich auch eine junge Katze. Die hatte ich mir schon immer gewünscht. Es dauerte nicht lange und wir hatten uns aneinander gewöhnt. Sie war sehr schnell sauber. Wenn wir aus der Wohnung gingen, blieb sie im Garten oder bei den Nachbarn und wartete, bis einer von uns wieder zurück kam.

Mein zweites Paar neue Schuhe, es waren Winterschuhe, bekam ich als vorgezogenes Weihnachtsgeschenk am 21. November 1955. Meine Mutter bezahlte dafür 34 DM. Die Einheimischen schenkten uns zwischendurch auch immer wieder mal gut erhaltene gebrauchte Schuhe oder auch andere Sachen zum Anziehen. Das nahmen wir immer gerne an und freuten uns darüber.

Am 27. Januar 1956 lief uns eine Katze zu. Meine erste Katze war nicht lange vorher von den Hinterrädern eines Traktors vor unserem Haus überfahren worden. Das schmerzte uns schon sehr. Umso mehr freute es uns jetzt, wieder eine Katze als Haustier zu haben.

Es gab noch so manche Erlebnisse und Ereignisse aus meiner Trittenheimer Zeit, die mir in Erinnerung geblieben sind. Hierzu gehörte die Prügelstrafe, die es seinerzeit in der Bundesrepublik Deutschland an den Schulen noch gab. Die Prügelstrafe beinhaltete ein Züchtigungsrecht für Lehrkräfte an Schulen gegenüber den ihnen zur Erziehung anvertrauten Schülern. Zu dieser Körperstrafe gehörten Ohrfeigen, Schläge mit Rohrstock oder Lineal auf Handflächen und das Schlagen auf das Gesäß. In der Bundesrepublik Deutschland bestand dieses Züchtigungsrecht für Lehrkräfte längstens bis 1973. Einige Bundesländer hatten schon vorher durch schulische Verordnungen darauf Einfluss genommen.

Wer im Unterricht vorlaut war, schwätzte, seine Hausaufgaben nicht gemacht hatte, etwas, was auswendig zu lernen war, nicht konnte oder sich auf dem Schulgelände daneben benahm, der bekam oft das Züchtigungsrecht durch Prügelstrafe zu spüren.

Mein Klassenlehrer hatte einen etwa 150 cm langen und etwa einen Zentimeter starken Bambusstecken. Wer ihn zu spüren bekommen sollte, musste einen Arm ausstrecken und die Hand öffnen. Dann bekam er ein- oder zweimal mit dem Stecken eine auf den Handteller oder versehentlich auf die Finger, was dann besonders weh tat. Ein Schulleiter, den wir mal vorübergehend hatten, war besonders gefürchtet. Er hatte einen kurzen, circa 50 cm langen und 25 mm glatten dicken Knüppel. Bei ihm gab es damit Schläge auf den Hintern. Der Betreffende musste sich auf dem Bauch über die Bank legen und dann gab es kräftige Schläge.

Wir hatten sehr großes Mitleid mit einem unserer Klassenkollegen aus dem fünften Jahrgang. Er tat sich beispielsweise schwer, das Einmaleins in allen Variationen auswendig auf Befragung wiederzugeben. Er schaffte das einfach nicht. Das war auch für jeden von uns nichts Ungewöhnliches. Er konnte das mit den Zahlen und das Rechnen einfach nicht lernen. Aber trotzdem wurde er täglich bewusst von unserem Schulleiter abgefragt. Er bekam dann erwartungsgemäß mehrmals bzw.

so oft kräftige Schläge, bis er die richtige Antwort erraten hatte. Wir konnten da schon manchmal nicht mehr zuschauen. Zum Lachen war das auf jeden Fall nicht.

Das war bei unserem Klassenlehrer schon anders. Wenn er seinen Bambusstecken (ab und zu hatte er auch einen Haselnussstrauchstecken) brauchte, war dieser manchmal verschwunden. Einer von uns Buben hatte ihn versteckt. Es kam auch immer wieder mal vor, dass der Stecken abbrach, wenn er zuschlug. Die Jungs hatten da vorher in den Stock eine Kerbe geschnitzt. Es gab dann immer etwas zum Lachen, aber auch Ärger und drohende Worte von unserem Klassenlehrer.

Der Schulleiter war Gott sei Dank nur kurze Zeit bei uns. Er wurde befördert und nach Trier versetzt. Der Nachfolger war ein schon etwas älterer Herr. Nicht allzu groß, leicht korpulent und mit einem gemütlichen Wesen. Vom Schlagen hielt er nichts. Ebenso war es auch bei den beiden Lehrerinnen in den Mädchenklassen. Sie waren im mittleren Alter. Die Mädchen waren von jeher von der Prügelstrafe verschont geblieben. Zumindest, soweit mir das bekannt war.

Es gab ja da noch unseren Herrn Pfarrer für das Fach Religion. Der langte immer wieder mal ganz schön hin, wenn einer nicht gelernt oder in der Kirche während der Heiligen Messe oder bei der Nachmittagsandacht am Sonntag geschwätzt hatte. Mit seiner linken Hand drehte er bei uns Jungen das rechte Ohrläppchen zusammen und dann gab es eine kräftige Ohrfeige mit seiner rechten Hand auf die linke Backe.

Offensichtlich dachte er dabei an das Bibelwort „Wenn dich einer auf die rechte Wange schlägt, dann halte auch die linke hin ...“ Das geschah aber nicht freiwillig. Im Internet dazu: „Zur Zeit Jesu erfolgte der Schlag auf die rechte Wange als Zeichen der Demütigung und Verachtung.“

Mir war das Schlagen der Schüler an Schulen durch Lehrkräfte fremd. Als ich das hier miterlebte, war ich zunächst sehr erschrocken und verängstigt. So etwas kannte ich von meiner Schulzeit in der DDR nicht. Da gab es das nicht. In der DDR wurde Körperzüchtigung an Schulen per Gesetz bereits 1949 abgeschafft.

Sonntags war am Nachmittag um 14.00 Uhr immer Andacht in der Kirche. Die ersten fünf Reihen beiderseits waren reserviert für die Schüler der acht Klassen der örtlichen katholischen Volksschule. Auf der rechten Seite für die Jungs und auf der linken Seite für die Mädchen. Am Beginn der letzten reservierten Reihe saß bei den Jungs der Klassenlehrer und bei den Mädchen eine der beiden Lehrerinnen. Von ihnen wurde registriert, wer fehlte. Der oder die mussten dann am darauf folgenden Schultag erklären, wo sie am Sonntag bei der Andacht geblieben waren.

Mehr und lauter gesungen als in der Kirche wurde von uns Jungens auf dem Weg zum Sportunterricht. Dieser fand auf dem Sportplatz außerhalb der Ortschaft statt. Dorthin marschierten wir von der Schule weg diszipliniert, gut gestimmt, in Zweierreihen. Dabei sangen wir fröhliche und volkstümliche Lieder. Das machte uns Spaß und wir empfanden es als eine schöne

Sache. Beim Sportunterricht auf dem Fußballplatz waren wir voll und ganz begeistert bei der Sache. Ein besonderer Ansporn war die Teilnahme an den jährlichen Bundes-Jugendspielen. Bereits ein Jahr, nachdem ich in Trittenheim in die Schule ging, erreichte ich am 16. 9. 1953 als Elfjähriger im Dreikampf einen Sieg und bekam als Anerkennung eine Ehrenurkunde, unterschrieben vom damaligen Bundespräsidenten Theodor Heuss. Darüber freute ich mich als Neuling in der BRD und war auch ein bisschen stolz über den Erhalt dieser Ehrenurkunde.

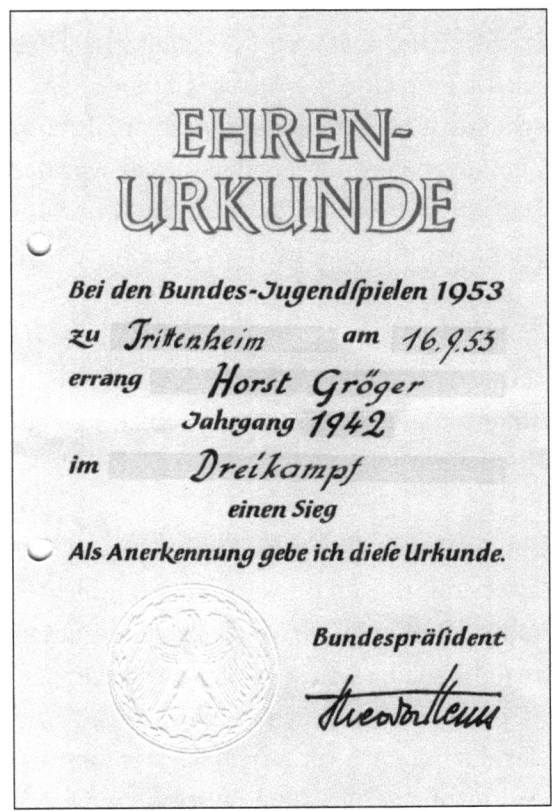

Ehrenurkunde

Eine erlebnisreiche, fröhliche, aber für uns Kinder auch lernintensive Angelegenheit waren Theateraufführungen unserer Schule im katholischen Pfarrsaal von Trittenheim. Dies geschah mindestens einmal im Jahr, kurz vor Weihnachten. 1953 durfte ich erstmals auch mit dabei sein.

Aufgeführt wurde in zwei Aufzügen das Weihnachtsmärchenspiel „Das Zigeunerkind im Winterwald". Ich war in diesem Stück „Gutermann, der Winterkönig". Das Stück handelte von einem Zigeunerkind, das von den Zigeunern weggelaufen war, nachdem es von einer alten Zigeunerin immer gepeinigt wurde. Das Kind lief in den Winterwald, wurde dort müde und schlief ein. Da kam eine Fee, die es mit einer Decke vor dem Erfrieren schützte. Dem Winterkönig war vor Jahren seine Prinzessin von Zigeunern geraubt worden und er war deshalb sehr traurig. Der Prinz tröstete ihn immer wieder und sprach ihm Mut zu. Er war überzeugt, dass die Prinzessin gefunden werden würde. Am Schluss waren alle drei wieder glücklich vereint.

Dieses Stück war ein reizendes und anmutiges Märchenspiel mit ernsten und lustigen Szenen, das viel Beifall bei Groß und Klein einbrachte.

Einmal waren die beiden Zwillingssöhne unseres neuen Schulleiters mit Harald und mit mir bei ihm zu Hause im Kartoffelkeller. Die Kartoffeln hatten schon recht viele Keime. Es war an der Zeit, dass diese mal entfernt wurden. Die beiden Buben (sie waren zwei Jahre jünger als wir) und ich halfen dabei. Harald hatte uns versprochen, dass wir für das Helfen zu einer Weinprobe in den Weinkeller gehen würden. Gesagt, getan.

Ausschnitte vom Drehbuch

Im Weinkeller waren etliche große Weinfässer gelagert. Mit einem kleinen Schlauch wurde Wein aus einem Fass von oben abgezapft und zum Trinken in ein Glas gefüllt. Das machte den beiden Buben richtig Spaß. Sie merkten gar nicht, wie viel sie zwischenzeitlich an Wein getrunken hatten. Und der Wein zeigte seine Wirkung erst so richtig, als wir nach draußen in die frische, sauerstoffhaltige Luft kamen.

Die beiden Brüder wohnten bei Harald gleich nebenan. Harald und ich schafften es gerade noch, beide zu stützen und bis vor die Haustür zu bringen. Wir klingelten und machten uns schnell davon. Die zwei wurden dann von ihrem Vater, unserem Schulleiter, in Empfang genommen. Er bestellte Harald und mich am nächsten Tag in das Lehrerzimmer. Gott sei Dank hat er diesen Streich, den wir seinen Söhnen gespielt hatten, mit Humor genommen, uns aber belehrt, es künftig zu unterlassen.

Manchmal hatte ich auch Zeit, um zu einem Freund zu gehen, der in der Nachbarschaft wohnte. Er hatte einen riesigen Trix-Baukasten. Der bestand aus vielen unterschiedlichen Metallteilen, die man zusammenschrauben konnte. Der Phantasie waren da keine Grenzen gesetzt. Funktionsfähige Baukräne, Bagger, Lastwagen oder auch Türme wie z. B. den Eiffelturm konnte man damit bauen. Wenn man da angefangen hatte, konnte man so schnell nicht mehr aufhören.

Bei Harald zu Hause gab es auch Kühe, genau wie bei Edwin, einem anderen Freund aus meinem Jahrgang. Am Nachmittag war da manchmal „Kühe hüten" angesagt. Die Kühe wurden für einige Stunden auf die Wiesen am Moselufer getrieben. Unsere Aufgabe war es, aufzupassen, dass sie nicht wegliefen. Währenddessen vergnügten wir uns. Wir bauten uns Zelte aus Schilf. Das wuchs dort zur Genüge. Wir spielten Fußball, machten aber auch ein Lagerfeuer oder vertrieben uns die Zeit bei einem kühlen Bad in der Mosel.

Ein besonderes Ereignis war auch immer im Winter das Bobfahren. Es ging bergab auf den mehrere Kilometer langen, steilen Weinbergwegen. Das war ganz schön gefährlich. Ein Glück, dass meiner Mutter das nie so bewusst geworden ist. Sie hätte mir das sonst sicher verboten.

So ein Bob bestand aus einem Bretterkasten mit einer Sitzfläche von einer Größe von 1,20 bis 2 Meter Länge, einer Breite von etwa 80 cm bis zu einem Meter und einer Höhe von 10 bis 15 cm. An den Seitenteilen waren unterhalb die Kufen angebracht. Dieser Kasten war über ein Gestänge mit einem beweglichen Schlitten verbunden, der zum Lenken mit den Füßen angebracht war.

Auf so einem Schlitten hatten bei der Abfahrt, je nach Größe der Sitzfläche, drei bis sechs Personen Platz. Die Schlitten erreichten ganz schöne Geschwindigkeiten und es waren manchmal auf Grund der Unebenheiten oder der durch Regen ausgefahrenen Wasserrinnen in den Wegen Sprünge und Rangiermanöver erforderlich. Es kam auch dazu, dass der Bob unten nicht ankam, unterwegs umkippte oder aus einer Kurve getragen wurde und im Hang zwischen den Obstbäumen landete.

Diese Bäume waren meist Äpfel-, Birnen- oder Zwetschgenbäume auf den Wiesen unterhalb der Weinberge. Im Herbst trugen sie zahlreiche Früchte. Die Äpfel wurden bei der Herstellung von Most oder Viez verwendet. Viez war ein alkoholfreies Getränk, etwas säuerlich, nicht zu süß, das gerne zur Arbeit in die Weinberge mitgenommen wurde. Die anderen Früchte wurden zu Schnaps gebrannt. Einige der Winzerbetriebe hatten die begehrte Lizenz dazu.

Das besondere in Trittenheim war, es gab, solange die Früchte reiften und noch nicht geerntet waren, einen von der Gemeinde bestellten Feldhüter. Seine Aufgabe war, ständig unterwegs zu sein und aufzupassen, dass kein Obst, auch nicht das, was von den Bäumen heruntergefallen war, gestohlen wurde. Zum Verarbeiten zu Most und Schnaps war natürlich auch das nicht mehr so qualitativ gute Obst geeignet und wertvoll.

Gerade weil es nicht erlaubt war, saßen wir auf Bäumen, aßen Obst, warteten mitunter auch, bis der Feldhüter zu sehen war, und liefen dann davon. Da kam es schon mal vor, dass wir den Feldhüter nicht bemerkt hatten und er plötzlich unter dem Baum stand, auf dem wir warteten. Bevor er aber richtig reagieren oder mit seinem Stock zuschlagen konnte, waren wir vom Baum runter und auf und davon. Er wusste, dass wir ihn nur ärgern wollten, und nahm das, auch wenn er uns laut nachrief und uns beschimpfte, nicht so ernst. Ich denke, es war für ihn eine angenehme Abwechslung bei seinem doch etwas eintönigen Job. Manche Trittenheimer, die das mitbekommen oder gehört hatten, fragten uns mit einem Lächeln im Gesicht: „Euch hat man wieder mal erwischt?"

Als ich meine achtjährige Schulzeit beendet hatte, war ich gerade 14 Jahre alt. Damit und mit dem Ende der Volksschulpflicht endete auch meine Kindheit. Es begann ein neuer Lebensabschnitt, meine Jugendzeit.

Bei allen anfänglichen Schwierigkeiten fühlten wir uns in den späteren Jahren in Trittenheim an der Mosel sehr wohl und waren zufrieden. Es gab nicht nur Enttäuschungen, sondern auch so manche positive Erfahrungen, wohltuende Erlebnisse und angenehme Begegnungen, die uns aus unserer Zeit in Trittenheim in bester Erinnerung geblieben waren. Wir hatten uns hier gut eingelebt. Nun kam aber bald der Tag, an dem wir uns von so manch Liebgewonnenem, von Freunden und guten Bekannten trennen und verabschieden mussten. Meine Mutter schrieb später in ihr Tagebuch: „Trittenheim war für uns ein Stück Heimat geworden."

Trotzdem entschlossen wir uns, meine Mutter und ich, zusammen mit meinen Großeltern noch einmal umzuziehen. Der primäre Grund dafür war die Umsetzung meines Berufswunsches im Metall verarbeitenden Bereich nach Beendigung der Volksschulzeit. Dies war an der Mosel, ohne Umzug in eine größere Stadt wie beispielsweise nach Trier, Koblenz oder Mainz, nicht möglich.

Hinzu kam, warum wir nach Großdechsendorf, heute Erlangen-Dechsendorf in Bayern, umgezogen sind: Zwei der Geschwister meiner Mutter lebten bereits hier und zwei weitere in Oberbayern.

Kurz vor unserem Umzug 1956 nach Kleindechsendorf bei Erlangen bekam meine Mutter von der Kreisbehörde in Klüsserath, dem Nachbarort von Trittenheim, noch den Hinweis, möglicherweise nach dem Gesetz § 131 Anspruch auf Versorgungsrente zu haben. Mein Vater war ja Berufssoldat gewesen und nicht mehr aus dem Zweiten Weltkrieg zurückgekommen. Die Fristgerechtigkeit für die Antragstellung müssten sie noch prüfen, aber einen Antrag solle sie auf jeden Fall stellen. Dabei war man ihr von behördlicher Seite sehr behilflich.

Als der Umzug anstand, hatte meine Mutter sehr viele Vorbereitungen zu treffen. Bei den Zeitungs- und Verlagshäusern in Trier, für die meine Mutter als Austrägerin tätig gewesen war, musste alles abschließend geregelt werden. Das war recht umständlich. Das 33 Kilometer entfernte Trier war nur mit einer länger dauernden Fahrt mit der Mosel-Bummelbahn zu erreichen.

Dann gab es auch noch Behördengänge zur Regelung der amtlichen Vorgänge beim Landratsamt in Trier, der Nachbarbehörde in Klüsserath und der Gemeindeverwaltung in Trittenheim für meine Mutter und für mich sowie für meine Großmutter und meinen Hagen-Stiefgroßvater. Beide konnten wir wegen ihres Alters und ihres Gesundheitszustandes in Trittenheim nicht allein lassen.

Es musste der Transport des Umzugsgutes zum Bahnhof und die Fahrt mit der Bahn geregelt und organisiert sowie alles Umzugsgut verpackt werden. Zum Be- und Umladen waren Helfer erforderlich. Das war zur damaligen Zeit alles gar nicht so einfach.

Den Umzug in einem Waggon mit der Bahn hatte meine Mutter bei der Bundesbahn in Trier schon vor längerer Zeit beantragen müssen. Er kostete 298,00 DM. Das Landratsamt in Trier hatte meine Mutter bei ihrer Vorsprache auf eine Antragstellung zur Übernahme der Umzugskosten aufmerksam gemacht. Sie erstatteten ein Umzugsgeld in Höhe von 282,00 DM.

Umzugskartons, wie man sie heute kennt, gab es damals noch nicht, zumindest hatten wir keine Möglichkeit, so etwas zu beschaffen. Was meine Mutter kostenlos bekommen konnte, waren alte staubige, grüne Säcke von der Winzergenossenschaft. Sie mussten von meiner Mutter zwar gewaschen und teilweise geflickt werden, waren aber für uns eine große Hilfe.

Außer den Möbeln wurde alles in Säcke und in einige Kisten, die wir immer wieder mal bekommen konnten, verpackt. Am 3. September 1956 war es dann so weit. Der Trittenheimer

Kohlenhändler transportierte mit seinem Lastwagen unser gesamtes Umzugsgut von unserer Wohnung und der Wohnung meiner Großeltern in Trittenheim bis zum Bahnhof im drei Kilometer entfernten Neumagen.

Hier stand für uns ein Bahnwaggon bereit, in den alles verladen und mit dem Zug nach Erlangen in Bayern befördert wurde. Wir vier fuhren dann am nächsten Tag, dem 4. September 1956, mit der Bahn von Trittenheim über Trier mit mehrmaligem Umsteigen nach Erlangen und kamen dort auch gut an.

Was auch in Kleindechsendorf ankam, war ein Bescheid der Kreisbehörde in Klüsserath, dem Nachbarort von Trittenheim, mit einer erfreulichen Nachricht. Der dort gestellte Antrag auf Versorgungsrente wurde tatsächlich bewilligt. Meiner Mutter war eine Witwenpension mit einer Nachzahlung ab dem Zeitpunkt der Antragstellung genehmigt worden. Bei aller Trauer um meinen Vater war es doch ein Grund zur Freude.

Meine Mutter sprach oft von dieser Behörde und ihren Mitarbeitern. Sie sagte noch im Jahr, bevor sie verstarb, als wir uns über Geschehnisse früherer Zeiten unterhielten: „Ein so großes Entgegenkommen und eine dem Menschen gegenüber so wohlwollende optimale Hilfsbereitschaft von Mitarbeitern einer Sozialbehörde wie in Klüsserath habe ich nie mehr kennengelernt."

Ich kann meiner Mutter da nur recht geben.

Der individuelle Einzelfall wird nicht mehr oder zu wenig beachtet. Das wird auch deutlich durch die vielen Gerichtsverfahren, gerade was die Hartz-IV-Entscheidungen und die vielen Urteile, die dann zu Gunsten der Kläger ausgesprochen werden, betrifft.

Zufällig las ich zeitnah zu der Aussage meiner Mutter im Internet eine Bewertung der Arbeitsgemeinschaften (ARGE), Jobcenter und Arbeitsagenturen, die die unbefriedigenden Erfahrungen mit diesen Behörden bestätigte. Zum 31. 01. 2012 waren 44 204 Bewertungen aus dem ganzen Bundesgebiet mit folgenden Durchschnittsnoten abgegeben worden:

Großzügigkeit bei der Auslegung von Rechtsvorschriften:	4,9
Umgang mit Beschwerden:	4,9

Die Durchschnittsnote mit den zusätzlichen Bewertungskriterien Freundlichkeit, Kompetenz, Bearbeitungsdauer, Erreichbarkeit der Mitarbeiter war:	4,4

Internet: www.sozialhilfe24.de/hartz4/bewertungsergebnisse-arge.html vom 31. 01. 2013

Diese Bewertungen sind die Folge fehlender Beratung und das restriktive Vorgehen der Jobcenter bei Hartz-IV-Leistungen. Man muss sich selbst schon gut helfen können und auskennen, um nicht durch das Netz der sozialen Sicherung zu fallen.

Großdechsendorf in Bayern

1956 bis 1962

Im Schatten der Weltkriege, wie es im Titel des Buches heißt, wurde Kleindechsendorf, ein Ortsteil der Gemeinde Großdechsendorf, unser viertes Zuhause.

Als wir vier, meine Mutter, die Hagen-Großeltern und ich, am 4. September 1956 mit dem Zug am Bahnhof in Erlangen ankamen, war es schon spät. Wir hatten Glück. Zu dieser Zeit fuhr noch ein Post-Linienbus in Richtung Weisendorf über Kleindechsendorf. Dorthin mussten wir. Hier wohnten meine Tante Mariechen, eine Schwester meiner Mutter und ihr Mann, mein Onkel Konrad. Bei ihnen zogen wir ein. Nach vier Tagen, am 7. September 1956, kam unser Waggon auf dem Güterbahnhof in Erlangen an. Hier wurde das Umzugsgut erneut auf einen Lastwagen umgeladen. Dann ging es nach Kleindechsendorf, dem heutigen Erlangen, in den Ortsteil Dechsendorf.

Meine Tante und mein Onkel hatten sich vor einigen Jahren mit dem Bruder meines Onkels ein Doppelhaus im fränkischen Baustil in der Ganghoferstraße in Kleindechsendorf gebaut. Unten war die Wohnung vollgeschossig mit drei Räumen.

Da wohnten meine Tante Mariechen, mein Onkel Konrad, Wolfgang, ihr Sohn, er war sieben Jahre alt, und ihre zweijährige Tochter Renate.

Fleißige Handwerker beim Hausbau

Die junge Familie

Oben hatte das Haus ein steiles Satteldach, in dem sich zwei Zimmer mit schrägen Wänden und ein Raum mit einer Dachgaube befanden.

Doppelhaushälfte rechts

Wohnhaus von
hinten und von vorne

Unsere beiden Zimmer waren im Bereich der Dachgaube und im Zimmer daneben mit der Dachschräge. Links oben auf dem Foto mit dem Haus von hinten wohnte Tante Irene, eine weitere Halbschwester meiner Mutter.

Sie war gerade dabei, sich mit Hans, ihrem künftigen Mann, eine Straße weiter ein Haus zu bauen. Bei ihnen sollten auch meine Hagen-Großeltern dann wohnen. Bis zur Fertigstellung waren sie bei den Eltern von meinem späteren Onkel Hans, die ganz in der Nähe ihr Anwesen hatten, untergekommen. Neben dem Raum von Tante Irene waren die beiden Zimmer von meiner Mutter und mir. Diese lagen nebeneinander und waren mit einer Durchgangstür verbunden. Dafür zahlten wir 20 Deutsche Mark (DM), ab Januar 1964 25 DM Miete monatlich.

Tante Irene und Hans, ihr künftiger Mann

Tante Mariechen und Onkel Konrad hatten für den Ausbau der beiden Zimmer, die sie an uns als Flüchtlinge vermieteten, günstiges Baugeld über den Lastenausgleich aufgenommen. Geld war seinerzeit knapp und auch über Banken und Sparkassen für diese Zwecke kaum zu bekommen.

Wir hatten uns bei meiner Tante und meinem Onkel schnell gut eingelebt und fühlten uns in unseren beiden Zimmern wohl und zu Hause. Vom Flur aus kam man zuerst in unsere Wohnküche und von dort aus in den Schlafraum mit der schrägen Wand. Die Einrichtung war die gleiche wie in Trittenheim. Wir hatten alle Möbel von Rheinland-Pfalz mitgebracht. Vom Wohnraum aus konnten wir durch ein in eine Dachgaube eingebautes großes Fenster nach hinten in den Garten und auf die dahinterliegenden Felder in Richtung des Nachbarortes Heßdorf schauen. Im hinteren Teil des Gartens stand ein massiv gemauerter Schuppen mit einer Waschküche, in der auch das Plumpsklo untergebracht war. Fließendes Wasser in Wohngebäuden gab es seinerzeit in den Dörfern hier in Franken nur selten. Meistens holte man es sich aus einem selber gegrabenen Brunnen über eine Handpumpe, die direkt über dem Brunnen im Garten oder, wenn es etwas fortschrittlicher war, so wie bei uns im Haus neben der Eingangstür installiert war.

Das Wasser mussten wir zum Kochen und Waschen zu unserer Wohnung hoch holen oder mit Eimern in die Waschküche bringen. Hier stand ein Ofen mit einem Waschkessel, in dem man das Wasser mit Holz zum Wäschewaschen und zum Baden aufheizen konnte. Öffentliche Wasserversorgung gab es nur in den Städten.

Kleindechsendorf und das unmittelbar angrenzende Großdechsendorf gehörten immer gemeindemäßig zusammen und
bildeten die Landgemeinde Großdechsendorf. Der Ortsname
war zunächst Tessendorf, später Großdechsendorf. Er wurde
ursprünglich abgeleitet von „Dorf bei den Dechsen", den Tan-
nen. Der Ort wurde 1315 erstmals urkundlich erwähnt. Anfangs waren hier 13 Anwesen. 1632 wurde der Ort zerstört.
1818 zählte man 23 und 1928 waren es 36 Anwesen.

Die Gemeinde Großdechsendorf gehörte 1956 zum Landkreis
Höchstadt an der Aisch und zum Regierungsbezirk Oberfranken, einem von sieben Regierungsbezirken in Bayern.

Über Jahrzehnte hinweg war die Einwohnerzahl sehr konstant
geblieben. Nach dem Zweiten Weltkrieg nahm sie dann jedoch
durch die Heimatvertriebenen und auch durch Neubürger, die
in Erlangen ihrem Beruf nachgingen, aber gerne auf dem Land
wohnen wollten, rasch zu. Sie wuchs von 360 im Jahr 1945
auf 1 000 im Jahr 1956 bis schließlich auf 1 360 im Jahr 1960.

Großechsendorf hatte einen Gemeinderat und einen Bürgermeister, der sein Amt ehrenamtlich ausübte. In den beiden
Ortsteilen wohnten neben einigen selbstständigen Hand-
werkern und Einzelhändlern vorwiegend Bauern. Die meisten
von ihnen lebten von ihrem landwirtschaftlichen Betrieb. Nur
wenige waren Nebenerwerbslandwirte.

Diese, ihre Familienangehörigen und die nicht einheimischen
Bewohner, es waren vor allem Flüchtlinge, die nach dem Zweiten Weltkrieg aus Schlesien und dem Sudetenland vertrieben

oder ausgesiedelt worden waren und sich hier niedergelassen hatten, arbeiteten in Handwerks- und Industriebetrieben, z. B. in der Elektro-, Maschinenbau-, Textil-, Schuh- und lederverarbeitenden Industrie oder in der Feinmechanik, im Messgeräte- und Musikinstrumentenbau, aber auch im Handel oder bei Verwaltungen in Gemeinden des Landkreises oder in den Städten Erlangen und Herzogenaurach.

Hier im Ort gab es eine Volksschule, zwei Metzger, einen Bäcker, einen Tante-Emma-Laden, mehrere Bauunternehmen, eine Kraftfahrzeug-Reparaturwerkstätte mit Tankstelle, eine Schmiede, zwei Schreinereien, eine Arztpraxis, drei Gaststätten und mehrere Vereine wie beispielsweise den Gesangverein Liederkranz und den Sportverein FC Großdechsendorf.

Großen Freizeitwert hatte im Sommer wegen der Bademöglichkeit und im Winter wegen des Schlittschuhlaufens für die Ortsansässigen und ab etwa 1960 auch für das Umland als Naherholungsgebiet ein zur Gemeinde gehörender Badesee, der Große Bischofsweiher, bekannt als der „Dechsendorfer Weiher". Mit über 40 Hektar Wasserfläche war er weit und breit der einzige Weiher, in dem man auch baden durfte. Er war umgeben von 30 Fisch- und Karpfenweihern, schönen Wanderwegen, davon allein 3,6 km um den Dechsendorfer Weiher, einem großen Waldgebiet, das sich bis zu den Ortschaften Möhrendorf, Heroldsbach und Röttenbach erstreckt, mit Lebensräumen für seltene Vögel und Pflanzen.

Oberer Bischofsweiher,
verkauft 1504 an den
Bischof von Bamberg
zur Zucht der beliebtesten
Fastenspeise am Hof des
Bischofs, dem Karpfen.
Daher kommt auch
der Name Bischofsweiher.

Der Große Bischofsweiher ist ein künstlicher See.
Ein Damm staut einen aus Röttenbach kommenden Bach.

In Großdechsendorf wohnten fast ausschließlich Katholiken. Seelsorgerisch wurde die Gemeinde von der Pfarrei Hannberg mit betreut. Gottesdienst hier im Ort wurde in einer kleinen Marienkapelle mit dem Namen „Maria Schnee", die am 1. Oktober 1730 eingeweiht worden war, jeweils nur Mittwochfrüh, am Patronatsfest und am Kirchweihfest gefeiert.

An den übrigen Sonntagen und bei Beerdigungen oder Hochzeiten ging es zu Fuß oder mit dem Fahrrad durch den Wald und über die Flur auf dem Altkirchenweg zur etwa drei Kilometer entfernten Pfarrkirche nach Hannberg. Dies war bereits seit mehr als zwei Jahrhunderten für Generationen von Dechsendorfern eine Selbstverständlichkeit.

Pfarrkirche von Hannberg mit ihren Wehrtürmen

Kapelle „Maria Schnee" (1718/19)

Die Kapelle in Großdechsendorf wurde nun zu klein. Viele Besucher mussten schließlich den Gottesdienst vor der Kirche im Freien mitfeiern, und das bei Regen und Schnee oder starker Hitze oder eisiger Kälte. So war es nicht verwunderlich, dass der Wunsch nach einem Kirchenneubau laut wurde.

Mit der Gründung eines Kirchenbauvereines am 19. März 1959 und eines Bauausschusses am 12. März 1961 kam es dann bereits am 17. Juni 1962 zur Grundsteinlegung eines Gotteshauses in Großdechsendorf. Hauptaufgabe war zunächst die Beschaffung der finanziellen Mittel. Von den Baukosten nach dem Finanzplan in Höhe von 539 888 DM musste die katholische Gemeinde von Großdechsendorf 168 000 DM aufbringen. Die Mittel wurden durch Mitgliedsbeiträge, Verkauf von Bausteinen, Vereinsveranstaltungen und Sammlungen, an denen auch meine Mutter und ich teilnahmen, erbracht. Am 8. September 1963 wurde die Kirche eingeweiht.

Grundsteinlegung für die neue Kirche
vor der teilweise abgebrochenen Kapelle

Bayern — hier wollten wir bleiben

Meine Mutter lebte bis zu unserem Umzug nach Bayern mit ihren Geschwistern für die damaligen Verhältnisse sehr weit auseinander. Seinerzeit war es äußerst umständlich und auch teuer, wenn man sich gegenseitig besuchen wollte. Jetzt wohnten drei Geschwister mit ihrer Mutter und ihrem Stiefvater in einem Ort, in Kleindechsendorf. Emmi, eine weitere Schwester, sowie der Bruder Alfred lebten auch in Bayern, in Traunreut, Landkreis Traunstein. Das alles war schon eine optimale Voraussetzung, um sich schnell und gut in Bayern einleben zu können.

Bayern hat eine lange historische Entwicklung. Um 500 nach Christus wanderten die westgermanischen Bajuwaren in das Alpenvorland und besiedelten auch später die Ostalpentäler.

Weltliche Herrscher und kirchliche Fürstenträger beeinflussten in den Jahrhunderten danach immer wieder den geschichtlichen Verlauf von Bayern.

Zu ihnen gehörten unter anderem Karl der Große, Frankenkönig (768–814 n. Chr.). Er unterwarf die Sachsen und Langobarden den Bayern, erneuerte 800 n. Chr. das römische Kaisertum als christliches Universalherrschertum, schuf Schöffengerichte und gründete Schulen.

Kaiser Ludwig der Bayer (1328–1347 n. Chr.) regierte zeitweise mit seinem Gegner Friedrich dem Schönen. Maximilian I. (1597–1651 n. Chr.). Führer der Gegenreformation.

Karl Albrecht, Kurfürst von Bayern (1697–45 n. Chr., dt. Kaiser Karl VII. 1742–45 n. Chr.). Ludwig I. (1825–48 n. Chr.) Kunstfreund, bauliche Erneuerung Münchens.

Maximilian II. (später König Max II. 1848–64 n. Chr.), Förderer von Kunst und Wissenschaft, errichtete Bauten in München. König Ludwig II. (1864–86 n. Chr.), Gönner Richard Wagners, Errichtung von Prachtbauten in Bayern.

Bayern war nach dem Zweiten Weltkrieg das größte Bundesland und das bedeutendste deutsche Agrarland. In Niederbayern gab es fruchtbare Agrarböden, das Alpenvorland war ein Hauptgebiet der Milchwirtschaft und im Maintal wurde Weinbau betrieben.

Doch bereits Anfang der fünfziger Jahre zeichnete sich der Beginn einer schnellen industriellen Entwicklung ab. In Nordostbayern entstand ein bedeutendes Produktionszentrum der Porzellan-, Textil-, Stein-, Glas- und Holzindustrie. Im südöstlichen Teil Bayerns siedelten sich die chemische und Aluminiumindustrie an. Darüber hinaus entwickelten sich an mehreren Standorten die elektrotechnische und die Papierindustrie, der Maschinenbau, der Fahrzeugbau, die Erdöl-, Kohle- und Uranwirtschaft, die Luft- und Raumfahrt sowie das Brauwesen.

Außerdem entstanden Fremdenverkehrsorte, begünstigt durch den Bau von Heilbädern oder durch die reizvolle und abwechslungsreiche Landschaft, z. B. die Fränkische Schweiz oder in der Alpenregion und das Allgäu mit den Königsschlössern Hohenschwangau, Linderhof und Neuschwanstein.

Aber auch die bayerischen Seen wie der Chiemsee mit dem Schloss auf der Herreninsel und die vielen Städte mit ihren im Krieg erhalten gebliebenen oder danach wieder entsprechend aufgebauten wertvollen historischen Bauwerken wurden immer mehr zum Wirtschaftsfaktor. Beispiele dafür sind: Bamberg, Rothenburg an der Tauber, Nürnberg und München, die Landeshauptstadt. Diese trugen dazu bei, dass Bayern ein begehrtes Urlaubsland wurde und immer mehr Menschen sich in Bayern ansiedelten.

Was meiner Mutter sehr gefiel, waren die Texte der ersten beiden Strophen der Bayernhymne und ihre Melodie. Diese stammten aus dem Jahre 1860. Gespielt wurden sie bei offiziellen feierlich gestalteten staatlichen Veranstaltungen in Bayern. Die Hymne der Bayern war etwas, was meine Mutter auch gern mitsang, wenn sie diese hörte:

Gott mit dir,
du Land der Bayern,
deutsche Erde, Vaterland!
Über deinen weiten Gauen
ruhe Seine Segenshand!
Er behüte deine Fluren,
schirme deiner Städte Bau.
Und erhalte dir die Farben
Seines Himmels, weiß und blau.

1962 war an Zeitgeschichtlichem noch bedeutsam der Ausbau von Autobahnen in Bayern. Hierzu gehörte auch der Autobahnabschnitt der A3 von der Anschlussstelle Erlangen- Tennenlohe bis Höchstadt Ost.

Dieses Autobahnteilstück in unserer Region bedurfte streckenweise sehr großer Erdbewegungen. So musste beispielsweise der Bucher Anger teilweise gesprengt und mit riesigen Baumaschinen und Baufahrzeugen abgetragen werden. Am 17. Juli 1962 wurde diese Autobahn dem Verkehr übergeben. Wir bekamen, was dem Fremdenverkehr in unserem Ort sehr zugute kam, einen Autobahnanschluss mit der Ausfahrt Erlangen-Dechsendorf.

In der neuen Heimat

Nun aber wieder zurück zum Jahr 1956. Meine Mutter und ich waren gut hier in Kleindechsendorf angekommen.

Am 4. September 1956 in Kleindechsendorf, Gemeinde Großdechsendorf im Freistaat Bayern, begann nach meiner Volksschulzeit in Großnaundorf und in Trittenheim nach unserem Wegzug von Trittenheim an der Mosel im Bundesland Rheinland-Pfalz nun im Bundesland Bayern ein neuer Lebensabschnitt, die Jugendzeit, und für meine Mutter das Ende der Schicksalsjahre im Schatten der Weltkriege.

Alles, was wir hier antrafen, war für uns, insbesondere für mich, neu und ungewohnt. Das waren beispielsweise das Wohnumfeld, die Lebensgewohnheiten und die Mitmenschen.

Das Wohnumfeld, unser Lebensraum, begann vor unserer Wohnungstür und ganz anders als bisher. Hier wo wir nun daheim waren, gab es nur wenige Häuser. Auf allen Seiten um das Haus, in dem wir wohnten, sah man meist nur Ackerland oder unbebaute Grundstücke. Die Straßen waren wie Feldwege, die durch die Flur verliefen. Es gab also keine geteerten Straßen, keine Wasserleitung und keine Kanalisation. Die Infrastruktur ließ gegenüber der in Trittenheim noch zu wünschen übrig.

Unsere Wohnung mit den beiden Zimmern ähnelte der in Trittenheim. Dort hatten wir auch noch ein Plumpsklo, so wie hier. Und gebadet wurde auch mit auf einem Ofen erwärmten Wasser in einer verzinkten Wäschewanne. Hier gab es um das Haus herum auch einen kleinen Garten, mit Schuppen und Geräteraum. Nur die Region war fremd. Gemeinden und örtliche Besonderheiten, Verkehrsverbindungen und Verkehrsmöglichkeiten waren anders. Was auch anders war, in Trittenheim sah man um sich herum nur die steilen Weinberghänge. Hier in Kleindechsendorf dagegen war die Landschaft flach und eben. Das gefiel mir und auch meiner Mutter.

Auch unsere Lebensgewohnheiten, also die Art, wie man sein Leben zu verbringen pflegt, würden hier in Kleindechsendorf anders sein als in Trittenheim. Das war uns auch bewusst. Wie es in der Realität sein würde, das mussten wir noch kennenlernen und erfahren. Die Tagesabläufe waren dann logischerweise auch andere. Wir mussten uns erst an die neue Umgebung gewöhnen, anpassen und heimisch werden.

Meine Mutter hatte sich verpflichtet, sich um die beiden Kinder ihrer Schwester und ihres Schwagers zu kümmern und bei der Hausarbeit behilflich zu sein. Sie musste nicht mehr einer regulären Arbeitnehmertätigkeit, z. B. in einer Weinkellerei, nachgehen oder bereits morgens in der Früh zwischen fünf und sechs Uhr die Tageszeitung austragen.

Für mich begann der Ernst des Lebens, wie es so schön heißt, wenn man für seinen Lebensunterhalt selbst aufkommen muss. Der allgemeinbildenden gesetzlich vorgegebenen Schulzeit nachzukommen, war leichter gewesen als die nun anstehenden beruflichen Verpflichtungen. Auch die Freizeit würde künftig andere Inhalte haben. Hobbys und bisher lieb gewonnene Gewohnheiten würden sich ändern und ich würde nun neue Menschen kennenlernen.

Meine Mutter tat sich diesbezüglich etwas leichter als ich. Sie kannte ihre Geschwister. Mit ihnen war sie schon vertraut. Und dann hatte sie mehr Lebenserfahrung, wenn es um die Einschätzung anderer Personen ging. Mit Tante Mariechen und Onkel Konrad war ich schnell warm geworden. Das galt auch für Tante Irene und ihren künftigen Mann, Onkel Hans. Auch die Familie nebenan im Doppelhaus, in dem wir wohnten, begrüßte uns gleich ganz herzlich. Dies waren Andreas, der Bruder von Onkel Konrad mit seiner Ehefrau Hilde und ihren Kindern. Auch die übrigen Menschen in der Nachbarschaft hatten uns freundschaftlich aufgenommen und waren uns gut gesonnen. Das war schon einmal ein guter Anfang. Es war aber trotzdem nicht ganz leicht, sich an das neue Wohnumfeld, an die anderen Lebensgewohnheiten und an die neuen Mitmenschen zu gewöhnen.

Deshalb heißt es auch: „Das Glück soll man nicht wo anders suchen und mit seiner gewohnten Umgebung soll man zufrieden sein." Daher kommt auch das Sprichwort: „Bleibe im Lande und nähre dich redlich."

So gesehen hätten wir in Trittenheim bleiben müssen. Für meine Mutter ging ein Herzenswunsch in Erfüllung, nach vielen Jahren der Trennung nun in der Nähe ihrer Geschwister leben zu können und ihre Mutter dabei zu haben. Aber es gab auch für mich gute Gründe für diese Mobilität, nämlich einen Beruf erlernen zu können, den ich mir wünschte.

Eine Straße weiter wohnten Reinhold und Arnold. Reinhold war genauso alt wie ich. Er lernte schon im ersten Lehrjahr als Bauschlosser. Arnold machte seine letzte Klasse hier im Ort in der Hauptschule. Beide wohnten schon einige Zeit mit ihren Angehörigen in Kleindechsendorf in einem eigenen Haus. Nach Ende des Zweiten Weltkrieges waren sie auch als Flüchtlinge hierher gezogen. Über sie bekam ich dann auch schnell hier im Ort Kontakt zu anderen Jungens in meinem Alter.

Das führte dazu, dass ich in der Jugendmannschaft beim FC Großdechsendorf aufgenommen wurde und mitspielen durfte. Wir hatten einige gute Fußballer in unseren Reihen, z. B. Erwin, Dieter und Kurt. Trainiert wurden wir von Günter. Der verstand es prima, mit uns umzugehen, uns bei der Stange zu halten und uns das Fußballspielen beizubringen. Ich war grundsätzlich Feldspieler. Mein Platz war im Mittelfeld.

Einmal, in Baiersdorf, durfte ich als Linksaußen spielen. Da schoss ich auch mein erstes und einziges Tor. Aber das half nichts. Wir verloren trotzdem 2:1.

Bei einem anderen Spiel musste ich ins Tor. Kurt, unser Stammtorhüter, war auch gerne mal ein Feldspieler. Keiner wollte ins Tor. Ich war kein guter Torwart, aber notgedrungen blieb mir keine andere Wahl. Zur Halbzeitpause hatten wir schon 6:1 verloren. Ich wurde ausgewechselt. Am Schluss hieß es 11:1 für die andere Mannschaft.

Ein Problem war es immer, wenn wir auswärts spielten. Da brauchten wir einen oder mehrere Autofahrer. Da half uns meistens der Schickert „Jokl" aus unserer Not. Die Schickerts hatten hier in Großdechsendorf ein Geschäft mit Lebensmitteln, Obst, Gemüse und Kolonialwaren. Ihr Obst und Gemüse holten sie selbst in Nürnberg auf dem Großmarkt. Dazu hatten sie sich einen Vieh-Anhänger gekauft. Der war unsere Rettung, wenn wir auswärts spielen mussten. Auf den Jokl war immer Verlass.

Er kam mit seinem Kombi, den Vieh-Anhänger hinten dran. Alle, die bei unserem Trainer nicht mitfahren konnten, das waren meist noch zehn bis zwölf Spieler, und die beim Jokl vorne im Auto keinen Platz hatten, kamen in den Anhänger. Und ab ging die Fahrt. Lustig war es immer dann ganz besonders, wenn wir bei unseren Gegnern auf dem Fußballplatz ankamen, die hohe Bordwand hinten vom Vieh-Anhänger aufgeklappt wurde und wir zum Staunen der Heimmannschaft einer nach dem anderen herausmarschierten.

Wir, die Jugendmannschaft, spielten immer am Sonntag, vormittags um 11.00 Uhr. Bei Auswärtsspielen führte das dazu, dass wir erst zwischen halb zwei und zwei Uhr wieder daheim waren. Meine Mutter wartete da schon immer mit dem Mittagessen auf mich. Ich war meist ganz schön schmutzig und verschwitzt. Bis man dann mit dem Essen fertig war, ging es schon wieder zum Zuschauen bei den Spielen der ersten Fußballmannschaft. Abends traf ich mich meist noch mit Freunden. Damit war der Sonntag gelaufen.

Zu meinen Freunden gehörte seit Beginn meiner Lehre im Jahr 1957 auch Alwin aus Marloffstein. Wir waren beide im ersten Lehrjahr und lernten uns in Erlangen in unserem Ausbildungsbetrieb kennen.

Alwin und ich in der damaligen „Halbstarkenzeit"

Seinem Wesen nach war Alwin etwas lockerer als ich, aber irgendwie stimmte die Chemie, wie man so schön sagt. Es störte auch nicht, dass er ein Jahr jünger war und wir etwa 15 Kilometer auseinander wohnten.

Er war gern bei uns in Dechsendorf und ich war gern in Marloffstein, einem ländlich geprägten Ort mit nur ein paar hundert Einwohnern. Er lag auf einem Höhenrücken, etwa sieben Kilometer in der entgegengesetzten Richtung von Dechsendorf im Südosten von Erlangen. Von dort hatte man einen hervorragenden Fernblick in die Fränkische Schweiz und im Süden nach Nürnberg. Sehenswert waren auch der alte Ziehbrunnen und das Schloss in der Dorfmitte.

Alwin mit seinem neuen „Zündapp"-Moped

Wenn wir uns bei Alwin trafen, dann holte er mich meist mit seinem Moped bei mir zu Hause ab. Ich fuhr auch manchmal mit dem Fahrrad hin, beispielsweise nach der Arbeit. Nachdem unser Lehrbetrieb von der Innenstadt von Erlangen nach Uttenreuth umgezogen war, waren es von dort aus nur zwei Kilometer bis nach Marloffstein.

Das Zündapp-Moped war damals schon eine Errungenschaft und etwas Besonderes. Die meisten Jugendlichen hatten, wenn überhaupt, nur ein Mofa. Ich konnte mir weder das eine noch das andere leisten. Ich war schon froh, ein eigenes Fahrrad zu besitzen. Deshalb rechnete ich es Alwin auch immer hoch an, wenn er mich mit seinem Moped abholte und mitnahm.

Alwin lebte seinerzeit in einer Großfamilie mit seiner Mutter, seinen Großeltern und seinem Urgroßvater mütterlicherseits in dessen Geburtshaus. Sie hatten ein sehr harmonisches Zusammensein. Eine besonders enge und vertrauensvolle gegenseitige Zuneigung bestand zwischen Alwin und seinem Urgroßvater. Dieser hatte ihn ganz besonders in sein Herz geschlossen. Ihm hatte Alwin auch sein neues Moped mit Sitzbank, auf dem man auch zu zweit fahren durfte, zu verdanken. Der Urgroßvater war äußerst sparsam und genügsam und auch nicht mit Reichtümern gesegnet. Aber wenn er Alwin einen Wunsch erfüllen konnte, dann war es ihm ein Bedürfnis und auch eine große Freude.

Traditionell fuhren Alwin und ich mit noch einigen Freunden gerne am 1. Maisonntag zum Walbera-Fest am Eingang zur Fränkischen Schweiz. Zu Fuß ging es von Kirchehrenbach hinauf auf den Berg, zu einem der ältesten Frühlingsfeste in Franken. Es war ein schlichtes Bergfest mit Musik, Bier, Würsten, einigen Ständen sowie oft, besonders bei schönem Wetter, mit sehr vielen Besuchern, die dort den herrlichen Ausblick in die Fränkische Schweiz genossen.

Unterwegs waren Alwin und ich mit seinem Moped aber auch immer wieder mal gern bei uns im Seebach- oder Aischgrund. Ich erinnere mich an eine Fahrt mit dem Moped nach Röttenbach, dem fünf Kilometer entfernten Nachbarort von Großdechsendorf. Alwin und ich hatten in Erlangen zwei Mädchen, Heidi und Susanne aus Röttenbach, flüchtig kennengelernt. Uns interessierte bei solchen Gelegenheiten immer als Erstes nicht nur, wie sie hießen, sondern auch, in welchem Ort sie wohnten.

An einem späten Samstagnachmittag machten wir uns mit dem Moped auf, um in Röttenbach Ausschau nach Heidi und Susanne zu halten. Die genaue Adresse wussten wir nicht. Aber wir hatten von ihnen doch erfahren, wo sie in Röttenbach in etwa wohnten.

Was wir nicht bedacht hatten, die Röttenbacher Burschen hatten etwas gegen solche Eindringlinge in ihr Revier, wie wir es waren. Dort angekommen dauerte es nicht lange und wir wurden schon von einigen Revieraufpassern, die am Straßenrand standen, beschimpft. Da dachten wir uns noch nichts

Böses. Als wir aber dann die Straße wieder zurückfahren mussten, um aus dem Ort wieder herauszukommen, kamen Knüppel und Steine geflogen. Da vergaßen wir schnell wieder Heidi und Susanne und machten uns davon.

Das Leben meiner Mutter war auch zu dieser Zeit wie früher von Arbeit und Fleiß geprägt. Sie beaufsichtigte und versorgte in diesen Jahren unentgeltlich ihren Neffen Wolfgang und ihre Nichte Renate. Dies war ein Entgegenkommen für den Ausbau der beiden Zimmer, in denen wir bei ihnen wohnten. Ihre Schwester Mariechen und ihr Schwager Konrad konnten deshalb nun beide ganztags berufstätig sein und Geld verdienen.

Meine Mutter
mit Renate
und Wolfgang

Meine Mutter
mit Renate

In den Jahren nach 1956 entwickelte es sich auch für meine Mutter und für mich langsam finanziell und wirtschaftlich zum Besseren. Ich bekam als Überbrückung bis zu meinem Lehrbeginn im Juli 1957 im Oktober 1956 Arbeit als Bürobote bei der Firma Siemens-Schuckert AG in Erlangen und verdiente nach meiner Schulzeit erstmals selbst erarbeitetes Geld.

Meiner Mutter wurde, nachdem mein Vater als vermisst gemeldet worden war, eine Waisenrente von 100 DM für mich und, seit mein Vater für tot erklärt worden war, eine Witwenpension von ein paar hundert DM gewährt. Ab Mitte 1974 erhielt meine Mutter noch eine kleine Altersrente von 110 DM aus ihrer Rentenversicherung.

Sparsam sein war trotzdem zu jeder Zeit angesagt. Wir waren aber recht zuversichtlich, dass alles besser werden würde.

Meine Mutter kümmerte sich unter der Woche auch um den Haushalt von Tante Mariechen, bis sie am 10. Mai 1957 ihre Beschäftigung in Herzogenaurach beendete. Aber auch danach gab es noch so manche Arbeit, die meine Mutter für sie erledigte. Sie half unter anderem beim Einwecken von Obst und Gemüse, beim Marmeladeeinkochen, Wäschewaschen und Bügeln, Hähnchen-, Hasen- und Gänsefüttern, beim Sauberhalten, beim Gänsefedernschließen, Krauteinlegen, Kartoffelernten, Holzsägen und -hacken usw.

Ende März 1960 hatte Tante Mariechen auch ihre Putzstellen, die sie nebenbei noch betreut hatte, aufgegeben. Sie musste nun Onkel Konrad bei seiner Arbeit behilflich sein. Onkel Konrad war bis Januar 1960 als Bohrer bei der Firma Gossen in Erlangen beschäftigt gewesen. Danach hatte er sich als ein sehr gefragter Brunnenbohrer selbstständig gemacht. Da gab es für seine Frau viele Arbeiten, die sie in seinem Betrieb mit zu erledigen hatte.

Durch diese veränderten Lebensumstände blieb meiner Mutter mehr Zeit für sich selber. Ihre bisherige Hilfe war doch nicht nur mit reichlich Arbeit, sondern auch mit viel Verantwortung verbunden gewesen.

Nun fiel das alles weg. Es war ihr nach all den Jahren aber auch vergönnt, nicht mehr berufstätig sein zu müssen. Für das bescheidene Leben, wie sie es bisher kannte, reichte ihr Auskommen. Was sich in den letzten Jahren auch verändert hatte, war ihre Strenge mir gegenüber. Sie war in dieser Hinsicht nicht mehr wiederzuerkennen.

Von meinem Vater hatten wir in all den Jahren trotz intensiver Bemühungen kein Lebenszeichen mehr erhalten. Meinem weitsichtigen und treu sorgenden, immer noch als vermisst geltenden Vater hatten wir diese finanzielle Absicherung zu verdanken.

Es konnte aber kein Ersatz sein für die verlorenen Jahre, die meine Mutter allein ohne ihren Mann durchstehen musste. Die Jahre des Alleinseins und der Einsamkeit verlangten meiner Mutter viele Opfer, aber auch enorme psychische und physische Kraft ab. Ihr arbeitsreiches, schicksalhaftes und auch leidvolles Leben meisterte sie immer, weil sie stets bescheiden, genügsam, zufrieden und sparsam war.

Ihr half, um das alles überhaupt durchstehen zu können, ihr vorbildlicher überzeugter und fester Glaube an das Gute, aber besonders auch ihr absolutes Vertrauen in Gott, in seine Güte und seinen Schutz. All das sowie im täglichen Gebet zu danken und zu bitten war ihr das ganze Leben hindurch immer wichtig gewesen.

Ende 1962 kam bei meiner Tante Mariechen und meinem Onkel Konrad der Wunsch auf, dass wir uns um eine andere Wohnung umsehen sollten. Sie hatten in den letzten Jahren das günstige Baudarlehen Zug um Zug abbezahlt. Jetzt durften sie die für uns ausgebauten und mit Lastenausgleichsgeldern geförderten beiden Zimmer selbst nutzen.

Sie brauchten auch dringend unsere Zimmer für ihre Kinder, den 13-jährigen Wolfgang und Renate, die sechs Jahre alt war. Das konnten wir verstehen und waren sehr dankbar, dass wir bisher bei ihnen wohnen hatten dürfen. Aber es kam dennoch etwas plötzlich und unerwartet auf uns zu.

Auf die Schnelle eine Wohnung zu bekommen, war nicht leicht. Meine Tante meinte: „Ihr habt doch ein Grundstück, da könntet ihr doch bauen."

Wir hatten am 29. September 1961 ein Darlehen über 5 000 DM bei der Stadt- und Kreissparkasse Erlangen aufgenommen und uns im Ortsteil Großdechsendorf ein Baugrundstück, bisher war es als Ackerland genutzt worden, mit einer Größe von 821 qm gekauft. Wir waren noch dabei, einen Kredit für den Kauf dieses Grundstückes abzubezahlen (200 DM/Monat). Zusätzlich versuchten wir, einen Bausparvertrag in Höhe von 14 000 DM anzusparen (100 DM/Monat). Deshalb hatten wir auch keine weiteren Ersparnisse. Die verbleibende Rente meiner Mutter reichte gerade für unseren Lebensunterhalt.

Die Entscheidung zu treffen, in dieser Situation ein Haus zu bauen, war da schon äußerst problematisch und riskant. Hinzu kam, dass die Banken nicht bereit waren, ohne absolute Sicherheit größere Kredite zu gewähren. Eine Teilsicherung war mittlerweile unser Grundstück. Für die Fortunastraße, seinerzeit Glückstrasse, mussten wir 99 qm ersatzlos und ohne finanzielle Entschädigung an die Gemeinde abtreten. Es verblieben uns somit noch 723 qm Baugrund.

Als Starthilfe zur Vorbereitung eines Bauvorhabens hatten uns im März 1962 Tante Mariechen und Onkel Konrad 2 500 DM zu acht Prozent Zinsen jährlich geliehen. Dafür waren wir ihnen auch sehr dankbar. Meine Mutter zahlte es in Raten von 200 DM monatlich ab 1. Mai 1962 zurück. Insgesamt ergaben sich somit Zahlungsverpflichtungen von monatlich 500 DM.

Ich hatte erst ausgelernt und verdiente als Berufsanfänger monatlich netto 390 DM.

Wir hofften, wenn wir bauten, dass meine Tante und mein Onkel doch Verständnis dafür hätten, wenn wir nicht sofort ausziehen könnten. So war es dann auch.

Meine Mutter und ich suchten gleich in den nächsten Tagen einen der beiden ortsansässigen Architekten auf, um mit ihm unser Vorhaben zu besprechen. Doch bald stellte sich heraus, auch wenn man so wie wir bereits ein Grundstück gekauft hatte, so einfach war das nicht.

Wir läuteten und die Haustür wurde uns vom Architekten geöffnet. Nachdem wir ihm gesagt hatten, warum wir gekommen seien, bat er uns nicht erst groß ins Haus, sondern hörte sich in der Diele unsere bescheidenen Vorstellungen kurz an. Dann meinte er, bevor er uns verabschiedete: „Da müssen Sie erst noch etwas sparen, wenn Sie ein Haus bauen wollen. So wie die Situation jetzt ist, kann ich nichts für Sie tun."

Damit hatten wir nicht gerechnet. Sehr deprimiert, enttäuscht und entmutigt machten wir uns auf den Heimweg. Von diesem hier im Ort ansässigen und angesehenen Architekten mussten wir uns eines Besseren belehren lassen.

Es bewahrheitete sich das deutsche Sprichwort: „Geld ist nicht alles, aber ohne Geld ist alles nichts." Die Hoffnung, uns ein eigenes kleines Haus mit den uns zur Verfügung stehenden Mitteln bauen zu können, war uns damit genommen worden.

Aber die Hoffnung stirbt zuletzt, sagt man.

Einige Tage später schöpfte meine Mutter doch wieder Mut. Sie meinte zu mir: „Wenn du wirklich entschlossen bist, dass wir bauen wollen, dann lass es uns noch mal versuchen, und zwar bei dem anderen Architekten hier in Dechsendorf." Wir waren uns darüber im Klaren, dass wir erneut enttäuscht werden könnten.

Sollte es doch klappen, dann würden uns aber neben der vielen Arbeit auch andere Sorgen erwarten, auch Ärger würde nicht ausbleiben und wir müssten auf so manches längere Zeit verzichten und sehr sparsam sein.

Wir machten uns auf zur Röttenbacher Straße. Hier wohnte der Architekt Kurt Reger. In seinem Wohnhaus hatte er ein kleines Büro. Sein Haupt-Architekturbüro war in Nürnberg. Wir hatten Angst, dass er uns auch wegschicken würde.

Am Gartentor war eine Glocke. Nach dem Öffnen durch den automatischen Türöffner kam uns ein großer Schäferhund entgegen und eine freundliche Frauenstimme rief: „Kommen Sie nur, unser Hund lässt alle Leute rein, aber keine mehr raus!"

Nachdem wir sagten, dass wir bauen wollten und einen Eingabeplan benötigten, kam uns auch schon der Architekt Kurt Reger entgegen. Wir wurden von ihm und seiner Frau ins Wohnzimmer gebeten.

Unser Anliegen hatte er ja schon bei der Begrüßung erfahren. Etwas zögernd und verhalten schilderten wir ihm dann auch die persönliche und finanzielle Situation, in der wir uns befanden. Wir verspürten gleich Verständnis und auch den Willen und die Bereitschaft, uns zu helfen. Er sagte unter anderem: „Da brauchen Sie sich keine Sorgen zu machen, das bekommen wir schon alles hin." So war es dann auch.

In ihr Tagebuch schrieb meine Mutter im September 2004, also kurz vor ihrem 90. Geburtstag, ihre Erinnerungen an Dechsendorf.

Dorfchronik mit 90

Liebes Dechsendorf!
Du warst, als ich 1956 hierher kam, ein kleines Dorf. Du warst ein Bauerndorf mit vielen fleißigen Leuten. In der Mitte des Dorfes sah man unter einer mächtigen Linde ein in Franken selten gewordenes Ensemble, ein hochwertiges Holzschnitzwerk, ein Kruzifix-Ehrenmal mit einer Sandsteinmarter aus dem 16. Jahrhundert.

Mittelpunkt für die Menschen hier war eine kleine Kapelle, gleich hinter dem Dorfkreuz, neben der Hohlgasse. Da hinein gingen Alt und Jung. Trotz schwerer Arbeit hatten die meisten Bewohner noch Zeit, zumindest am Sonntag dem Herrgott ein Stündchen zu weihen.
Nach dem Krieg, als wir, die Flüchtlinge, hier in Dechsendorf eine Unterkunft bekamen, war es aus mit der Ruhe im Dorf.

Dorfkreuz (1927)
neben einem Marterl
aus dem 16. Jahrhundert

Die Bauern besaßen Äcker und Wälder, die zu Bauland erschlossen wurden. Bäume wurden gefällt und es entstanden Bauplätze, die sie verkauften. Vom Erlös bauten die Bauern Häuser und Wohnungen für ihre Familien und für die Neuankömmlinge.

Aber auch die Flüchtlinge wollten sich wieder etwas von dem schaffen, was ihnen zu Hause in ihrer Heimat genommen worden war. Sie arbeiteten, sparten und plagten sich, bis sie sich ihren Wunsch erfüllen konnten. Mit dem Bau eines Häuschens fanden sie hier eine neue Heimat.

Das Bild des Dorfes veränderte sich und war bald nicht mehr wiederzuerkennen. Straßen wurden gebaut. Später kam dann die Wasserleitung. Dann gab es nicht nur vereinzelt Straßenlampen, sondern eine Straßenbeleuchtung, die die ganze Nacht brannte. Aber auch für den Müll, der früher weitgehend privat wild u. a. in Sandgruben entsorgt wurde, gab es eine kommunale Müllentsorgung. Wenn Fremde kamen und nach einem Straßennamen fragten, kannten sich sogar die Einheimischen nicht mehr aus.

Alles, was man nötig zum Leben brauchte, gab es hier im Ort. Beispielsweise den Bäcker Seitz mit seinem guten Sechspfünder-Bauernbrot, den Metzger Dürrbeck mit seinen über Dechsendorf hinaus gefragten frischen und schmackhaften Fleisch- und Wurstwaren sowie den Spar-Schickert, später Lunz.

Vom „Tante-Emma-Laden" von 1932
zum Spar-Markt im Jahr 1985

Am Beispiel dieses kleinen Ladens wird auch deutlich, wie sich Dechsendorf im Laufe der Jahre veränderte. Der Laden hatte sich von einem kleinen Gemischtwarenhandel genau in der Ortsmitte, gegründet noch vor dem Zweiten Weltkrieg von Barbara Schickert, bis zum Jahr 1987 zu einem Supermarkt mit 420 Quadratmeter Verkaufsfläche mit Fleisch- und Käsetheke, Obst- und Gemüseabteilung sowie einem Getränkemarkt entwickelt. Sonntagvormittag war während der Sommermonate zwei Stunden geöffnet und in Notfällen bekam man auch außerhalb der Geschäftszeiten noch das, was man brauchte. Später übernahmen dann der Sohn Otto und seine Ehefrau Waltraud das Geschäft. Daneben hatten wir im Ort noch Lebensmittel-Wohlfahrt in dem Gebäude, in dem später ein Blumenladen war.

Verbliebene Bauernhöfe rund um den Ortskern

Die nicht nebenerwerbsmäßigen Bauernhöfe wurden immer weniger. Hatte es da früher noch vielleicht zehn gegeben, waren es nunmehr nur noch drei mit ihrer Milchwirtschaft und dem Ackerbau, der „Wolfenbauer", der „Adelsbauer" und der „Dengler-Bauer". Dafür hatten sich im Laufe der Jahre mehr Handwerksbetriebe angesiedelt, z. B. Sägewerke, Schreinereien, Maurer, Zimmerer, Maler, Elektriker, Fuhr- und Tiefbauunternehmen, eine Sanitär- und Heizungsfirma, Kohle- und Heizölhandlung sowie Dienstleister wie Poststelle, Arzt und Zahnarzt, Architekten, Versicherungsagenturen und eine Rechtsanwaltkanzlei, Bank, Sparkasse und Apotheke.

Eines der beiden Sägewerke

Auch an Gaststätten fehlt es nicht. Dies sind u. a. das Forsthaus, die Gasthöfe Mayd und Schmitt (Rangau), die Pizzeria im Seeblick, die Seebachstuben und die Sportlergaststätte. Da bleibt nun auch schon mal für viele am Sonntag zu Hause die Küche kalt.

Gasthof Mayd; um 1900 Mayd'sche Brauerei

Die Seebach-Stuben wurde 1785 direkt an der Grenze
zwischen Bistum Bamberg und Fürstentum Ansbach
errichtet und diente bis 1833 als Zollstation.

Dann gibt es auch noch eine gute öffentliche Busverbindung, um
in der Stadt einzukaufen, was hier vor Ort nicht zu bekommen ist.

Auch Vereine gibt es viele. Zu ihnen gehören die Freiwillige
Feuerwehr, der Gesangverein Liederkranz, die Sudetendeutsche
Landsmannschaft und die Landsmannschaft der Schlesier, der FC
Großdechsendorf mit mehreren Sportabteilungen, die Soldaten-
kameradschaft, die Hubertus-Schützen, der Heimat- und Ver-
kehrsverein sowie die Deutsche Lebensrettungsgesellschaft.

Dann ist da noch der Dechsendorfer Weiher mit Abwechslung
im Sommer beim Camping, Schwimmen, Grillen, Rudern und
Segeln. Wenn im Winter der Weiher zugefroren und das Eis
dick genug ist, kann man Schlittschuhlaufen, darauf spazieren
gehen oder den Eiskeglern zusehen. Aber auch die Wege um den
Weiher herum und in den angrenzenden Wäldern laden ein zu
einer Tour mit dem Fahrrad oder zum Wandern und zum Joggen.

Am Dechsendorfer Weiher

Dechsendorfer Osterbrunnen

Obwohl Dechsendorf nun zur Stadt Erlangen gehört, ist es ein richtiges Dorf geblieben. Da tut sich noch manches nach altem Brauch.

Hierzu gehören das Schmücken und Aufstellen des Osterbrunnens am Kirchenvorplatz, die Ausrichtung des Erntedankfestes in der Kirche und das am ersten Wochenende im August stattfindende Hohlgassenfest am Samstagabend mit dem Frühschoppen am Sonntag. Da wird einiges nach Rezepten aus früheren Zeiten serviert und gegessen, was fleißige Frauen vorbereitet haben.

Wie das Obatzten- oder Grieben- und Schnittlauchbrot gehört auch der im Freien im Backofen gebackene Zwiebelkuchen dazu. Das alles bei einem kühlen Bier und bei unterhaltsamer Blasmusik.

Aber auch viele kirchliche Anlässe stehen im Mittelpunkt. Hierzu gehören beispielsweise das Aussenden der Sternsinger am 6. Januar zu Gunsten der Kinder in Missionsländern; an Fronleichnam die Prozession mit dem Allerheiligsten durch den Ort mit allen Vereinen und ihren Fahnen zu den vier geschmückten Altären; das am ersten Sonntag im August stattfindende Patronatsfest zu Ehren der Mutter Gottes mit Umzug der Vereine in Tracht und mit Uniform und die Gedenkfeier für die gefallenen und vermissten Soldaten der Ersten und Zweiten Weltkriege am Volkstrauertag. Nicht zu vergessen sind auch die feierlichen Pfarrgottesdienste in der Kirche Unsere Liebe Frau, z. B. an Ostern, Pfingsten und Weihnachten.

Kirchliche Umzüge/
Prozessionen

392

Vor dem
Kriegerdenkmal
am Volkstrauertag

Der Heimatverein ehrt seine Gründungsmitglieder

85 Jahre Freiwillige Feuerwehr mit Fahnenweihe
und Ehrung verdienter Vereinsmitglieder

Konzert des Liederkranzes

Dann gibt es auch noch Veranstaltungen der örtlichen Vereine wie das Sängerfest, den Tanz in den Mai, das Spießbratenessen oder die Sonnwendfeier und nicht zuletzt das Kirchweihfest mit Bierzelt und mit alten Bräuchen wie dem Aufstellen des Kirchweihbaumes und dem Betzen-Raustanzen der Kirchweihburschen mit ihren Kirchweih-Bräuten. Da gibt es viele Zuschauer, jung und alt. Und die Spannung, welches Paar wohl gewinnen wird, ist immer groß.

Aber auch für die Kinder gibt es Abwechslung und Unterhaltung: Kinderkarussell, Schießbude, Losverkauf, Schiffschaukel sowie Buden mit Süßigkeiten und Spielsachen und einen Autoskooter. Im Tagebuch meiner Mutter kann man noch lesen: „Es war schon immer mein Wunsch, mal Autoskooter zu fahren. Das tat ich dann auch. Es waren wenige auf der Bahn. Mir hat es viel Spaß und Freude gemacht, das mit 90 Jahren einmal tun zu können."

Und dann ist in diesem Zusammenhang noch zu lesen: „Wer will gerne etwas probieren, der darf sich nicht genieren."

Am Schluss dieser Tagebuchaufzeichnung heißt es: „Ja, so sind die Jahre trotz mancher Wehwehchen, Kummer und Sorgen dahingeschwunden. Auch schöne Tage hat es gegeben, an die ich heute gerne denke. Schon vor 50 Jahren, als ich mit meinem Sohn hierher kam, hätte ich nie wo anders wohnen mögen."

Poesie – eine Leidenschaft

Eine Leidenschaft meiner Mutter war es, Gedichte zu schreiben. Sie nutzte dazu jeden Anlass, der sich anbot.

Geburtstage, Hochzeiten, bestandene Prüfungen usw. War es mal kein Gedicht, dann formulierte sie sehr ausführlich und herzlich ihre guten Wünsche. Und das Besondere war, dass sie alles, was sie anderen schrieb, liebevoll für sich festhielt.

Meine Mutter vergaß auch nicht, alles Interessante, was sich so täglich ereignete, aufzuschreiben. Was sie selbst erlebte und machte und das Besondere, das sie von uns, von Verwandten und Bekannten erfuhr, wurde notiert und von 1952 bis 1981 meist in einfachen Heften niedergeschrieben.

In den Jahren danach hielt sie dann nicht nur die zeitnahen Erlebnisse fest, sondern schrieb auch die Begebenheiten erneut nieder, die sie im Tagebuch festgehalten hatte, welches ihr 1952 abhanden gekommen war. Mit diesen Aufzeichnungen begann meine Mutter am 1. Januar 1982. Ihren letzten Eintrag machte sie in ihrem 94. Lebensjahr am 25. März 2008.

Die Tagebücher meiner Mutter

Da konnte sie wegen ihrer Knie schon nicht mehr sicher laufen. Gedanklich und geistig war sie aber noch ganz gut bei der Sache. Sie fragte manchmal etwas zweimal, weil sie es wieder vergessen hatte, aber das war in dem Alter doch normal. Manchmal vergewisserte sie sich auch, ob das, was man ihr so erzählte, auch richtig sei. So sagte sie einmal zu mir: „Die Leute sagen immer zu mir: Du wirst hundert!" Sie fragte dann: „Werd ich wirklich schon hundert?"

In ihrem hohen Alter waren ihre letzten Einträge auch noch sehr präzise. Es war schön, dass meine Mutter das so lange machen konnte und stets großes Interesse daran fand. Das half ihr auch, ihre „Schicksalsjahre im Schatten zweier Weltkriege" etwas zu vergessen. Sie hatte damit aber auch eine anerkennenswerte und nützliche Leidenschaft und Aufgabe. Ihre Aufzeichnungen bis in die letzten Jahre vor ihrem Tod waren für mich oft hilfreich und wertvoll sowie eine Voraussetzung für das Schreiben dieses Buches.

Das Original-Tagebuch aus diesen Jahrzehnten mit den Schilderungen der Erlebnisse meiner Mutter und meines Vaters aus ihrer Kindheit, Jugendzeit und in den Jahren vor, während und nach dem Zweiten Weltkrieg ist meiner Mutter abhanden gekommen. Als wir 1952 von der DDR kurzfristig besuchsweise zu meiner erkrankten Großmutter in die Bundesrepublik Deutschland reisen durften, dachte keiner von uns beiden an ein Bleiben in Westdeutschland.

Deshalb wurde auch an eine Mitnahme des Tagebuches nicht gedacht, zumal die Gefahr bestand, dass es bei den DDR-Grenzkontrollen, die auch im Zug durchgeführt wurden, beschlagnahmt werden könnte.

Als dann feststand, dass wir bleiben und die beste Freundin meiner Mutter in der DDR, Frau Schubert, auf unseren Wunsch hin die Habseligkeiten aus unserem dortigen Zimmer an sich nahm, war das wertvolle Tagebuch auf Nimmerwiedersehen verschwunden.

Es ist erstaunlich und bewundernswert, wie wirklichkeitsnah und präzise es meiner Mutter gelungen ist, aus dem Gedächtnis heraus nach so vielen Jahren das Verflossene erneut eindrucksvoll und den damaligen Erlebnissen entsprechend, weitestgehend mit Datum- und Zeitangaben, aufzuschreiben.

In dem ersten Tagebuch nach 1982 erinnert mich ein Eintrag nach einem Besuch bei meiner Tante Martl an das nachfolgend beschriebene Erlebnis meiner Mutter.

„Unglaublich – aber wahr"

An einem Januartag im Jahr 1972 saß meine Mutter im Wartezimmer ihres Augenarztes. Mit ihr warteten noch ein paar Patienten. Man schmökerte in den Zeitschriften, die das Warten erleichtern sollten. Keiner achtete auf den anderen.

Ein Mann gegenüber meiner Mutter stand auf und holte sich von dem kleinen Tischchen in der Mitte des Raumes ein anderes Heft. Meine Mutter blickte ihn zufällig an und dachte: „Das gibt es nicht! Das ist doch Alfred, mein Schwager, der Bruder von Josef, meinem Mann."

„Nein", dachte sie sich. „Das kann nicht sein. Alfred? Wir sahen uns zuletzt vor dem Krieg in Schlesien, in Liegnitz." Er und seine Frau Martha hatten meine Mutter im September 1936 vorübergehend in ihrer kleinen Wohnung aufgenommen.

Etwas Zeit verging und es öffnete sich die Tür zum Behandlungszimmer. Die freundliche Arzthelferin sagte: „Herr Gröger, bitte." Meine Mutter bekam einen Schreck und war fassungslos. Aber sie wusste jetzt, das war Alfred. Er hatte sie nicht weiter beachtet und nicht erkannt. Ihn ansprechen, wenn er herauskommt, das würde sie nicht. Vielmehr wollte sie sich erst noch einmal über seinen Vornamen und sein Geburtsdatum, geboren war er am 2. Mai 1913, im Behandlungszimmer informieren.

Das tat sie dann auch. Meine Mutter war eine langjährige Patientin und es bestand ein gewisses Vertrauensverhältnis. In Anbetracht der Umstände bekam sie trotz des Datenschutzes die gewünschten Informationen einschließlich der Adresse. Es war tatsächlich Alfred, der Bruder ihres Mannes, der Bruder meines Vaters, ein Onkel von mir.

Jetzt kamen Fragen auf: „Hat er mich wirklich nicht erkannt? Wusste er vielleicht doch, dass ich in Erlangen wohne? Warum hat er sich nicht gemeldet? Lebt er vielleicht nicht mehr mit Martl, sondern mit einer anderen Frau zusammen? Ich hatte ihn doch nach dem Krieg über den Suchdienst des Roten Kreuzes suchen lassen. Ohne Erfolg. Weiß er sogar, ob mein Mann noch lebt, wo und mit wem er zusammenlebt? Soll ich es nicht erfahren? Will er möglicherweise nichts mit mir zu tun haben?"

Meine Mutter holte sich Rat bei Rosi, meiner Ehefrau, und mir. Wir mussten das erst einmal verdauen und überdenken. Es erschien unwahrscheinlich, jetzt nach so langer Zeit den Bruder meines Vaters gefunden zu haben.

Bisher kannten wir nur Angehörige mütterlicherseits. Wir kamen zu dem Entschluss, meine Mutter solle ihm einen Brief schreiben. Das tat sie dann auch. Alfred war, wie sich später herausstellte, daraufhin genauso überrascht und auch überfordert von dem, was er las und was sich ereignet hatte.

Nach etwas Bedenkzeit bekam meine Mutter auch Post von ihm und von Martl. Meine Mutter und ich wurden zu ihm und seiner Familie in ihre Wohnung nach Erlangen eingeladen. Am 27. November 1972 kam es nach über 30 Jahren zu einem Wiedersehen zwischen meiner Mutter, meinem Onkel Alfred und seiner Frau Martl.

Es entstand eine innige und herzliche Freundschaft und viele gegenseitige Besuche folgten. Eingebunden waren auch ihr Sohn Siegfried, ihre Tochter Christa mit Ehemann Volkmar, Enkeltochter Lilo und Urenkelsohn Bodo sowie Rosi und unsere Kinder Harald und Sonja.

Alfred, der Bruder meines Vaters, mit Ehefrau Martl

Die Jahre mit schönen Begegnungen vergingen viel zu schnell. Sie endeten für Alfred am 4. 8. 1977 und für Martl am 5. 2. 1982 mit einem friedlichen Tod. Volkmar und Christa verstarben leider schon 1992 und 1996 im Alter von 59 und 62 Jahren.

Für meine Mutter und insbesondere für mich waren diese Zusammenkommen mit meinem Onkel Alfred, Tante Martl und ihrer Familie etwas ganz besonders Wertvolles. Sie waren doch die einzigen Verwandten seitens meines Vaters, die ich kennenlernen durfte.

Meine Mutter lebte noch bis ins hohe Alter mit Freude und Aufgeschlossenheit hier in Dechsendorf. Sie war, wie man so schön sagt, angekommen und fühlte sich allseits auch angenommen.

Sie nahm seit dem Zuzug 1956 hier am gesellschaftlichen und kirchlichen Leben teil. Dies erfolgte beispielsweise durch ihr aktives Wirken im früheren „Altenclub" der katholischen

URKUNDE

Frau G r ö g e r
852o Erlangen-Dechsendorf, Fortunastr. 2

hat bei der MGW-Sammlung im Mai dieses Jahres den Betrag von

DM _____ 565,50 _____

gesammelt. Als Dank überreichen wir diese Urkunde.

Müttergenesungswerk
Stein über Nürnberg

Müttergenesungswerk
Stadt Erlangen
- Sozialamt -

_____   _____
Für den Stiftungsrat   Für den MGW-Ortsausschuß

Urkunde vom Müttergenesungswerk

Pfarrei „Unsere Liebe Frau", durch ihre zahlreichen Kranken-
besuche und die zweimal jährliche Hauslistensammlung für
die Caritas sowie für das Müttergenesungswerk, aber auch
durch die über lange Jahre wöchentliche aktive Beteiligung an
den Turnstunden beim FC Großdechsendorf und bei Senioren-
sportfesten der Stadt Erlangen.

URKUNDE

Fr. Sofie Gröger

hat beim Seniorensportfest 1989 in Erlangen
den Bewegungsparcour mit Erfolg absolviert.

BEWEGUNGSPARCOUR

1. Zielwurf	
2. Torwand	
3. Krickett	
4. Spieker werfen	
5. Wurf auf Dosen	
6. Eisstockschießen	
7. Softballtreiben	
8. Slalomgang mit Schlagball	
9. Jonglieren mit Ball	
10. Schwebebrett	

älter werden ‖ fit bleiben

Städtische Altenhilfe

Urkunde vom Seniorensportfest

Meine Mutter interessierte sich auch sehr für gesellschaftliche und politische Themen im Fernsehen. „Verschiedenes" lautete die Überschrift in einem ihrer Notizbücher zu themenbezogenen Eintragungen, wie z. B. unter

Wissenswertes:
1516 wurde beim bayerischen Bier
das Reinheitsgebot eingeführt.

Gesellschaftliches:
Am 2. 1. 2003 hatte das Heute-Journal
25-jähriges Bestehen.

Politisches:
Die Euro-Einführung – 1. Januar 2002

Religiöses:
Seit 1956 gibt es Sternsinger in Deutschland.

Kulturelles:
1984 erstmals Dorffest in der Hohlgasse von Dechsendorf

Philosophisches:
Die Sprache ist die Kleidung der Gedanken.

Bild der Kirche „Unsere Liebe Frau";
gezeichnet von Herrn Leese, einem Dechsendorfer Bürger,
anlässlich eines Jubiläums der Freiwilligen Feuerwehr

Viel bedeutete meiner Mutter auch die regelmäßige Teilnahme an Gottesdiensten unter der Woche und am Wochenende sowie die Beteiligung bei kirchlichen Festlichkeiten und gesellschaftlichen Veranstaltungen und in Vereinen.

Dazu gehörte beispielsweise die Mitgliedschaft in der Sudetendeutschen Landsmannschaft Dechsendorf. Diese ernannte sie bereits 1988 für ihre langjährige Tätigkeit in der Vorstandschaft zum Ehrenmitglied. Beigetreten war meine Mutter am 10. 03. 1957.

Ehrung von der SL für besondere Verdienste

Sehr verbunden war meine Mutter auch mit dem VdK, Ortsverband Heßdorf. Mit unterhaltsamen Beiträgen bereicherte sie hier in Heßdorf seit 1962 bis ins hohe Alter als 92-Jährige Veranstaltungen wie die jährliche Muttertagfeier im Mai und die Weihnachtsfeier am Jahresende. Der VdK ehrte sie im Mai 2011, etwa einen Monat vor ihrem Schlaganfall, mit dem Treueabzeichen des Sozialverbandes VdK Bayern in Gold für ihre 50-jährige treue Mitgliedschaft.

Gegründet wurde der Sozialverband VdK im Jahr 1947 unter dem Namen „Verband der Kriegsbeschädigten, Kriegshinterbliebenen und Sozialrentner Deutschlands e. V."

Allein dieser Name lässt erkennen, warum meine Mutter bereits in Trittenheim diesem Sozialverband beigetreten war.

VdK ehrt Mitglieder

AUSZEICHNUNG Sophie Gröger hält dem Ortsverband Seebachgrund seit 50 Jahren die Treue, Anneliese Meyer seit 40 Jahren.

VON UNSEREM MITARBEITER **ROLAND MEISTER**

Klebheim - „Rauf in den Saal laufe ich schon noch selbst", erklärte die 97-jährige Sophie Gröger aus Dechsendorf selbstbewusst, als sie die Muttertagsfeier des VdK-Ortsverbandes Seebachgrund besuchte. Grund des Besuchs war nicht das Essen, dass es in Klebheim für jedes Mitglied gab, sondern die Tatsache, dass es sich Gröger nicht nehmen ließ, trotz ihren hohen Alters die Urkunde und Ansteckinadel für ihre 50-jährige Mitgliedschaft im VdK selbst abzuholen.

Neben Gröger wurden weitere Mitglieder für ihre Treue ausgezeichnet.

Sophie Gröger (sitzend) und weitere langjährige VdK-Mitglieder wurden vom Ortsverbands-Vorsitzenden Valentin Schaub (2. v. r.), Heßdorfs Bürgermeister Helmut Maar ((4. v. l., Bürgerblock) und Großenseebachs Bürgermeister Bernhard Seeberger (3. v. l., FW) für ihre Treue ausgezeichnet.
Foto: Roland Meister

VdK – Ehrung mit Treueabzeichen in Gold und Pressenotiz im Fränkischen Tag Bamberg

BESITZURKUNDE

Wir verleihen in Würdigung
und Anerkennung
für 50 Jahre treue Mitgliedschaft

Sophie Groeger

das Treueabzeichen
des Sozialverbandes VdK Bayern
in Gold

Sozialverband VdK Bayern e.V.
München, den

07.05.2011

für den Landesvorstand   für den Kreisvorstand

In Dechsendorf konnte meine Mutter durch all ihre Aktivitäten vergessen, was ihr in der Zeit des Krieges und während der Nachkriegsjahre alles an Not, Leid und schwerem Schicksal widerfahren war. Meine Mutter war geprägt durch ihre Lebensgeschichte und durch ihre alleinige Verantwortlichkeit als Mutter.

Deshalb war meine Mutter mir gegenüber insbesondere in meiner Kindheit sehr streng. Höflichkeit, Bescheidenheit und Genügsamkeit sowie Fleiß, Gehorsam, Zuverlässigkeit und Pflichterfüllung waren ihr dabei besonders wichtig. Über die Stränge schlagen oder nicht folgen oder vielleicht sogar lügen, das hatte für mich ernsthafte Auswirkungen. Da gab es dann schon einmal Hausarrest, kein Taschengeld oder auch mal ein paar hinter die Ohren.

Ich erinnere mich an meine erste Zigarette. Meine Mutter hatte mich, ich dürfte 12 Jahre alt gewesen sein, in Trittenheim hinter einer Kirmesbude mit Freunden beim Rauchen beobachtet und mich zu Hause zur Rede gestellt. Es lag nahe, zu lügen und es abzustreiten. Ich wusste ja nicht, dass sie mich gesehen hatte und dass man es auch riechen konnte, als ich daheim ankam. An so etwas hatte ich nicht gedacht.

Da gab es ernsthafte Ermahnungen und eine Woche lang kein Taschengeld, das waren 50 Pfennig (eine Kugel Eis kostete damals 10 Pfennig), und kein Spielen mit Freunden über mehrere Nachmittage.

Vielmehr musste ich dann öfters als sonst die über meine Mutter bestellten Illustrierten austragen und einkassieren. Trinkgelder, manche Bezieher gaben mal 5 Pfennig bei einer Zeitschrift, habe ich meiner Mutter abgegeben. Nicht als Strafe, sondern weil wir das Geld zum Leben brauchten.

Meine Mutter konnte ihre Verärgerung, wenn ich etwas angestellt hatte, nicht verbergen. Sie konnte mir auch nicht gleich wieder verzeihen. Zumindest zeigte sie es mir nicht. Da kam es dann schon mal vor, dass sie eine Weile nicht mehr mit mir redete.

Das war auch einmal so, als sie bei der Polizei für mich Strafe bezahlen musste. Ein Freund und ich fuhren mit unserem Leiterwagen über die Trittenheimer Brücke. Ich saß vorne drin und lenkte mit den Füßen. Richtung Ortschaft ging es etwas bergab. Das Schieben oder das Ziehen konnte man sich hier sparen. Der Leiterwagen fuhr von allein. Mein Freund saß hinten im Leiterwagen. Da kam die Polizei. Es gab Ärger und ein Bußgeld von 5 DM war fällig. Ich konnte es nicht bezahlen und für meine Mutter war das damals sehr viel Geld.

Ich akzeptierte als Kind diese Reaktionen meiner Mutter und nahm sie auch ernst. Bockig oder beleidigt sein, das kannte ich nicht. Auch schimpfende Worte meiner Mutter gegenüber waren mir fremd. Bei aller Strenge gab sie mir immer das Gefühl, mich gern zu haben. Sie meinte es letztendlich in ihrem Herzen stets gut mit mir.

Dafür war sie aber während ihres ganzen Lebens und auch zu dieser damaligen Zeit erstaunlich physisch und psychisch stark. Sie war stets zuversichtlich und zufrieden mit dem, was sie hatte. Sie schimpfte nie über andere. Sie war auch nicht verärgert oder missgestimmt, wenn es anderen besser ging als uns.

Ich bekam es auch nicht zu spüren, wenn sie wegen anderem schlecht gelaunt war oder Ärger gehabt hatte. Dann sprach sie mit mir offen darüber, wenn sie annehmen konnte, ich würde das verstehen. Meine Mutter gab mir viel Sicherheit und Vertrauen in meiner Kinderzeit.

Besonders wichtig in meinem damaligen Leben war, dass meine Mutter sich nicht für einen anderen Mann interessierte. Das hätte ich nicht ertragen. Schon die Gedanken daran machten mich zornig, was ich sonst nicht kannte. Obwohl es keinen Anlass gab, sprach ich mit meiner Mutter auch immer wieder über dieses Thema.

Eigentlich hätte ich keinen Grund gehabt, eifersüchtig zu sein. Das war von mir sehr unsinnig und einfach töricht. In Gedanken war meine Mutter noch oft bei meinem Vater. Die Liebe zu ihm war unerschütterlich groß und die Hoffnung, er könne noch leben und zurückkommen, hatte sie noch nicht aufgegeben. Das wusste ich.

Zwischenzeitlich lagen viele „Schicksalsjahre im Schatten zweier Weltkriege", wie es im Titel meines Buches heißt und wie bereits ausgeführt, hinter uns. Es hatte sich bei meiner Mutter und insbesondere auch bei mir vieles zum Besseren weiterentwickelt und zu einem neuen Zuhause geführt. Was dazu beigetragen hat, waren auch wertvolle Freundschaften.

Freundschaften als Wegbeleiter

Wie wichtig Freundschaften sind, das zeigte sich auch bei gesellschaftlichen und politischen Veränderungen. In der großen Politik wird dies beispielsweise bei der Aussöhnung zwischen der Bundesrepublik Deutschland und Frankreich deutlich.

Im Jahre 1956 begann der Auftakt zur deutsch-französischen Freundschaft. Präsident Charles de Gaulle und Kanzler Konrad

Adenauer hatten die „Erbfeindschaft" zwischen Frankreich und Deutschland am 22. Januar 1956 in Paris mit der Unterzeichnung des Elyseè-Vertrages beendet.

Damit war die Basis für eine Versöhnung zwischen den einstigen „Erbfeinden" und für eine friedliche Entwicklung in Europa geschaffen. Adenauer und de Gaulle, die beiden älteren Herren, ließen sich nicht beirren und trieben die Annäherung der beiden Staaten gegen viel Protest und inmitten heftiger Turbulenzen voran.

Das war alles andere als vorhersehbar. Frankreich und Deutschland hatten sich jahrhundertelang erbitterte Schlachten und Kriege geliefert. Wie in diesem Buch schon an anderer Stelle erwähnt, war auch mein Vater 1940 bei den Feldzügen in Frankreich eingesetzt gewesen.

Adenauer hatte 1958 noch eine neutrale bis ablehnende Sicht auf den Nachbarn Frankreich. Woher rührte der Sinneswandel vom Frankreich-Skeptiker zum Frankreich-Bewunderer? Dazu kam es bei einem Treffen mit Charles de Gaulle. Dieser hatte den 87-jährigen deutschen Kanzler in seinen Heimatort eingeladen. Hier tauschten sie sich vertrauensvoll aus. De Gaulle kannte Deutschland sehr gut, ganz anders als Adenauer Frankreich.

Bereits als Kind war de Gaulle öfters zu Urlaub im Schwarzwald gewesen. Als Soldat wurde er im Ersten Weltkrieg mehrfach verwundet und sein Oberschenkel von einem deutschen Bajonett durchbohrt. Er kam 32 Monate in deutsche Gefangenschaft, unter anderem in Würzburg und in der Festung Wülzburg oberhalb von Weißenburg. Von dort konnte er, versteckt in einem Wäschekorb, fliehen. 1924 war er Besatzungsoffizier in Trier und von 1940 bis 1944 führte er den Widerstand gegen die deutsche Nazibesatzung in Frankreich an.

Besiegelt wurde der Beginn der Freundschaft mit Frankreich nach französischer Sitte mit Umarmung und Küssen auf beide Wangen, man nennt das „Accolade". Inzwischen ist diese Art der Begrüßung auch in Deutschland längst gang und gäbe.

Auch in meinem Leben waren echte Freundschaften wichtige Wegbegleiter. Das zeigte sich in meiner Jugend bereits im ersten Jahr nach meiner Schulzeit, ab Beginn meiner Ausbildung. Meine Mutter versorgte mich zu Hause bestens und freute sich, wenn Freunde kamen, beispielsweise Alwin, wir zusammen lernten, daheim Brotzeit machten und uns auch in unserer Freizeit vergnügten.

Später lernte ich bei einem Tanzkurs in der Tanzschule Thurek in Erlangen noch einen weiteren echten Freund, Lothar, kennen.

Mit Lothar beim Abschlussball

Schon während des Tanzkurses verstand ich mich mit Lothar sehr gut. Abends, wenn keine Busverbindung mehr von Erlangen nach Dechsendorf ging, durfte ich bei ihm daheim übernachten. Lothars Eltern waren warmherzig und besonders gastfreundlich. Sehr praktisch war, sie wohnten im Zentrum, in einer Seitenstraße der Altstadt.

Der Zufall wollte es, dass unsere beiden Tanzdamen aus dem gleichen Vorort von Erlangen kamen. Wenn wir sie mal abholten oder zurückbrachten, konnten wir das zusammen tun. Damit wir das Tanzen nicht gleich wieder verlernten, besuchten Lothar und ich auch gemeinsam Tanznachmittage im Waldschießhaus oder abends im Studentenhaus und bei einer Studentenverbindung, der Lothar angehörte.

Manchmal unternahm ich auch ganz gern mal alleine etwas. Dazu gehörte beispielsweise im Fasching eine „Fahrt ins Blaue" mit der Bundesbahn ab Nürnberg. Das war sehr praktisch und amüsant. Alles war organisiert und es gab ein tolles Programm. Dazu machte man nette Bekanntschaften und man konnte bei flotter Musik im Tanzwagen der Bahn und in einem großen, toll geschmückten Tanzlokal am Zielort das Tanzen üben.

Zu dieser Zeit führte die Freude am Tanzen auch noch zu zwei weiteren herzlichen Jugendfreundschaften, und zwar mit Eddi aus Großdechsendorf und mit Gerhard aus Kleindechsendorf. Wir waren uns schon immer wieder mal begegnet und stellten fest, dass wir uns gut verstanden.

„Fahrt ins Blaue"
mit der Bundesbahn

Gerhard,
Eddi und ich –
Pfeifenraucher
bei einem Sonntags-
spaziergang

Wir hatten auch eine gemeinsame Leidenschaft: das Pfeifen-rauchen. Interesse daran fanden wir über Georg, einen Zimmerer und Jäger hier aus dem Ort. Er hatte einen VW-Käfer und fuhr gern zu Tanzveranstaltungen, beispielsweise nach Herolds-bach oder entlegenere Ortschaften im Landkreis Höchstadt. Er nahm uns gelegentlich mit. Manchmal war auch noch sein Freund Stephan dabei. Die Fahrt zurück ging dann nicht über die Land- und Staatsstraßen, sondern durch kürzere, nur für den Forstbetrieb zugelassene Waldwege. Auf diesen Wegen durfte er als Jäger fahren und er kannte sich im Wald auch bestens aus. Manchmal machten wir die Nacht zum Tage. Es kam da schon mal vor, dass wir morgens erst wieder daheim in Großdechsendorf einfuhren, wenn die anderen bereits in die Kirche gingen.

Eddis Schwester Waltraud und ihr Freund Otto fuhren mit Ot-tos Auto meist zum Tanzen, wenn die Showkapelle „Melodas" in Erlangen oder in der Nähe spielte. Sie machte die Musik, die wir alle gerne hörten: Schlager, Evergreens, Operetten- und Musical-Melodien mit tollen Einlagen, z. B. bei der „Ba-bysitter-Boogie-Melodie" aus dem Jahr 1957 von Ralf Bendix.

Wir waren auch bei ihnen gern gesehene Mitfahrer. Für mich war es dann schon ein Genuss, nur zuhören zu können. Das Tanzen war da oft Nebensache. Ich erinnere mich gern an diese harmonische und kameradschaftliche Jugendzeit mit Eddi und Gerhard. Von uns dreien hatte noch keiner einen Führer-schein. Wir entschlossen uns deshalb 1961 zu einer Urlaubs-fahrt mit dem Fahrrad. Ich war mit 19 Jahren der Älteste. Wir waren alle ein Jahr auseinander. Gerhard war der Jüngste. Am 29. Juli machten wir uns in den Sommerferien auf zu der ge-planten dreiwöchigen Fahrradtour.

Start zu unserer
Fahrradtour

In Gottes freier Natur ließen wir es uns gut gehen.

Mit einem Dreimannzelt und mit reichlich Proviant ging es los, schwer bepackt mit Luftmatratzen, Spirituskocher und allem, was man so zum Zelten brauchte.

Unsere Route führte durch das schöne Frankenland über Neustadt a. d. Aisch und Kitzingen nach Würzburg. Von dort ging es dann vorbei am Odenwald nach Darmstadt. Hier machten wir Station bei der Tante und dem Onkel von Gerhard. Der Aufenthalt tat uns, insbesondere Eddi, sehr gut. Er war unterwegs mit dem Vorderrad in eine Bahnschiene gekommen, gestürzt und brauchte ärztliche Hilfe.

Eine Adresse hatten wir von Peter aus Großdechsendorf, den wir sehr gut kannten, mitbekommen und noch im Gepäck. Es war die der Eltern seiner Ehefrau. Sie wohnten im schönen Schwabenland in der Nähe von Heidelberg. „Die müsst ihr unbedingt besuchen. Sie freuen sich bestimmt riesig, wenn Besuch aus Dechsendorf kommt", sagten er und seine Frau, als sie von uns erfahren hatten, dass wir in Heidelberg Station machen würden.

Das war dann auch wirklich so. Unangemeldet wurden wir herzlichst aufgenommen, als wir die Grüße aus Dechsendorf überbrachten. Die Gastfreundschaft war nicht zu überbieten. Am liebsten hätten sie es gesehen, wenn wir ein paar Tage bei ihnen geblieben wären. Wir übernachteten auf einem nahe gelegenen Campingplatz. Weiter ging unsere Fahrt am nächsten Tag.

Die Tour führte von hier über Heidelberg durch den Spessart mit einem Abstecher zu dem in einem einsamen Spessarttal liegenden Wasserschloss Mespelbrunn nach Mainz.

Schloss Mespelbrunn, die Perle des Spessarts

Doch bevor wir dort ankamen, passierte mir ein Malheur. Durch den Spessart ging es lang und steil bergauf. Wir mussten unsere Fahrräder schieben. Oben angekommen atmeten wir auf und freuten uns, weil unsere Fahrt nun endlich bergab ging. Die Freude endete, als ich auf der steilen Serpentinen-Strecke aus einer steilen Kurve mit meinem schweren Gepäck hinten auf dem Fahrrad herausgetragen wurde und auf einem angrenzenden Schotterweg mit einem „Plattfuß" im Hinterrad landete.

Fahrradflicken und Ruhepause – aber nicht für Gerhard

Zu einem Malheur kam das nächste. Am Tag vorher hatte man uns unsere Luftpumpen entwendet. Es kam auch niemand mit einem Auto, der uns in der Not hätte weiterhelfen können. Jetzt musste einer von uns losfahren, runter ins Tal. Und er musste auch wieder hoch. Wie beschwerlich das war, hatten wir ja erfahren. Gerhard, ich muss schon sagen, „opferte sich" und machte sich als Jüngster dankenswerterweise mit seinem Fahrrad, jedoch ohne das schwere Gepäck, auf die abschüssige Fahrt nach unten. Sicher dachte er dabei: „Mein Gott, ich muss da auch wieder rauf."

Nach einer etwa drei Kilometer langen Abfahrt machte er mit einem verlassen im Wald wohnenden „Einsiedler" einen Deal: Er bot seine nicht ganz billige Armbanduhr als Pfand gegen eine Luftpumpe. Aber ob er seine Uhr wiedersehen würde, das war die große Frage!

Nach etwa einer Stunde kam Gerhard mit letzter Kraft in die Pedale tretend geschafft zurück. Nun klappte alles recht schnell und die Fahrt konnte weitergehen. Zeitlich waren wir in Verzug. Wichtig war aber nun erst mal, dass Gerhard seine Uhr wieder eintauschen konnte. Bis es dazu kam und wir sagen konnten: „Wiedersehen macht Freude", wie es so schön heißt, wenn man jemandem etwas ausleiht, waren wir fast der Verzweiflung nahe. An dem verlassenen und einsam gelegenen Ort im tiefen Spessart war weit und breit kein Mensch anzutreffen. Wir hatten die Hoffnung schon aufgegeben, die Uhr wiederzubekommen. Da erschien doch noch unser „Einsiedler". Auch er freute sich, seine für ihn sehr wertvolle Luftpumpe wiederzuhaben.

Nach diesem strapaziösen Tag entschlossen wir uns, am Abend im nächsten Dorf in einer Gaststätte einzukehren und dort zu übernachten. Wir gönnten uns ein kräftiges Abendessen und ein zünftiges Bier. Es war eine ländliche Gastwirtschaft. Sie war gut besucht mit Stammtischlern aus dem dortigen „Schwabenländle". Sie begrüßten uns sehr freundlich. Als sie an unserer Sprache den fränkischen Dialekt vernahmen, wollten sie gleich wissen, wo wir herkamen. Wenn wir unterwegs gefragt wurden, kamen wir immer aus Nürnberg. Nürnberg kannten die meisten und sie wussten dann, wo wir geographisch gesehen herkamen.

So war es zu unserem Erstaunen auch heute bei den schwäbischen Stammtischlern. Diese waren leidenschaftliche Anhänger und Fans des 1. FC Nürnberg. Das überraschte uns. Wir waren ihnen da gleich sympathisch. Es gab reichlich Gesprächsstoff und viel zu diskutieren. Wir erlebten einen sehr unterhaltsamen Abend und vergaßen schnell die Strapazen des heutigen Tages.

Nach einer erholsamen Nacht trafen wir beim Frühstück zwei junge Männer, die auch hier übernachtet hatten. Dem einen war das Gleiche wie mir widerfahren. Es war nur nicht so gut ausgegangen. Er war zum Sturz im Straßengraben gekommen. Das Fahrrad war danach nur ein Schrotthaufen gewesen. Beide traten nach dem Frühstück die Heimreise mit der Bahn an.

Für uns ging erfreulicherweise die Tour mit den Fahrrädern weiter, und zwar am Rheinufer entlang über Rüdesheim bis nach Koblenz. Eine Schifffahrt auf dem Rhein durfte dabei natürlich nicht fehlen.

In der
Drosselgasse
von Rüdesheim

Für uns ging es nun wieder vom Bundesland Rheinland Pfalz durch das Bundesland Hessen zurück nach Bayern. Bisher hatten wir etwa 450 Kilometer geschafft. Vor uns lagen bis nach Hause noch rund 350 Kilometer. Unsere Fahrt führte zunächst durch den Taunus. Das war eine schöne Strecke. Hier gab es keine Täler und Höhen wie im Spessart, sondern es waren meist Höhenzüge.

In dieser Gegend zelteten wir auch wieder mal wild. Das heißt, wir schlugen in der freien Natur dort unser Zelt auf, wo wir gerade waren und wo es uns gefiel. Nachts waren unsere Fahrräder abgesperrt, aber trotzdem hätten sie weggetragen werden können. Um das zu verhindern, wurden dann immer einem von uns die Fahrräder mit einem Seil ans Bein gebunden.

Auf der Taunushöhe stellten wir unser Zelt am Waldrand in der Nähe eines einsam gelegenen Bauernhofes auf. Vorsorglich hatten wir uns dort vorgestellt und um Erlaubnis gefragt. Am nächsten Morgen bekamen wir von der Bauernfamilie frische Kuhmilch und gekochte Eier. Das war nichts Spektakuläres, aber trotzdem ein schönes Erlebnis, über das wir uns sehr freuten.

Unsere Rückfahrt verlief über den Taunus nach Frankfurt und dann über Aschaffenburg zurück zu unserem Ausgangspunkt nach Groß- bzw. Kleindechsendorf.

Am 16. August 1961 kamen wir mit gemeinsam nur noch fünf DM in den Taschen nach rund 800 gefahrenen Kilometern von unserer neunzehntägigen erlebnisreichen sowie gelungenen Urlaubstour mit unseren Fahrrädern hier in Groß- bzw. Kleindechsendorf wieder gesund und gut gestimmt an.

In all den Jahren verbrachten wir, manchmal war auch Steffen dabei, schöne Wochenenden zusammen. Dazu gehörten unter anderem ausgiebige Spaziergänge, Picknick-Nachmittage an einer der Blockhütten im Wald oder Baden am Dechsendorfer Weiher.

Ich erinnere mich auch immer noch gerne an das „Lido" am Dechsendorfer Weiher. Das war ein Treffpunkt für die Dechsendorfer Jugend. Eine Frau Bauer aus Nürnberg hatte sich gegenüber vom heutigen Campingplatz ein im Wald idyllisch gelegenes Holzhaus gekauft und die zwei unteren Räume gemütlich als Besuchsräume für uns Dechsendorfer Jugendliche eingerichtet. Es dürfte kaum jemanden unter den hier im Ort lebenden Jungens oder auch Mädels gegeben haben, die sich hier nicht gerne trafen. Das waren Privaträume und wir waren Besucher. Es handelte sich also um keinen gastronomischen Gewerbebetrieb.

Beim Sonntags
spaziergang

Picknick im Wald –
mit dabei
auch unser
Freund Steffen

Der Lido-Wimpel

Nikolaustag im Dechsendorfer „Lido"

Einige Jahre später, als das „Lido" in einen Massivbau ins gegenüberliegende Campinggelände verlegt wurde, war es anders. Das Besondere war aber auch hier, es gab Getränke und auch Kleinigkeiten zu essen, alles zum Selbstkostenpreis. Dazu gehörte zum Beispiel der „Lido-Karpfen", das war ein Rollmops mit Butter und Brot. Frau Bauer war auch die Initiatorin des Campingplatzes am Dechsendorfer Weiher. Von uns Jugendlichen wurde seinerzeit die Ligusterhecke gepflanzt, die heute noch ihren Zweck erfüllt.

Eine Besonderheit hier in Dechsendorf war, es gab viele Junggesellen und befreundete Mädchengruppen, aber nur wenige Pärchen. Das führte zu einem sehr angenehmen Miteinander zwischen den Jugendlichen. Viele Mädchen gingen geschlossen in einer kleinen Gruppe aus, waren auch den männlichen Jugendlichen gegenüber sehr gesellig, ohne mit ihnen fest befreundet zu sein, und gingen wieder geschlossen nach Hause. Ausnahmen gab es gelegentlich auch.

Bei der Kirchweih z. B., beim „Betzen"-Raustanzen, fanden sich immer genügend Pärchen, echte und nur kirchweihbezogene, wie auf nachfolgendem Foto zu sehen ist.

Der Kirchweihbursche, der beim Tanz um den Maibaum die Kirchweihrute in der Hand hielt, als ein vorher eingestellter Wecker am Maibaum klingelte, hatte mit seiner Kirchweihbraut das Raustanzen gewonnen. Für den Burschen gab es einen schönen Bierkrug mit Deckel und für die „Braut" ein Kaffeeservice. 1960 hatten Gerlinde und ich das Glück.

Kirchweihpaare 1960 vor dem Gasthof Mayd

Gerlinde war
damals meine
Kirchweihbraut

Der 18. November 1961 brachte für mich ein besonderes Ereignis mit sich. Ich hatte meine erste Fahrstunde. Es war schon ein Erlebnis und ein tolles Gefühl, erstmals ein Auto fahren zu dürfen. Meinen Führerschein machte ich bei der Fahrschule Winkler in Erlangen auf einem VW-Käfer. Herr Winkler verstand es, mit seinen Fahrschülern umzugehen. Er hatte immer einen angemessenen und humorvollen Ton. Er sagte aber auch klar, was Sache war, wie sich jeder so anstellte, was fehlte und besser zu machen wäre.

Sein Fahrlehrer, den er noch hatte, war Herr Schauer. Ich hatte ihn ab meiner dritten Fahrstunde. Der war ganz hervorragend bei der Vermittlung der praktischen Kenntnisse beim Autofahren. Der gefühlvolle Umgang mit der Kupplung, schleifende Kupplung am Berghang, rückwärts einparken in enge Parklücken, das Wenden auf der Straße usw., bei ihm konnte ich das in wenigen Fahrstunden.

Nach der am 26. 1. 1962 mit einem Fehler bestandenen Theorie kam die Fahrprüfung mit dem Auto. Die hatte noch gar nicht so recht begonnen, da war sie auch schon wieder zu Ende.

Ich war noch keine fünf Meter gefahren, da schrie der Prüfer von hinten: „Merken Sie nichts?" Ich war erschrocken und überlegte. Da schrie er nochmals: „Merken Sie nichts?" Ich antwortete: „Ja, ich habe die Handbremse nicht ganz herausgelassen." „So, das merken Sie auch schon, dann steigen Sie aus", war die Antwort und damit das Ende meiner Fahrprüfung.

Nach zwei weiteren Fahrstunden war ich am 14. März 1962 wieder dran. Alles, was man nur prüfen konnte, kam auf mich zu. Nach 45 Minuten fuhren wir dann wieder zurück zum Ausgangspunkt in die Goethestraße.

Nun sollte ich vor einem parkenden Lkw stehen bleiben. Als ich dann mit dem rechten Vorderrad etwas an den Bordstein kam, meinte der Prüfer: „Das ist ja nicht Ihr Auto. Wenn Sie mal selbst eins haben, werden Sie besser aufpassen." Ich sah in den Innenspiegel. Er nickte mir freundlich zu. Das bedeutete, den Führerschein 3 für Autos bis 3,5 Tonnen hatte ich bestanden. Nach der langen Tortur war das ein erlösendes Gefühl.

Am Nachmittag stand dann noch die Prüfung für den Führerschein der Klasse 1, für das Fahren von Krafträdern, an. Der Tag nahm Gott sei Dank ein gutes Ende.

Der Führerschein für Auto und Motorrad

Eine Woche vorher, am 7. März 1962, ergab sich für mich eine günstige Gelegenheit, einen gebrauchten Heinkel-Roller Typ Tourist, zu kaufen. Das war für mich nach meinem Fahrradkauf am 30. 3. 1957 die zweite größere Anschaffung. Darüber freute ich mich sehr und war auch stolz, einen Heinkel-Roller zu besitzen.

In Erlangen gab es seinerzeit auch einen Heinkel-Club. Das war eine lose Gruppe von Heinkel-Roller-Fahrern, die immer wieder einmal zusammen kamen und gemeinsam Tagesfahrten in den Bayerischen Wald, das Fichtelgebirge oder andere Regionen, primär in Nordbayern, machten. Ich war da auch einige Male dabei. Es war schon beeindruckend, wenn eine Kolonne von zehn bis zwanzig „Heinkel" angefahren kam.

Alwin und ich unterwegs mit dem „Heinkel"

Jetzt hatte ich den Führerschein und mit dem „Heinkel" auch einen fahrbaren Untersatz. Da lag es nahe, auch einmal mit Alwin wegzufahren. Wir waren an einem Sonntag an der innerdeutschen Grenze. Das war kein schöner Anblick, wie die Grenzposten auf der DDR-Seite mit Ferngläsern zu uns herüberschauten. Da konnte man schon ein mulmiges Gefühl bekommen.

An der innerdeutschen Zonengrenze zur DDR

Erschütternd war auch, zu sehen, wie die Eisenbahnschienen plötzlich im Westen aufhörten und im Nichts endeten.

Besondere Erlebnisse in meiner Jugendzeit, bevor ich den Führerschein hatte, waren auch die vielen Fahrradfahrten unterwegs mit Freunden. Ich denke da beispielsweise an die erste Fahrt mit meinem neuen Fahrrad. Sie stand seinerzeit unter einem schlechten Stern. Es war im Jahr 1957.

Endstation

Wir waren eine junge Truppe hier in Dechsendorf, die sonntags mit den Fahrrädern ganz gern mal zum Zuschauen beim Fußballspiel zur Spielvereinigung nach Erlangen fuhr. Zu ihnen gehörten neben mir Edi, Gerhard, Hans und Willi. Wir waren gerade in Richtung Erlangen in der Höhe der Abzweigung nach Heiligenlohe. Wir fuhren neben- und hintereinander. Die Straße war leicht abschüssig und wir hatten ganz schön Fahrt. Da schrie Gerhard: „Eine Maus!" Die lief vor ihm über die Straße. Er bremste. Ich fuhr hinter ihm, bremste auch und rutschte mit meinem Vorderrad seitlich nach links, weil ich ihm nicht auffahren wollte. Willi kam hinter mir seitlich gefahren, konnte nicht mehr bremsen und fuhr voll auf mein Vorderrad. Die Folge: Ich hatte einen kräftigen Achter im vorderen Rad meines neuen Fahrrades. Das war furchtbar ärgerlich. Ein neues Fahrrad und dann das.

In Kleindechsendorf wohnte Herr Dittner, den ich gut kannte. Er war Korbmacher und kannte sich mit Fahrrädern auch bestens aus. In seiner kleinen Werkstatt hatte er alles, was er für Fahrradreparaturen brauchte. Er wohnte gleich an der Straße nach Erlangen. Da lag es nahe, auf meinem Rückweg, auch wenn es Sonntag war, bei ihm vorbeizugehen. Ich klopfte an seiner Haustür. Er war zuhause, sah sich mein Rad an und sagte: „Den Achter ziehe ich dir wieder raus." Das war eine sehr erfreuliche Nachricht, die mir aus meinem Stimmungstief half. Ich war doch sehr auf mein Fahrrad angewiesen, weil ich dieses dringend brauchte, um zu meiner Arbeitsstelle zu kommen.

Einstieg in die Arbeitswelt

Meine Arbeitswelt sollte für mich nach dem Umzug im September 1956 von Trittenheim an der Mosel nach Großdechsendorf in Bayern mit einer Ausbildung beginnen. Ich hatte mich von Trittenheim aus in Erlangen beworben und war auch zu Vorstellungsgesprächen und Einstellungstests eingeladen worden. Diese konnte ich nicht wahrnehmen, denn da waren wir noch nicht umgezogen. Als wir dann in Erlangen ankamen, hatte das Ausbildungsjahr bereits begonnen und die Ausbildungsplätze waren alle besetzt.

Über die Berufsberatung des Arbeitsamtes bekam ich am 7. September 1956 ein Stellenangebot als Bürobote bei der Firma Siemens-Schuckert AG in Erlangen. Noch am gleichen Tag stellte ich mich dort in der Personalabteilung vor. Meine Mutter war auch dabei. Wir wurden freundlich empfangen. Es war ein sehr angenehmes Gespräch, bei dem ich die Zusage bekam, eingestellt zu werden. Diese Arbeit war für mich als Überbrückung bis zu meinem geplanten Lehrbeginn im Juli 1957 gedacht.

Ich trat diese Arbeitsstelle am 8. Oktober 1956 im sogenannten „Himbeerpalast" an. Das war das Stammhaus der Siemens-Hauptverwaltung in Erlangen mit etwa 1 000 Beschäftigten. Wir waren eine ganz schöne Anzahl von Büroboten. Junge Burschen, 14 bis 17 Jahre alt. Unsere Aufgabe bestand primär darin, Besucher auf dem kürzesten Weg von der Pforte zu der vom Besucher gewünschten Person zu führen. Das war nicht immer einfach Es gab in dem riesengroßen Bau viele verwinkelte Gänge auf mehreren Etagen, mit vielen Zimmern und etlichen Aufzügen. In den ersten Tagen hieß es, sich ortskundig zu machen, Organigramme mit den Wegeplänen, Namen und Organisationszeichen zu studieren und Anstandsregeln gegenüber Besuchern zu lernen.

Am 23. 10. 1957 bekam ich meine Dienstkleidung. Diese bestand aus einem grünen Anzug, einem grünen Hemd und einer grünen Krawatte. Jetzt war es so weit. Ich durfte, ja musste meine Aufgabe als „Laufbursche" nun erfüllen. Wenn ein Besucher kam, wurde vom Pförtner, natürlich auch grün eingekleidet, ein Besuchsschein mit der Stelle, wohin er wollte, ausgestellt. Diesen bekam ich, und dann konnte es losgehen. Es wurde erwartet, wie bei einem Taxifahrer, dass man sofort wusste, wo es langging.

Auf der richtigen Seite gehen, einen höflichen Ton wählen, den kürzesten Weg nehmen und sich nicht verlaufen. Natürlich anschließend wieder rasch zurück in unser Zimmer neben der Pforte. Besucher mussten auch wieder abgeholt werden. Nicht, weil sie sich hätten verirren können, nein, auch deswegen, weil man sicher sein wollte, dass der Besucher das Haus wieder verlassen hatte.

Zum Mittagessen ging es in zwei Gruppen. In der Kantine saßen wir an einem großen runden Tisch. Dabei war immer ein Pförtner im Wechsel mit dem Oberpförtner. Hier wurden uns auch die Anstandsregeln bei Tisch beigebracht. Bedient wurden wir von einem stilvoll gekleideten Ober. Alles ging sehr gepflegt zu. Die verbleibende Zeit der Mittagspause verbrachten wir in einem speziell uns zur Verfügung stehenden Raum.

Mir gefiel die Tätigkeit hier sehr gut. 1956 war es nicht so leicht, als Übergang bis zu einer Ausbildung im nächsten Jahr eine Arbeit zu bekommen. Ich verdiente erstmals nach meiner Schulzeit Geld. Das waren bei 45 Stunden pro Woche im Monat als Bürobote nicht ganz 160,00 DM netto. Daneben hatte ich an einem Tag in der Woche frei für die Berufsschule. Diese begann für mich in einer Klasse für „Ungelernte" am 20. 09. 1956 hier in Erlangen.

Wer sich als Bürobote bewährt hatte, bekam die Möglichkeit, nach einem Jahr die Siemens-Stammhauslehre zu machen. Diese endete nach zwei Jahren mit einer siemensinternen Abschlussprüfung. Bei erfolgreichem Verlauf bekam man danach auch einen unbefristeten Arbeitsvertrag für eine adäquate Tätigkeit. Das Ganze war schon verlockend, nachdem man bereits während der Stammhauslehre einen ganz guten Verdienst hatte. Hinzu kam: Man kannte sich hier im Hause Siemens auch schon sehr gut aus. Aufstiegschancen und eine mit den Jahren bessere Verdienstmöglichkeit waren da schon gegeben.

Siemens war damals wie eine Familie. Wer einmal dabei war, der war für immer dabei. Es hieß: „Solange man bei Siemens keine silbernen Löffel stiehlt, braucht man um seinen Arbeitsplatz nicht zu fürchten." Ich erinnere mich gern an dieses, mein erstes, berufliches Jahr, meinen Start ins Berufsleben im Hause Siemens, das meinen weiteren beruflichen Werdegang wesentlich mit beeinflusst und mich persönlich positiv geprägt hat.

Weihnachtsfeier
meiner Abteilung
1956 im Hause
Siemens

Nach reichlicher Überlegung blieb ich dann doch nicht bei der
Firma Siemens, sondern entschloss mich für eine reguläre
duale Ausbildung. Das war eine betriebliche Lehre mit einmal
wöchentlich berufsspezifischem Berufsschulunterricht. Mein
Wunsch war ein Beruf im metallverarbeitenden Bereich, z. B. als
Werkzeugmacher oder Feinmechaniker. Einen entsprechenden
Ausbildungsplatz zu bekommen war damals gar nicht so leicht.

Es gab wesentlich mehr Bewerber als offene Ausbildungsplätze.
So bewarb ich mich bereits im Frühsommer 1957 bei einer
Reihe von Firmen. Dies waren unter anderem Bewerbungen bei
Kabelmetall, Siemens und MAN in Nürnberg und in Erlangen
bei mehreren kleinen Firmen und bei den Firmen Siemens-
Reiniger AG und Gossen GmbH.

Zu allen Firmen wurde ich zu einem Vorstellungsgespräch eingeladen. Bei den größeren war dieses mit einem praktischen und theoretischen Einstellungstest verbunden. Eine Zusage bekam ich schon sehr bald ohne Test von der Firma Kasper & Richter, Feinmechanischer Apparatebau in Erlangen. Es war ein Betrieb mit etwa 20 Beschäftigten, davon sechs Lehrlingen.

Bei der Firma Gossen arbeiteten meine Tante Irene sowie Onkel Konrad. Seinerzeit war es in Großbetrieben noch gängige Praxis, die Kinder von Mitarbeitern als Lehrlinge bevorzugt einzustellen. Nachdem ich nicht der Sohn, aber der Neffe war, machte ich mir Hoffnung, bei der Firma Gossen eingestellt zu werden. Großbetriebe hatten eine eigene Ausbildungswerkstatt und Werkunterricht. Das war für deren Lehrlinge schon ein großer Vorteil gegenüber denen in kleineren Betrieben.

Die Einstellungstests verliefen nach meinem Empfinden recht positiv. Nun wartete ich auf Antwort. Vorsorglich hatte ich bei der Firma Kasper und Richter zugesagt, den Ausbildungsvertrag aber noch nicht unterschrieben. Bei MAN in Nürnberg wäre ich als Maschinenschlosserlehrling eingestellt worden. Ich zog es dann aber vor, in Erlangen zu bleiben und den Beruf des Feinmechanikers zu erlernen.

Von der Firma Gossen bekam ich eine Absage. Das war ja auch fast zu erwarten gewesen. Bei einem Betrieb mit 2 000 Mitarbeitern, der vielleicht 10 Auszubildende einstellt, ebenso bei der Firma Siemens-Reiniger mit 3 500 Mitarbeitern, hatte ich ohne „Vitamin B" keine Chance, genommen zu werden.

Am 15. 07. 1957 war mein erster Ausbildungstag als Feinmechaniker bei der Firma Kasper & Richter in Erlangen. Um täglich zur Arbeit und einmal wöchentlich zur Berufsschule zu kommen, hatte ich mir bereits am 30. 03. 1957 mit monatlichen Ratenzahlungen von 20 DM ein Fahrrad Marke Rabeneick, im Geschäft Fahrrad Lang in Erlangen zum Preis von 160 DM gekauft. Ich war ja da noch minderjährig und so musste den Kaufvertrag meine Mutter unterschreiben.

Im ersten Lehrjahr bekam ich monatlich 55 DM. Nach acht Monaten, im Oktober 1957, war mein neues Fahrrad, das ich mir selbst erarbeitet hatte, abbezahlt.

Ein weiterer Lehrling, der mit mir angefangen hatte, war Alwin aus Marloffstein. In den Jahrgängen vor uns waren Fritz aus Büchenbach und Frank aus Möhrendorf. Die Lehrlinge im ersten Jahrgang mussten außerhalb der regulären Arbeitszeit auch noch für besondere Dienste herhalten. Dazu gehörte beispielsweise, in der Frühstückspause Brotzeit für unsere drei Gesellen einzuholen.

Das waren unter anderem ein Liter Milch, für 10 Pfennig Essiggurken, für 50 Pfennig Aufschnitt und drei Brötchen. Wenn Alwin und ich nicht in zehn Minuten zurück waren, gab es Stunk. Deshalb teilten wir immer ein, wer von uns beiden in welches Geschäft eilte. Zum Metzger, in den Milchladen, zu Sauerkraut-Wrede und zum Bäcker.

Einer der Gesellen war ein talentierter Fußballer aus Herzogenaurach, der später sogar beim 1. FC Nürnberg spielte.

Es war immer interessant, zuzuhören, wenn er seine Storys erzählte. Der andere Geselle war der Schwager von Nürnbergs seinerzeit bekanntestem Tanzschulbesitzer. Er wohnte in Erlangen und nahm uns manchmal am Freitag mit, wenn eine besondere Veranstaltung in der Tanzschule anstand. Nachts um zwei war die offizielle Party dann vorbei.

Für die, die den ganzen Abend Dienst tun mussten, wurde es dann, wenn alle Gäste weg waren, erst gemütlich. Da wurde aufgetischt vom Allerbesten. Alwin und ich hatten ja auch ein bisschen mitgeholfen und durften deshalb auch dabei sein. Es war für uns beide immer ein besonderes Erlebnis. Vor früh um fünf kamen wir dann am Samstag nie heim.

Das waren die schönen Begleiterscheinungen als „Stift" im ersten Lehrjahr. Weniger angenehm war der harte Alltag. Unsere Ausbildung hatte ja im September begonnen. Einen Monat später begann die Heizperiode. Im Betrieb gab es keine Zentralheizung, die sich am Morgen automatisch einschaltete und die Werksträume auf angenehme Zimmertemperatur brachte.

In der Werkstatt und den zwei Montageräumen standen Holz- bzw. Kohleöfen mit langen Ofenrohren. Diese mussten rechtzeitig angeheizt werden, damit es um viertel vor sieben, wenn die ersten Arbeitskräfte kamen, in den Räumen auch warm war. Dafür hatten wir beide, Alwin und ich, zu sorgen.

Nach Feierabend, wenn die anderen schon alle weg waren, holten wir aus dem Kohlenkeller mit riesengroßen Kohleeimern Briketts herauf. Diese waren ganz schön schwer. Mit letzter Kraft schafften wir das dann immer gerade noch. Da war es danach geradezu erholsam, die Öfen, die zwischenzeitlich nicht mehr beheizt wurden und kalt waren, zum Anschüren für den nächsten Morgen einzurichten. Unten kam zunächst Papier in den Ofen, darauf dann dünn gespaltene Holzspäne, dann Holzscheite und obendrauf einige Briketts. Das Einzige, was wir während der Arbeitszeit tun durften, war das Hacken der Holzspäne.

Bis dahin hatten die im Büro Beschäftigten die Pakete fertig gemacht, die an jedem Tag nach Feierabend noch zur Hauptpost am Hugenottenplatz weggebracht werden mussten.

Diese Arbeit wartete auf uns, die „Stifte" im ersten Lehrjahr, auf Alwin und auf mich. Mit einem Holzkastenwagen zogen wir los. Um 18.00 Uhr schloss die Poststelle. Da hieß es, sich zu beeilen. Wenn wir vom Betrieb in der Marquardsenstraße schnell vorankamen, schafften wir es in 15 Minuten. Am Hugenottenplatz regelte ein Polizist den Verkehr. Da war immer ganz schön viel los und man musste mitunter lange warten, bevor man über die Kreuzung kam.

Damals gab es noch keinen Frankenschnellweg. Der Verkehr führte über die Bundesstraße mitten durch die Stadt. Am Hugenottenplatz gab es schon Verkehrsampeln. Diese konnten aber nur manuell über einen Hochsitz von einem Polizisten gesteuert werden. Wenn der dort diensthabende Verkehrspolizist uns kommen sah, er kannte uns schon und wusste, dass wir zeitlich sehr knapp dran waren, um bei der Poststelle noch dranzukommen, stieg er die Leiter zur Schaltstelle hoch und schaltete für uns, aus der Seitenstraße kommend, die Ampel auf Grün.

Nun hatten wir Vorfahrt. Der Hauptverkehr auf der Bundesstraße hatte Rot und musste warten, bis wir die Kreuzung überquert hatten. Dieses Erlebnis entschädigte uns jedes Mal für die lange tägliche Arbeitszeit. Bis wir zur Firma zurückkamen war es 18.30 Uhr. Am Morgen um sechs hatte unser Dienst begonnen. Das war für uns, besonders im Winter, immer ein sehr langer Arbeitstag.

Nach unserem ersten Lehrjahr wurde der Betrieb von der Altstadt in Erlangen nach Uttenreuth in einen Neubau verlegt. Hier waren die Werkräume heller und freundlicher und die Arbeitsbedingungen besser und moderner. Das Umfeld war damit wesentlich angenehmer. Nachteilig für mich war, ich hatte die doppelte Entfernung vom Wohnort in Kleindechsendorf zur Ausbildungsstelle.

Es waren über fünfzehn Kilometer. Das war mit dem Fahrrad eine ganz schöne Entfernung. Vorübergehend und vor allem im Winter pendelte ein kleiner VW-Betriebsbus vom Hugenottenplatz in Erlangen nach Uttenreuth und zurück. Morgens und abends fuhr den Bus einer vom Büro. Wenn Platz war, durfte ich als Lehrling auch mitfahren. Wenn nicht, dann blieb nur das Fahrrad, um nach Uttenreuth zu kommen.

Alwin und ich
beim Erstellen
von Messgeräten

Einige von unseren Gesellen und von den Montiererinnen
zogen nicht mit um und suchten sich eine andere Arbeitsstelle. Alwin und ich kamen nun auch schon ins dritte Lehrjahr. Wir waren mit allen gewerblichen Arbeiten, die im Betrieb anfielen, sowie dem Einstellen von Maschinen vertraut.
Wir gehörten somit schon zu den „alten Hasen".

Demzufolge bekamen wir nun anspruchsvolle Arbeiten zugewiesen. Hierzu gehörte das eigenständige termingerechte
Erstellen von Messgeräten, beginnend von der Anfertigung
der Einzelteile über die Montage, das Einjustieren und die
Endkontrolle, also alles bis zur versandfertigen Herstellung.
Hinzu kam auch noch das Einstellen der Maschinen, an denen
andere, meist Frauen, arbeiteten.

Die Lehrzeit betrug dreieinhalb Jahre. Im letzten Jahr kam mir zugute, dass der Betrieb einen Fahrer zur Abwicklung der Fahrten mit dem VW-Bus suchte, die sich tagsüber ergaben. Bei uns im Ort wohnte Günter, ein leidenschaftlicher Autofahrer, und ich wusste, dass er an so einer Arbeitsstelle interessiert war. Er selbst fuhr ein VW-Cabrio und hatte somit kein Problem, nach Uttenreuth zu kommen. Günter stellte sich vor und wurde sofort eingestellt. Jetzt konnte ich an den Tagen, wenn bei mir nichts anderes anstand, zum Beispiel die Berufsschule an einem Tag in der Woche, zusammen mit ihm in seinem schönen Cabrio zur Arbeit fahren.

Unser Fleiß zum Lernen wurde letztendlich mit einem ausgezeichneten Abschluss an der Berufsschule im Januar 1961 und mit einer erfolgreich bestandenen Facharbeiter-Abschlussprüfung als Feinmechaniker vor der Industrie- und Handelskammer im Februar 1961 belohnt. Einen Aufbaukurs zum „Technischen Zeichner" schlossen wir am 13. Juli 1962 mit der Gesamtnote „Gut" ab.

Als ich ausgelernt hatte, verdiente ich als Berufsanfänger 2,67 DM pro Stunde. Bei 45 Stunden in der Woche bzw. 195 Stunden pro Monat errechneten sich monatlich brutto 520 DM, abzüglich 60 DM Lohnsteuer, 5 DM Kirchensteuer, 65 DM Sozialversicherung verblieben netto 390 DM/Monat.

Unsere Lehrkraft beim Aufbaukurs „Technisch Zeichnen" war ein erfahrener Ingenieur. Er arbeitete schon lange Jahre hauptberuflich bei der Firma Siemens. Sein Interesse war auch, geeignete Teilnehmer aus seinem Aufbaukurs bei der

Firma Siemens unterzubringen. Er wusste ja als Erster, wenn dort entsprechende Arbeitskräfte gesucht wurden. Diese Umstände führten dazu, dass ich bereits vor Abschluss, nämlich im April 1962, als Projektzeichner bei der Firma Siemens-Reiniger AG, später Siemens Med, eingestellt wurde.

Das Schöne war, auch Alwin wurde ein Jahr später bei Siemens in der Projektabteilung eingestellt. Uns kam zugute, dass diese Abteilung sich noch im Aufbau befand. Die Planungsarbeit erfolgte nunmehr zentral von Erlangen und nicht mehr von jeder einzelnen Niederlassung in Deutschland und weltweit aus. Unsere Aufgabe war, Architekten von Krankenhäusern und medizinischen Einrichtungen bei der Planungsarbeit fachspezifisch unter Beachtung von technischen Vorgaben der medizinischen Geräte, gesetzlicher Vorschriften, rationeller Betriebsabläufe usw. bei der Klärung von Fachfragen und bei der Anfertigung von Entwurfs- und Ausführungsplänen zu unterstützen.

In der Abteilung gab es zunächst die Planungsgruppen Röntgen, Therapie, Nuklear und Dental. Für uns war erstmals eine fachbezogene umfassende Einarbeitung erforderlich. Alwin war Mitarbeiter in der Gruppe Röntgen. Ich arbeitete in der Gruppe Therapie.

Diese Planungsarbeit war eine sehr verantwortungsvolle und interessante Tätigkeit, die auch mit Dienstreisen sowie Besprechungen verbunden war und mir beruflich sehr entsprach.

Am Arbeitsplatz
mit einigen Kollegen

Später wurde mir auch die Betreuung von deutschen und ausländischen Informanden und Praktikanten in den verschiedenen Fachgebieten innerhalb der gesamten Abteilung übertragen. Eine Aufgabe, die auch Sorgfalt und Umsicht verlangte
und mir große Freude bereitete.

Das Leben ist ein Geben und Nehmen. Privat und beruflich.
Dankbar bin ich all denen, die mir in meinem beruflichen Leben
zur Seite standen, mich unterstützt und gefördert haben. Hier-

zu gehörten auch meine Vorgesetzten aus dem Hause Siemens. Ich denke gerne an eine Fortbildungsmaßnahme, ein „Sozialpädagogisches Seminar" in Eltville im Mai 1964, zurück, an dem weitere 34 junge Siemens-Mitarbeiter aus der Bundesrepublik Deutschland teilnahmen.

Mit zwei Seminarkollegen aus Erlangen bei einem
guten Glas Wein mit Blick auf St. Goar am Rhein

Hiermit beende ich meine Ausführungen zur ersten Zeit meiner Arbeitswelt.

Familiensinn und Glaubensstärke

Erfreulich war später in Dechsendorf auch, dass wir einen älteren Herrn namens Stephan aus Möhrendorf kennengelernt hatten. Er kam regelmäßig nach Dechsendorf und somit auch zu uns, um Beiträge für den Deutschen Herold einzukassieren. Eines Tages verunglückte er mit seinem Fahrrad und brauchte Hilfe. Nachdem er uns schon öfters besucht hatte und wir uns somit schon länger kannten, entschlossen wir uns, ihn bei uns aufzunehmen. Er war sehr angenehm in seinem Wesen. Wir kamen bestens miteinander aus.

Bekanntschaft durch Glück im Unglück

Es kam mir sehr entgegen, dass wir ihn kennengelernt hatten und meine Mutter und er sich sehr gut verstanden. Dies war gerade zu der Zeit, wo ich auch oft meine eigenen Wege gehen wollte. Da war für meine Mutter neben mir nun auch noch jemand da, mit dem sie sich aussprechen konnte, der Verständnis für sie hatte und der ihr zuhörte. Schön war auch, dass sie zusammen etwas unternahmen und meine Mutter nicht allein war. Am 21. April 1972 verstarb Stephan im Alter von 87 Jahren.

Meiner Mutter waren auch gute Kontakte zu ihrer Mutter, ihren Geschwistern mit Partnern sowie zu ihren Neffen und Nichten sehr wichtig. Sie freute sich stets, wenn sie mit ihnen zusammen sein konnte. Dazu gab es genügend Gelegenheiten und Anlässe, beispielsweise wenn Besuch aus Oberbayern da war, wie auf den beiden nachfolgenden Fotos zu sehen ist.

An der „Kraftpost"-Haltestelle „Dorfmitte"; mit dabei meine Mutter, Großmutter, die Tanten Emmi und Mariechen sowie Elvi, Ursula, Gerhard auf dem Leiterwagen und Wolfgang

Vor der Heimfahrt am Erlanger Bahnhof

Dieses Foto wurde von mir geschossen, als wir unseren Besuch aus Traunreut vor dessen Heimreise mit dem Zug in Erlangen verabschiedeten.

Meine Mutter kannte zwischenzeitlich noch einige Frauen, die auch verwitwet waren. Am längsten befreundet war sie mit Frau Hanninger. Bei ihr übernachtete sie auch, wenn meine Frau Rosi und ich mal länger nicht zuhause waren. Auch so manch schöne Urlaubswoche haben die beiden zusammen verbracht. Dann war da auch noch Frau Holzschuh. Sie besuchten sich sehr oft gegenseitig, machten Spiele und verbrachten unterhaltsame Stunden miteinander.

Später kam dann auch noch das wöchentliche Treffen im „Altenclub" dazu. Dies war ihr sehr wichtig. Versäumen wollte sie keines. Mit Frau Mücke hatten sie auch eine Leiterin, die sich ehrenamtlich sehr engagiert der Aufgaben der Seniorenbetreuung in der Pfarrgemeinde angenommen hatte. Etwas ganz Besonderes in ihrem Programm war beispielsweise der jährliche Einkehrtag im Kloster Schwarzenberg.

Frau Mücke sorgte aber auch für Abwechslung bei den wöchentlichen Clubstunden, organisierte Ausflüge, Fahrten zu Besichtigungen oder zu Veranstaltungen. Das führte dazu, dass es in Dechsendorf kaum noch jemanden über sechzig gab, der da nicht dabei sein wollte.

Da ging es immer gesellig und unterhaltsam zu, wenn die Senioren und überwiegend die Seniorinnen unter sich waren. Jeder hatte seinen Stammplatz beim Kaffeetrinken und bei den darauf folgenden Spiele-, Karten- oder Gesprächsrunden.

Die Seniorengruppe entwickelte sich im Laufe der Jahre zu einem „Altenclub" im wahrsten Sinne des Wortes, was dazu führte, dass jüngere Senioren und Seniorinnen sich nicht mehr anschlossen.

Deshalb hatte sich in der Pfarrgemeinde der „Club 55" gebildet. Das war das endgültige Aus für den „Altenclub". Sich dem neuen Club 55 anzuschließen, das kam für sie als 70- oder 80-Jährige nicht in Betracht. Ihr Kreis wurde immer kleiner. Zuletzt hatte meine Mutter nur noch sehr gepflegte Freundschaften im kleineren privaten Bereich mit den Frauen Hanninger, Langer und Schmitt.

Am liebsten war meine Mutter in ihrer vertrauten Umgebung. Es tat ihr aber gut, auch mal was anderes zu sehen. So freute sie sich beispielsweise über einen Tagesausflug mit mir zur Fränkischen Seenplatte.

Rundfahrt auf dem
Großen Brombachsee

Meine Mutter stand bis ins hohe Alter gerne am Herd, freute sich, wenn sie jemanden einladen konnte, und machte auch selbstständig ihren Haushalt. Sie war bis zu ihrem 92. Lebensjahr nicht nur noch gut zu Fuß, sondern auch sicher mit ihrem Fahrrad unterwegs. Mit öffentlichen Verkehrsmitteln erledigte sie zu dieser Zeit ohne Begleitung noch kleinere Einkäufe oder Arztbesuche im Stadtgebiet von Erlangen.

Meine Mutter ist in ihrem ganzen Leben, nicht nur in schlechten, sondern auch in guten Zeiten, ihrem katholischen Glauben und der Institution Kirche treu geblieben. Sie hat dies auch in vorbildlicher Weise vorgelebt und sich nie beirren lassen. Auch dann nicht, wenn sie mit manchem, was die Kirche praktizierte, nicht einverstanden war.

Dies habe oft nichts mit den Lehren aus der Bibel zu tun, meinte sie. Es seien von Menschen geschaffene Kirchengesetze. Diese könne man ändern, was auch schon geschehen sei. So habe man beispielsweise früher vor dem Kommunizieren, bis auf ganz wenige Ausnahmen, nicht essen oder trinken dürfen. Das wäre eine Sünde gewesen. Sie plädierte trotz so mancher Unstimmigkeiten dafür, nicht aus der Kirche auszutreten, sondern sich vielmehr für Reformen in der katholischen Kirche einzusetzen.

Meine Mutter erfuhr oft in ihrem Leben, dass das Gebet ihr Kraft gab, schwierige Situationen durchzustehen und zu bewältigen. Wichtig war für sie aber auch, im täglichen Gebet danken zu können, zum Beispiel dafür, dass sie und wir in Frieden leben konnten, es uns gut ging, sie in ihrem langen Leben von ernsthaften Krankheiten verschont und gesund geblieben war und für alles Gute, was sie und wir täglich erfahren durften. Das war ein Leben lang so, bis zur Stunde ihres Todes. Meine Mutter war eine sehr gläubige, starke und tapfere Frau.

Dankbar war meine Mutter aber auch dafür, dass sie mich die ganze Zeit meines Lebens und auch später ihre Schwiegertochter Rosi bis zu ihrem Tod in ihrer Nähe haben durfte. Gern war sie auch mit ihren beiden Enkelkindern Harald und Sonja und den drei Urenkeln Stephanie, Yukiko und Hinako zusammen. Sie freute sich immer ganz besonders, wenn sie zu ihr kamen.

KAPITEL 3

ABSCHIED NEHMEN

Der Tod meiner Mutter

Ich bin die Auferstehung und das Leben.
Wer an mich glaubt, wird in Ewigkeit leben.

Voll Dankbarkeit für all ihre Liebe und Fürsorge, die sie uns in ihrem Leben schenkte, nehmen wir Abschied von unserer lieben Mutter, Schwiegermutter, Oma, Uroma, Schwester, Schwägerin, Tante und Patin

Sofie Gröger
geb. Friede
* 2.11.1914

Am 16. Juli 2011 ist sie im Alter von 96 Jahren friedlich entschlafen.

In unserem Leben hast Du Deinen Platz verlassen.
In unseren Herzen bist Du immer bei uns:

Horst und Rosi
Harald und Masako, Yukiko und Hinako
Sonja und Stephanie
Irene und Emmi mit Familien
im Namen aller Angehörigen

Totengebet heute, um 18.00 Uhr in der Kirche "Unsere Liebe Frau" in Dechsendorf. Trauergottesdienst am Mittwoch, dem 20. Juli 2011, um 13.00 Uhr, in der Kirche mit anschließender Beerdigung. Von Beleidsbekundungen am Grab bitten wir Abstand zu nehmen. Für erwiesene und zugedachte Anteilnahme herzlichen Dank. Ein Kondolenzbuch liegt auf.

Traueranzeige anlässlich des Todes meiner Mutter

Verstorben ist meine Mutter am 16. Juli 2011, einem Samstag. Rosi, meine Frau, und ich hatten unserer Enkeltochter Stephanie versprochen, mit ihr an diesem Tag zu ihrer Mutter, unserer Tochter Sonja, nach Bad Bocklet zu fahren. Sie war seit zwei Wochen dort im Rehabilitationszentrum zur Kur.

Unser Gepäck brachten wir noch auf unsere für dieses Wochenende vorbestellten Zimmer im Hotel des Rehabilitationszentrums. Dann kam auch schon der öffentliche Bus, der uns direkt von unserem Hotel nach Bad Kissingen brachte.

Stephanie und Sonja hatten in Bad Kissingen verständlicherweise andere Interessen als Rosi und ich. Als wir gerade dabei waren, uns getrennt auf den Weg zu machen, klingelte mein Handy. Es meldete sich ein Notarzt, der zu meiner Mutter gerufen worden war.

Seit einem Monat, seit dem 16. 06. 2011, war meine Mutter im Roncallistift, einem Pflegeheim in Erlangen. Das Schicksal meiner Mutter hatte mit dem 11. Mai 2011 einen anderen Verlauf genommen. Nach ihrem Schlaganfall kam meine Mutter regungslos und nicht mehr ansprechbar um etwa acht Uhr morgens nach einer Notversorgung zu Hause mit dem Notarztwagen in die Notaufnahme des Universitätsklinikums Erlangen.

Der Arzt der Notaufnahme hatte mich kurz nach der Einlieferung angerufen und mich über den Gesundheitszustand meiner Mutter und die medizinischen Möglichkeiten informiert: Verabreichung eines bestimmten Medikamentes mit der Folge, möglicherweise eine wesentliche Besserung zu erreichen, jedoch mit dem Risiko einer Hirnblutung mit Todesfolgen. Wenn sie das Medikament nicht anwenden würden, könnte meine Mutter ganzkörperlich gelähmt und nicht ansprechbar bleiben.

Wir entschieden uns trotz des Risikos für diese Behandlung. Die Therapie hatte Erfolg. Der Zustand meiner Mutter verbesserte sich erheblich. Sie kam am 18. Mai 2011, also bereits nach einer Woche, zu einer Anschlussrehabilitation in die Klinik Fränkische Schweiz in Ebermannstadt. Dort machte meine Mutter, bedingt durch die gezielte Behandlung und ihren Willen, wieder gesund zu werden, erstaunliche gesundheitliche Fortschritte. Sie bekam immer mehr Kraft in den Armen und in den Händen, konnte zugreifen und lernte in der zweiten Woche, allein zu essen und zu trinken.

Gefördert wurde dies auch dank einer herzensguten, verständnisvollen und anspornenden, humorvollen und lebenserfahrenen Zimmerkollegin, Frau Feuerlein aus Höchstadt. Diese war selbst durch einen Schlaganfall rollstuhlabhängig. Als meine Mutter zu ihr ins Zimmer kam, wollte man sie wegen der Schwere der Erkrankung und des Alters meiner Mutter in ein anderes Zimmer verlegen.

In ihrem fränkischen Dialekt sagte sie: „Na, i bleib do und die Oma bleibt a do!" (Nein, ich bleib hier und die Oma bleibt auch hier.) Die beiden verstanden sich auf Anhieb. Frau Feuerlein war wie eine Therapeutin für meine Mutter. Die Tage vergingen für sie recht kurzweilig mit dem Singen von Volksliedern und humorvoller Unterhaltung.

Frau Feuerlein schreckte auch nicht davor zurück, nachdem sie selbst Erfahrung in der Pflege hatte, ab und zu dem Personal „die Leviten zu lesen", wenn mal etwas nicht so lief, wie sie sich das vorstellte. Sie war damit maßgeblich an der raschen Verbesserung des Gesundheitszustandes meiner Mutter beteiligt.

In den letzten Tagen ihres Aufenthaltes machte meine Mutter die ersten kurzen Gehversuche mit Stütze durch das Personal und mit Hilfe eines Rollators. Ein Therapeut sprach davon, dass bei meiner Mutter noch entsprechendes Potential für eine weitere Besserung vorhanden sei. Sie dürfte noch eine Woche Verlängerung der Anschlussrehabilitation gebraucht haben, um zumindest stehen und, wenn auch beschwerlich, laufen zu können. Dann hätten wir sie weiterhin zu Hause in ihrer vertrauten Umgebung versorgen können.

Dazu kam es leider nicht. Der Medizinische Dienst der Krankenkassen (MDK) hatte dies am 16. 06. 2011 nicht genehmigt. Von einer Stunde auf die andere wurde meine Mutter, ohne zu wissen, wo sie entsprechend ihres Gesundheitszustandes versorgt und gepflegt werden konnte, noch am gleichen Tag, dem letzten Tag der genehmigten Rehabilitationsmaßnahme in Ebermannstadt, entlassen.

Begründung vom MDK nach Aktenlage: „Es ist kein ausreichendes positives Rehapotential erkennbar." Mit anderen Worten bedeutete dies, wie mir einen Tag vorher auf Anfrage bezüglich der beantragten Verlängerung von anderer amtlicher Stelle telefonisch bereits mitgeteilt worden war: „Mit 96 Jahren kann man keine weitere Besserung des Gesundheitszustandes Ihrer Mutter erwarten."

Die notärztliche Versorgung am 11. Mai 2011 nach ihrem Schlaganfall in der Universitätsklinik Erlangen hatte sich doch gelohnt. Wäre es nach der Verfahrensweise des MDK gegangen, hätten die Notärzte seinerzeit meine Mutter wegen ihres Alters und ihrem damals ausweglos erscheinenden Gesundheitszustand sterben lassen. Ihnen danke ich von ganzem Herzen, dass sie meiner Mutter optimal geholfen haben.

Nachdem der MDK der Krankenkassen die Verlängerung der Reha-Maßnahme um eine Woche abgelehnt hatte, was für meine Mutter eine sehr große Enttäuschung war, wandte ich mich am 09. 07. 2011 mit einer Beschwerde über diese Entscheidung nach Aktenlage an die AOK Bayern. Eine Antwort erhielt ich mit Schreiben vom 18. 07. 2011. Sie lautete unter anderem: „Aus den vorliegenden Unterlagen liegen keine neuen medizinischen Informationen von ärztlicher Seite vor." „Gegen diesen Bescheid können Sie Widerspruch erheben."

Was half da noch ein Widerspruch? Meine Mutter war bereits am 16. 07. 2011 im Roncallistift verstorben.

Entschlafen in Gottes ewigem Frieden

An diesem Tag waren Rosi und ich, wie bereits geschildert, bei unserer Tochter in Bad Bocklet. Deshalb besuchte, wie mit uns abgestimmt, ihre Schwester Irene, die ihr sehr nahe stand, am Nachmittag ersatzweise für uns meine Mutter.

Die beiden waren unterwegs bei einem Spaziergang mit dem Rollstuhl durch den Rad- und Wanderweg im angrenzenden Wald. Sie unterhielten sich entspannt über Erlebnisse aus der sogenannten „alten Zeit" und auch über das Schöne in der Natur, angeregt beispielsweise durch das Zwitschern der Vögel.

Plötzlich sprach meine Mutter davon, dass sie Schmerzen in der Brust verspüre. Sie beugte sich leicht nach vorne. Ihre Schwester Irene sagte noch zu ihr: „Sofie, pass auf, sonst fällst du mir noch raus." Und dann legte meine Mutter auch schon ihren Kopf zur Seite und verlor das Bewusstsein.

Ein vorbeifahrender Radfahrer, den meine Tante um Hilfe bat, fuhr voraus zum Roncallistift, um über den Vorfall zu informieren und ärztliche Hilfe zu veranlassen. Kurze Zeit später kam auch Irene erschöpft und voller Sorge mit meiner Mutter im Rollstuhl dort an. Der fast gleichzeitig eintreffende Notarzt nahm nach ersten Wiederbelebungsversuchen entsprechend der Patientenverfügung meiner Mutter umgehend über meine im Roncallistift hinterlassene Handy-Nummer mit mir Kontakt auf.

Der Notarzt hatte nach seiner Mitteilung am Telefon nach dem erfolglosen Versuch einer Reanimation, um die Wiedereinsetzung der Herztätigkeit zu erreichen, am 16. 07. 2011 um 15.10 Uhr den Herzstillstand festgestellt und wollte von mir wissen, wie er sich verhalten solle.

Bei einer weiteren und erfolgreichen Wiederbelebung wären, nachdem schon etwas Zeit vergangen war, sicher größere Hirnschäden und weitere körperliche Beeinträchtigungen zu erwarten gewesen. Lebensrettende Maßnahmen mit möglicherweise diesen Folgen hatte meine Mutter nach ihrer Patientenverfügung und früherer Gespräche mit mir keinesfalls gewollt.

Meine Mutter war, wie mir dann am Telefon von meiner Tante Irene geschildert wurde, unterwegs in Rollstuhl friedlich entschlafen. In diesen ewigen Frieden konnte sie nun nach einem nicht immer einfachen, aber auch mit Freude und Zufriedenheit erfüllten Leben von uns gehen. Ihre Lebensuhr war in einem gesegneten Alter von fast 97 Jahren abgelaufen.

Das in diesem Moment zu erfahren, war sehr schmerzlich. Gern wäre ich in dieser Stunde bei ihr gewesen. Mit ihrem Tod hatten wir nicht rechnen können, als wir uns am Freitag bei ihr für dieses Wochenende verabschiedet hatten.

Alle, die ihr nahestanden, ließ sie bei unserem Besuch bei ihr nochmals grüßen, als hätte sie geahnt, dass wir uns nicht mehr sehen und sprechen würden. Mit unserem Handy telefonierte sie an diesem Abend auch mit ihrer Schwester Emmi in Oberbayern ausgiebig, gelöst und mit Freude ein letztes Mal. Auch ich hatte meine Mutter doch noch so manches fragen und ihr manches sagen wollen. Jetzt war es zu spät, ihr zu danken für alles, was sie in ihrem Leben für mich an Gutem getan hatte, für ihre Liebe und ihre Zuneigung, die ich von ihr ein Leben lang erfahren durfte, sowie für ihr Verständnis, ihre Unterstützung und Hilfe für mich und meine Familie. Da bestätigte sich ein Vers, der mir mal in den Sinn kam:

„Schenke ein gutes Wort und habe Gehör.
Es könnte sonst zu spät sein für das,
was du noch sagen und fragen wolltest."

Beruhigend ist es, dass sich meine Mutter, nachdem sie die letzten vier Wochen vor ihrem Tod im Pflegeheim und nicht in ihrer vertrauten Wohnung bei uns im Haus sein konnte, im Sterben nicht verlassen fühlen musste. Sie war nicht einsam und allein, nachdem ihre Schwester Irene da gerade bei ihr sein konnte. Meine Mutter war auch mit Irene ein Leben lang eng verbunden gewesen. Im Leben meiner Mutter ist erfreulich, dass ihr bis zu ihrem Schlaganfall am 11. Mai 2011 größere und ernsthaftere Erkrankungen erspart blieben. Bis dahin waren meine Mutter und ich mein ganzes Leben lang zusammen gewesen. Das waren nun bereits über 68 Jahre. Der nächsten, meiner Generation, wird dies wegen der sich veränderten Lebensbedingungen nicht mehr möglich sein.

Wenn wir meine Mutter besuchten, brachte sie uns wegen ihres Aufenthalts im Ronalli-Stift nie in Gewissenskonflikte. Sie hatte Einsicht, dass wir zuhause nicht das für sie leisten konnten, was notwendig geworden war. Sie wollte uns bestimmt auch nicht zur Last fallen. Vielmehr freute sie sich, wenn wir kamen. Es ging manchmal im Rollstuhl zum Gottesdienst in die Hauskapelle, spazieren oder aber auch ins benachbarte Café. Verständlicherweise fühlte sie sich, wenn wir uns verabschieden mussten, wieder etwas vereinsamt, bedrückt oder auch traurig, nicht mitkommen zu können.

Wenn ich nun nach dem Tod meiner Mutter auf die Zeit ab 1956 zurückblicke, so ist festzustellen: Sie fühlte sich hier in Dechsendorf von Anfang an sehr wohl und fühlte sich angenommen. Dechsendorf und Bayern wurden somit für sie „Heimat". Als sie 1956, vor über einem halben Jahrhundert, hierher kam, sagte sie: „Hier gefällt es mir. Hier möchte ich für immer bleiben."

Für meine Mutter
„SOFIE"
endeten damit hier in Dechsendorf ihre,
entsprechend dem Titel dieses Buches,
„Schicksalsjahre im Schatten zweier Weltkriege".

Der Wunsch meiner Mutter, immer hier bleiben zu dürfen, hat sich erfüllt. Hier hat sie nun in Gottes Frieden ihre ewige Ruhe gefunden. Im Gebet haben wir uns, meine Familie im engeren Kreis, am offenen Sarg von meiner Mutter für immer verabschiedet.

Abschied genommen haben auch viele Bürger, Freunde und Bekannte. Sie gaben ihr die letzte Ehre beim Trauergottesdienst
in der katholischen Kirche „Unsere Liebe Frau" in Dechsendorf.

Blick zum Gotteshaus „Unsere Liebe Frau"

Dieser Gottesdienst wurde umrahmt mit einer feierlichen musi-
kalischen Orgelmusik und dem Ave Maria, gesungen von einem
Solisten, ein Marienlied, das meiner Mutter sehr viel bedeutete. Die wunderbaren Worte von unserem Herrn Pfarrer Joan
Vinyeta-Punti brachten uns allen meine Mutter noch einmal
in beste Erinnerung. Beigesetzt wurde sie in einem nun angelegten Familiengrab auf unserem gemeindlichen Friedhof in
Erlangen-Dechsendorf.

Grab meiner Mutter

Grabstein mit den Namen meiner Eltern

In meinem sowie in den Herzen ihrer Schwiegertochter Rosi, ihrer beiden Enkelkinder Harald und Sonja sowie ihrer drei Urenkel Stephanie, Yukiko und Hinako, aber auch in den Herzen all derer, die sie mochten, wird sie weiterleben, und im Gebet wird sie mit uns in Verbindung bleiben. Ihr Name und der Name meines Vaters werden hier im Stein verewigt sein.

Damit bewahrheitet sich das Sprichwort:
„Man lebt zweimal,
einmal in der Wirklichkeit und
einmal in der Erinnerung."

ANHANG

Quellenangabe

Tagebücher und Aufzeichnungen meiner Mutter
Der neue Brockhaus, Ausgabe 1960
Knauers Lexikon von A bis Z, Ausgabe 1999
Informationen zur politischen Bildung
    von der Bundeszentrale für politische Bildung
Heimat Sudetenland – Erinnerungsbildwerk
Sudetenland – Unvergessene Heimat
Weg und Ziel – Eine Chronik der heimatvertriebenen
    Sudetendeutschen
100 Jahre – Die Bilder des Jahrhunderts
Meilensteine der Geschichte –
    Vom Pharaonenstaat bis heute
2000 Jahre – Eine Chronik
Chronik des 20. Jahrhunderts
Duden 8 – Sinn- und sachverwandte Wörter
Info aus Fernsehsendungen,
    Fernsehfilmen und Fernsehreportagen
Google
Internet
Tourist – Informationsschriften

Bildnachweis

Familienbesitz
Fränkischer Tag Bamberg
Sudetendeutsche Landsmannschaft e. V. München
Volksbund Deutsche Kriegsgräberfürsorge e. V. Kassel

DANK

Zur Vorbereitung dieses Buches habe ich die unter Quellenangabe genannten Lektüren zu rategezogen und studiert.

Ich bedanke mich bei den Autoren, die durch ihre Beiträge in obigen Büchern, Schriften und Zeitungen sowie durch Informationen im Internet und in Filmen indirekt mit zu meinen nicht personenbezogenen, kulturellen, historischen sowie politischen Ausführungen in diesem Buch beigetragen haben.

Nur so war es mir möglich, die Familiengeschichte meiner Mutter, meines Vaters und von mir mit Zeitgenössischem zu verknüpfen und zu verdeutlichen. Das war mir wegen der ereignisreichen sowie gesellschaftlich und sicher auch geschichtlich bedeutsamen Geschehnisse im Leben meiner Eltern und meinem eigenen Leben sehr wichtig. Ein Wunsch meiner verstorbenen Mutter, die mit ihren Tagebüchern den Grundstein zu diesem Buch gelegt hat, geht damit in Erfüllung.

Der Autor

Horst Gröger, geboren 1942 in Liegnitz in
Schlesien, verbrachte seine Kindheit und Jugend
in Schlesien, im Sudetenland, in Sachsen sowie
in Rheinland Pfalz und lebt seit 1956 in Bayern.
Er machte eine duale Lehre als Feinmechaniker.
Auf dem zweiten Bildungsweg besuchte er die
Berufsoberschule und nahm am Telekolleg teil.
1987 wurde ihm der Titel Diplom-Verwaltungswirt
verliehen. Er war in der freien Wirtschaft und im
öffentlichen Dienst tätig.

Horst Gröger ist über 50 Jahre verheiratet, hat
einen Sohn, eine Tochter, drei Enkelkinder und
freut sich, auch Uropa zu werden. Wichtig sind
ihm die Familie und gute Kontakte zu Freunden
sowie zu anderen vertrauten Menschen. In seiner
Freizeit befasst er sich mit Architektur, Fotografie,
Zeichnen, Malen, Haus und Garten und ist gerne
mit dem Fahrrad unterwegs.

Der Verlag

Wer aufhört besser zu werden, hat aufgehört gut zu sein!

Basierend auf diesem Motto ist es dem novum Verlag ein Anliegen neue Manuskripte aufzuspüren, zu veröffentlichen und deren Autoren langfristig zu fördern. Mittlerweile gilt der 1997 gegründete und mehrfach prämierte Verlag als Spezialist für Neuautoren in Deutschland, Österreich und der Schweiz.

Für jedes neue Manuskript wird innerhalb weniger Wochen eine kostenfreie, unverbindliche Lektorats-Prüfung erstellt.

Weitere Informationen zum Verlag und seinen Büchern finden Sie im Internet unter:

www.novumverlag.com